PREMIER EXAMEN

SUR

LE CODE CIVIL.

PREMIER EXAMEN

SUR

LE CODE CIVIL,

PAR DEMANDES ET RÉPONSES,

CONTENANT

LES DEUX PREMIERS LIVRES DU CODE CIVIL,

AVEC LES DÉFINITIONS,

NOTES ET EXPLICATIONS, TIRÉES DES MEILLEURS AUTEURS ET COMMENTATEURS.

Par N. CARRÉ,

AVOCAT A LA COUR ROYALE DE PARIS.

QUATRIÈME EDITION,

REVUE, CORRIGÉE ET AUGMENTÉE.

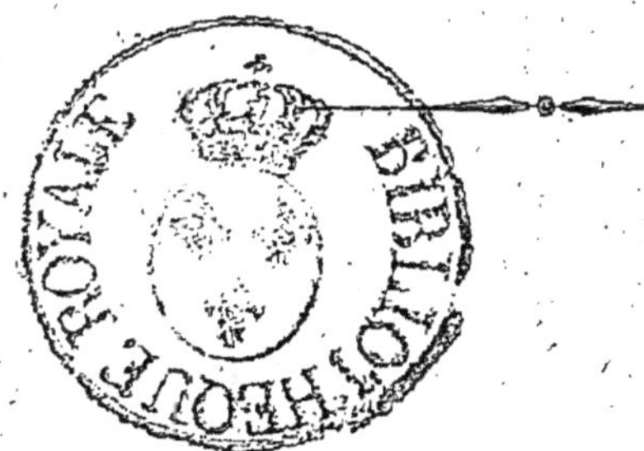

A PARIS,

CHEZ B. WARÉE AINÉ, LIBRAIRE,

COUR DE LA SAINTE-CHAPELLE, N. 13.

1829.

AVIS.

Lors des premières éditions de ce petit
ouvrage, je n'avais pas jugé à propos d'y
mettre mon nom : de quelle recommandation
un nom pouvait-il être, en effet, à la tête d'un
travail dans lequel l'auteur déclarait lui-même
avoir mis du sien que le moins possible ?
et, d'un autre côté, quelle gloire pouvais-je
espérer d'une entreprise dont tout le mérite,
si elle en a, consiste uniquement à avoir su
recueillir et analyser les doctrines des maîtres
de la science ? Mais tandis que je m'occupais de
préparer sur le même plan les trois autres
Examens, un mien confrère, ou soi-disant

tel, trouvant apparemment que l'idée était bonne, s'est empressé de me devancer, et m'a épargné la peine de mettre au jour mes travaux subséquents.

Je ne connais pas même les Examens publiés par continuation du mien; mais comme il ne me convient pas plus de recevoir des reproches qui s'adressent à d'autres, que de me parer d'un mérite qui ne m'appartient pas, je crois devoir déclarer ici que le premier Examen sur le Code civil est le seul dont je sois et me reconnaisse l'auteur.

N. CARRÉ,

Avocat à la Cour royale de Paris.

PREMIER EXAMEN

SUR

LE CODE CIVIL.

INTRODUCTION.

DU DROIT EN GÉNÉRAL ET DE SES PRINCIPALES DIVISIONS.

DEM. Qu'entendez-vous par *droit?*

RÉP. Ce mot peut être pris sous trois acceptions différentes. Quelquefois il signifie la science même du droit, et c'est dans ce sens qu'on dit, *les écoles de droit, un livre de droit.* Il peut également signifier la faculté légale de faire, d'empêcher ou d'exiger quelque chose, *droit* de passage, *droit* de propriété, et, dans ce sens, il a toujours pour corrélatif le mot *obligation.* Enfin, par *droit* on entend aussi, souvent, la collection des lois d'un certain ordre, *droit* naturel, *droit* civil.

D. Dans cette dernière acception, comment peut se diviser le droit?

R. Considéré sous le rapport de son origine, il se divise en droit naturel et en droit positif.

Le droit naturel est la collection des lois que la raison naturelle a gravées dans nos cœurs, et qui nous sont révélées par la conscience, à laquelle elles doivent leur sanction.

Le droit positif est celui qui doit son origine aux conventions humaines, et qui trouve sa sanction dans les peines prononcées par les lois humaines.

Ce qui est conforme au droit naturel se nomme *équitable*.

Ce qui est seulement conforme au droit positif, s'appelle *juste*.

Sous le rapport des objets qu'il régit, le droit se distingue en droit des gens et droit civil.

Le droit des gens ou inter-national est celui qui régit les relations des nations entre elles.

Le droit civil, dans son acception générique, est celui qui est particulier à une seule nation, et n'est obligatoire que pour ceux qui en font partie.

Enfin le droit civil, considéré sous le rapport des matières qu'il comprend, se sous-divise encore en droit public, qui règle les rapports des citoyens avec l'État; droit criminel, droit commercial, et droit civil proprement dit; c'est sous cette dernière acception que nous devons seulement le considérer, il embrasse les diverses lois qui règlent les rapports des citoyens entre eux, et la collection de ces lois forme ce qu'on appelle *le Code civil.*

TITRE PRÉLIMINAIRE.

*De la publication, des effets, et de l'application des lois
en général.*

Demande. — qu'est-ce que la loi ? (1)

R. La loi, en général, est une règle prescrite par une autorité à laquelle on est tenu d'obéir.

M. DELVINCOURT.

R. La loi est une règle de conduite, prescrite à tous les citoyens par leur souverain légitime, sur un objet d'intérêt commun.

M. TOULLIER.

D. De quel pouvoir la loi peut-elle émaner en France ?

R. Du pouvoir législatif seul, lequel s'exerce collectivement par le roi, la chambre des pairs et la chambre des députés des départements (2) (*Charte*, *art.* 15).

D. À qui appartient l'initiative où le droit de proposer la loi ?

R. La proposition directe de la loi appartient au roi ; mais les chambres ont la faculté de supplier le roi, de proposer une loi sur quelque objet que ce soit, et d'indiquer ce qu'il leur paraît convenable que la loi contienne (*Charte*, *art.* 16-19). (3)

(1) La loi est l'expression de la volonté générale. Tous les citoyens ont droit de concourir personnellement, ou par leurs représentants, à sa formation. Elle doit être la même pour tous, soit qu'elle protège, soit qu'elle punisse (*Constit. de* 1791, *art.* 6).

(2) Le roi fait les réglements et ordonnances nécessaires pour l'exécution des lois et la sûreté de l'Etat (*Charte*, *art.* 14).

(3) *Voyez* les articles 19, 20, 21, de la charte constitutionnelle.

D. A quelle autorité et comment le projet de loi est-il présenté ?

R. Le projet de loi, rédigé en forme de loi, signé par le roi, contre-signé par un ministre, est présenté au gré du roi à la chambre des pairs ou à celle des députés, excepté la loi de l'impôt, qui doit être adressée d'abord à la chambre des députés (*Charte, art.* 17 ; *Loi du 13 août 1814, art.* 14).

D. Que faut-il pour que le projet présenté soit converti en loi ?

Il faut, 1° qu'il ait été discuté librement dans chaque chambre ;

2° Qu'il ait été librement voté par la majorité de chacune des deux chambres ;

3° Qu'il ait reçu la sanction du roi (*Charte, art.* 18-22) (1).

D. Qu'est-ce que la sanction du roi ?

R. C'est le consentement donné par le roi au projet de loi déjà votée par les chambres.

D. Cette sanction rend-elle la loi exécutoire ?

R. Non : la loi ne devient exécutoire qu'en vertu de la promulgation qui en est faite par le roi (*Code civ. art.* 1er).

D. D'où résulte cette promulgation ?

R. De l'insertion de la loi au bulletin officiel (*Ord. de 27 nov.* 1816, art. 17) (2).

D. A compter de quelle époque est-elle réputée connue, et de quelle époque devient-elle obligatoire ?

R. Dans le département de la résidence royale, un jour franc après que le bulletin des lois aura été

---

(1) *Voyez* l'article 21 de la loi du 13 août 1814.

(2) Promulguer. — Littéralement, c'est mettre devant le peuple. *Promulgare* des Latins, au lieu de *provulgare*, *ob vulgum ponere*. (*Lanjuinais, Constitutions françaises*, tome 1er, p. 256.)

reçu de l'imprimerie royale par le ministre de la justice , ce qui se constate par une mention sur un
registre tenu à cet effet au ministère ; dans chacun
des autres départements, après l'expiration du même
délai , augmenté d'autant de jours qu'il y a de fois
10 myriamètres (environ 20 lieues) entre la ville
où la promulgation a été faite et le chef-lieu du département (1).

(*Voyez* le tableau des distances) (*Cod. civ., art.*
1er; *ord. du 7 nov.* 1816 , *art.* 2-3).

D. La loi ne peut-elle jamais être obligatoire avant
l'expiration de ces délais ?

R. Dans le cas où le roi jugerait convenable de
hâter l'exécution d'une loi , en la faisant parvenir
extraordinairement sur les lieux , les préfets prendront, aussitôt après la réception, un arrêté portant
que ladite loi sera imprimée et affichée partout où
besoin sera , et dans ce cas elle sera obligatoire à
compter de la publication ainsi faite (*Ordonn. du* 18
janv. 1817, *art.* 1 *et* 2).

D. Sur quels actes la loi peut-elle étendre son
autorité ?

R. La loi n'a pas d'effet rétroactif, et ne peut

---

(1) Ainsi, dans le cas où le bulletin des lois a été reçu le *premier* du mois au ministère de la justice, la loi est obligatoire le
trois dans le département de la Seine et dans tout département dont
le chef-lieu n'est pas éloigné de Paris de plus de dix myriamètres ,
d'après le tableau légal des distances dressé par l'arrêté du 23 thermidor an XI, elle est obligatoire le *quatre*, par exemple , dans le département de l'Aisne , dont le chef-lieu (Laon) est éloigné de Paris
de 12 myriamètres; elle l'est seulement le *cinq* dans le département
des Ardennes , dont le chef-lieu (Mézières) est éloigné de 23 myriamètres, etc. En observant que toute fraction au-dessous de 10 myriamètres ne compte pas, ainsi il n'y a pas de différence à cet égard
entre une distance de 10 myriamètres et une de 19.

régir par ses dispositions que les actes postérieurs à sa promulgation (1) (*Art.* 2).

D. Quel est le but des lois civiles ?

R. De régler les diverses relations des citoyens entre eux, en fixant les limites de leurs droits et de leurs devoirs respectifs.

D. Comment se divisent-elles sous le point de vue des objets auxquels elles s'appliquent ?

R. En réelles et personnelles.

D. Qu'entendez-vous par lois réelles et par lois personnelles ?

R. Les lois réelles sont celles qui ont directement les biens pour objet, abstraction faite de la personne qui les possède. Telles sont celles qui règlent la transmission des biens, les servitudes, les hypothèques.

Les personnelles sont celles qui ont pour objet principal de fixer l'état, la condition, la capacité des personnes. Telles sont les lois relatives à la jouissance et à la privation des droits civils, au mariage, à la puissance paternelle, à la majorité.

D. Quelles personnes sont soumises à l'autorité de la loi française?

R. Tous les Français y sont soumis et sont égaux devant elle, quels que soient d'ailleurs leurs titres et leurs rangs (*Charte, art.* 1).

D. Le Français résidant en pays étranger demeure-t-il également soumis à la loi française?

R. Il demeure toujours soumis aux lois personnelles (2) ; les lois concernant l'état et la capacité des personnes régissent le Français même en pays étranger (*Art.* 3).

---

(1) Nous retrouvons l'application de ce principe dans les disposition de l'art. 4 du Code pénal.

(2) Il s'ensuit, par exemple, que, quelle que soit la loi du pays où il réside, le Français ne pourra se marier avant vingt-cinq ans, sans

D. Les étrangers peuvent-ils en quelques cas être justiciables des lois françaises ?

R. L'étranger, par le seul fait de sa résidence dans le royaume, se trouve soumis aux lois de police et de sûreté, et ainsi justiciable des tribunaux francais pour les délits ou crimes commis par lui sur le territoire français (1). Les immeubles par lui possédés en france, sont régis par la loi française. lors même qu'il ne résiderait pas en France (2) (*Art.* 3).

D. L'étranger, même non résidant en France, ne peut-il pas être cité devant les tribunaux de France, pour l'exécution de certaines obligations ?

R. Il pourra être cité devant les tribunaux français pour l'exécution des obligations par lui contractées tant en France qu'à l'étranger avec un Français (*Art.* 14).

D. Un Français pourrait-il être traduit devant un tribunal de France, pour l'exécution des obligations contractées à l'étranger ?

---

le consentement de ses père et mère, puisque la loi française ne le permet pas autrement ; mais d'ailleurs, pour que son mariage soit valable, il suffira qu'il soit célébré dans les formes usitées dans le pays, et précédé des publications exigées par l'article 63 ; il faudra qu'en outre il ne contrevienne à aucune des dispositions relatives à l'âge, au consentement, aux actes respectueux, à la capacité, etc.

(1) Le Code d'instruction criminelle donne à ce principe une extension remarquable. L'étranger qui, *même en pays étranger*, se serait rendu coupable de crimes contre la sûreté de l'Etat, de contrefaçon de sceaux de l'Etat, de monnaies, etc., pourra être traduit devant les tribunaux français, si l'on parvient à l'arrêter en France ou à obtenir son extradition. — Art. 5 et 6 du *Code d'instruction criminelle.*

(2) Ainsi la loi réelle oblige les étrangers, même non résidant en France ; et, quel que soit le propriétaire d'un immeuble situé en France, il ne pourra l'hypothéquer d'une manière valable en France que dans les formes voulues par la loi française. (M. *Delvincourt.*)

(8)

R. Oui, lors même que l'obligation aurait été contractée envers un étranger (*Art.* 15).

D. A qui appartient le droit d'appliquer la loi ?

R. Au pouvoir judiciaire exercé en France par des magistrats inamovibles (*Charte art.* 58).

D. Les juges peuvent-ils refuser de prononcer sur la contestation qui leur est soumise?

R. Ils ne le peuvent en aucun cas, même sous prétexte du silence, de l'obscurité ou de l'insuffisance de la loi; en cas de refus, ils pourraient être poursuivis comme coupables de déni de justice (1) (*Code civ.*, art. 4; *Code pén.*, 183 ; *proc. civ.* 505 *et suiv.*).

D. Les jugements ou arrêts sont-ils, comme les lois, obligatoires pour tous ?

R. Ils ne sont obligatoires que pour ceux qui étaient parties au procès.

D. Pourquoi ne peuvent-ils pas être obligatoires pour d'autres personnes que celles parties au procès?

R. Parce que, s'il en était autrement, ces décisions seraient de fait de véritables lois, et que le pouvoir législatif a seul le droit de faire des lois; aussi est-il défendu aux juges de prononcer par voie de dispositions générales et réglémentaires (2) (*Art.* 5).

---

(1) Ainsi le juge doit prononcer sur les questions qui ont échappé à la prévoyance du législateur, et suppléer par une sage doctrine au silence de la loi (Voyez *Domat*, édit. in-8°, tom. 1er, pag. 161 et suiv.). Néanmoins, en matière criminelle, le juge ne peut prononcer que la peine textuellement établie par la loi. L'article 364 du Code d'instruction criminelle porte : La cour prononcera l'absolution de l'accusé, si le fait dont il est déclaré coupable n'est pas défendu par une loi pénale. Tout est alors de rigueur, et aucune extension ni interprétation ne peut être donnée à la loi.

(2) Au moyen de décisions appelées *Arrêts de réglements*, les anciens parlements pouvaient étendre des jugements particuliers et en faire des règles générales, qui obligeaient tous les citoyens pour l'avenir : «Il était d'une haute importance de faire disparaître l'in-

D. Est-il permis de déroger aux lois par des conventions particulières ?

R. On ne peut ainsi déroger à celles qui intéressent l'ordre public et les bonnes mœurs (1) (*Art.* 6. *Loi* 45, *ff. de div. reg. juris*).

LIVRE PREMIER.

DES PERSONNES.

TITRE PREMIER.

De la jouissance et de la privation des droits civils.

CHAPITRE PREMIER.

De la jouissance des droits civils.

D. Qu'entend-on par droits civils en général ?

R. Tous ceux dont jouit l'homme dans l'état de société, et qui lui sont garantis par les lois.

D. Comment se divisent les droits civils ?

---

fluence de ces sortes d'arrêts qui formaient une seconde législation au sein de la législation primitive. » (M. *Regnaud*, *Exp. des motifs du Code de commerce.*) Et sous la constitution qui nous régit, on ne pouvait souffrir une pareille interversion de pouvoirs.

« Ainsi, dit M. Toullier, les juges mêmes, dans les cours souveraines, ne peuvent faire de réglements comme le faisaient les parlements sous les rois de France, et comme les préteurs et les proconsuls le faisaient à Rome, sous le nom d'édits. »

Les arrêts, dit-on au Palais, sont pour ceux qui les obtiennent. (Voyez M. *Henrion de Pansey*, *de l'autorité judiciaire*, édit. in-4o, pag. 430 et suiv.)

(1) Voyez, par exemple, les articles 1387 et suivants du Code civil, au titre du contrat de mariage : *Omnia quæ contrà bonos mores , vel in pactum vel in stipulationem deducuntur , nullius momenti sunt. L. 4, Cod. de inut. stip.* Mais on peut déroger aux lois qui ne sont

R. En droits civils proprement dits, et en droits politiques (1).

D. Quels sont les principaux droits civils ?

R. Le droit de puissance paternelle et maritale, tous les droits de famille, ceux d'être nommé tuteur ou curateur, de voter dans le conseil de famille, etc., le droit de succéder, de disposer de ses biens, et de recevoir par donation entre vifs, ou par testament, etc. (*M. Toullier*).

D. Quels sont les droits politiques ?

R. Les droits politiques sont : le droit de suffrage que le citoyen exerce dans les assemblées électorales, celui d'être élu et admissible à tous les emplois et à toutes les dignités, celui de concourir en qualité de témoin aux actes authentiques reçus par un notaire (*M. Toullier*).

D. A qui appartient l'exercice des droits civils proprement dits ?

R. 1° Tout Français jouit des droits civils (*Art.* 8); 2° l'étranger admis par l'autorisation du roi à établir son domicile en France, y jouit de tous les droits civils, tant qu'il continue d'y résider *Art.* 13); 3° l'étranger résidant en France, mais non autorisé par le roi, ne jouira que de ceux accordés aux Français par les traités de la nation à laquelle cet étranger appartiendra (2) (*Art.* 11).

---

que facultatives, c'est-à-dire qui accordent un droit dont on peut user ou ne pas user, chacun pouvant renoncer à un droit introduit en sa faveur. *Regula est juris antiqui, omnes licentiam habere his quæ pro se indulta sunt renuntiare. L.* 29 *, Cod. de pactis.* (Voyez *Domat*, édit. in-8°, tom. 1er, pag. 187 et suiv.)

(1) Les droits politiques consistent dans la faculté de participer plus ou moins immédiatement, soit à l'exercice, soit à l'établissement de la puissance et des fonctions publiques. Les droits civils sont ceux qui n'y ont pas de rapport (M. *Toullier*).

(2) Néanmoins, les articles 726 et 912 du Code civil, qui ne sont

D. L'étranger, même celui qui jouirait en France de tous les droits civils comme le Français, ne pourrait-il pas être soumis, pour plaider, par exemple, à certaines obligations particulières ?

R. En toutes matières autres que celles de commerce, l'étranger qui sera demandeur, c'est-à-dire qui voudra poursuivre une action en justice, sera tenu de donner caution pour le paiement des frais et dommages-intérêts qui pourront résulter du procès, à moins qu'il ne possède en France des immeubles suffisants pour assurer le paiement (1) (*Art.* 16).

D. Comment s'acquiert la qualité de Français ?

R. Par la naissance ou la naturalisation.

D. Quelles personnes sont Françaises par la naissance ?

R. Celles qui sont nées, en France ou dans l'étranger, d'un Français qui n'avait pas perdu cette qualité (*Art.* 10).

D. Quelles personnes peuvent, par suite de leur naissance, réclamer ou recouvrer la qualité de Français ?

R. 1° Tout individu né en France d'un étranger, pourra réclamer la qualité de Français (*Art.* 9); 2° tout individu né en pays étranger d'un Français qui aurait perdu la qualité de Français, pourra aussi recouvrer cette qualité (*Art.* 10).

---

que des corollaires de l'art. 11, ont été modifiés par la loi du 14 juillet 1819.

(1) L'étranger n'est pas tenu de donner caution dans les trois cas suivants :

1° Si l'affaire est commerciale; 2° s'il est défendeur; 3° s'il possède en France des immeubles suffisants pour assurer le paiement des frais (*Voyez* les articles 166, 167, 423, Code de proc. civ.).

Voyez *la loi du 10 septembre 1807, relative à la contrainte par corps contre les étrangers.*

D. Quelles formalités devront remplir ces deux classes d'individus ?

R. Dans le cas où ils résideraient en France, ils devront déclarer que leur intention est d'y fixer leur domicile, et dans le cas où ils résideraient en pays étranger, ils devront faire leur soumission de fixer en France leur domicile, et l'y établir dans l'année à compter de l'acte de soumission(1) (*Art.* 9-10).

D. Vous avez dit qu'on acquiert la qualité de Français par la naturalisation, qu'entendez - vous par la naturalisation (2) ?

R. La naturalisation est un acte par lequel un individu étranger par la naissance, acquiert la qualité de citoyen français et les droits attachés à cette qualité.

D. Quelle formalité doit remplir l'étranger pour obtenir la naturalisation ?

R. L'étranger qui voudra obtenir la naturalisation devra, après avoir atteint l'âge de 21 ans accomplis, déclarer l'intention de se fixer en France, et y résider pendant dix années consécutives (*Constit. du 22 frimaire an VIII, art.* 3).

D. Cette déclaration et cette résidence de dix

---

(1) Il existe seulement entre eux cette différence, que le second n'a pas de délai fixe pour faire cette réclamation, tandis que le premier n'aura pour l'exercer que le délai d'une année, à partir de sa majorité, et que s'il laisse passer cette année sans faire la réclamation, il perd ainsi le bénéfice que la loi établit en sa faveur, et ne peut devenir Français qu'en remplissant toutes les obligations imposées aux étrangers pour acquérir cette qualité.

(2) De même que dans la famille on distingue les enfants, de même dans l'état on distingue les sujets. Les enfants sont naturels ou adoptifs, les sujets sont naturels ou naturalisés (*Gaschon, code des Aubains,* pag. 40).

années suffisent-elles pour devenir *citoyen fran-*
çais (1) ?

R. Non : il faut encore que la naturalisation ait
été prononcée par le roi (*Décret du 17 mars 1809,*
art. 1).

D. Les dix années de résidence sont-elles toujours
nécessaires ?

R. Non : il suffit d'un an de domicile pour ceux
qui rendront ou qui auraient rendu des services
importants à l'Etat , ou qui apportent dans son sein
des talents, des inventions , ou une industrie utile ,
ou qui forment de grands établissements (*Décret*
du 19 *février* 1808).

D. N'existe-t-il pas une autre espèce de naturalisation ?

R. Oui : l'étrangère qui épouse un Français est
de plein droit naturalisée Française , par le seul fait
du mariage ; elle suit la condition de son mari
(*Art.* 12).

2° Les naturels d'un pays légalement réuni à la
France sont aussi de plein droit naturalisés Fran-
çais , par le seul fait de la réunion de leur pays à la
France.

D. A qui appartient l'exercice des droits politiques ?

R. Pour jouir des droits civils proprement dits , il
suffit d'être Français ; mais il faut être citoyen français pour jouir des droits politiques (*Art.* 7).

D. Comment acquiert-on la qualité de citoyen
français ?

---

(1) Quoique, par la naturalisation, l'étranger jouisse en France des
mêmes droits que les citoyens français , il ne peut cependant siéger
soit dans la chambre des pairs , soit dans celle des députés, sans avoir
obtenu préalablement de nouvelles lettres de naturalisation , vérifiées
par les deux chambres , et qu'on appelle *grandes lettres de naturali-*
sation (*Voyez Gaschon* , pag. 53. — *Ord. du roi du 4 juin* 1814).

R. Par l'inscription de son nom après l'âge de 21 ans, sur le registre civique de son arrondissement communal, suivie d'une année de résidence sur le territoire français (1) (*Const. de l'an VIII, art. 2*).

CHAPITRE II.

De la privation des droits civils.

SECTION PREMIÈRE.

De la privation des droits civils, par la perte de la qualité de Français.

D. Comment se perd la qualité de Français?

R. Elle se perd : 1º par la naturalisation acquise en pays étranger ; 2º par l'acceptation non autorisée par le roi, de fonctions publiques conférées par un gouvernement étranger ; 3º par l'affiliation également non autorisée à une corporation militaire étrangère, ou par l'acceptation de service militaire à l'étranger sans autorisation du roi ; 4º à l'égard de la femme, par le mariage avec un étranger ; 5º par tout établissement fait en pays étranger sans esprit de retour (*Art.* 17-19-21).

D. Tout établissement fait en pays étranger est-il présumé fait sans esprit de retour?

R. Les établissements de commerce ne sont regardés que comme momentanés, et n'entraînent pas

____

(1) Il est nécessaire d'observer que cette formalité de l'inscription sur le registre civique, imposée par la constitution de l'an VIII, n'a pas été reproduite par la charte, seule constitution que nous puissions reconnaître aujourd'hui ; la loi des élections (1817) dit bien que, pour être électeur, il faut jouir des droits civils et politiques ; mais à quelle condition jouit-on des droits politiques ? Ni la Charte, ni aucunes lois postérieures ne s'expliquent à cet égard ! « Attendons, dit M. Toullier, qu'une loi ait réglé ce point important. »

(15)

la perte de la qualité de Français (*Art.* 17).

D. Comment se recouvre la qualité de Français perdue par l'un des motifs ci-dessus établis?

R. Les conditions pour la recouvrer diffèrent suivant les motifs qui l'ont fait perdre.

D. Quelles sont ces différentes conditions?

R. 1° Si la qualité de Français a été perdue par suite de naturalisation, d'acceptation de fonctions publiques, ou d'établissement fait en pays étranger sans esprit de retour, il suffira, dans ces trois cas, de rentrer en France avec l'autorisation du roi, de déclarer qu'on veut s'y fixer, et qu'on renonce à toute distinction contraire à la loi française (1) (*Art.* 18) ; 2° si cette qualité a été perdue par la femme, par suite de son mariage avec un étranger, devenue veuve, elle recouvrera de plein droit la qualité de Française, pourvu qu'elle réside en France, ou qu'elle y rentre avec l'autorisation du roi, et en déclarant qu'elle veut s'y fixer (*Art.* 21) ; 3° si c'est par suite d'acceptation de service militaire, ou d'affiliation à une corporation militaire chez l'étranger, l'individu qui aura perdu par ce motif la qualité de Français, ne pourra la recouvrer qu'en remplissant les conditions imposées à l'étranger pour devenir citoyen, sans préjudice des peines prononcées par le code pénal contre ceux qui ont porté ou porteront les armes contre la patrie (2) (*Code civ.*, art. 21 ; *Code pén.*, art. 75).

D. L'individu ainsi réintégré dans la qualité de

---

(1) C'est-à-dire qu'en rentrant en France, on déclare renoncer, par exemple, à toute prérogative de naissance, aux priviléges, et qu'on se soumet à l'égalité légale.

(2) On voit, par cette disposition de l'article 21, que les conditions imposées pour recouvrer la qualité de Français à celui qui a pris du service chez l'étranger, sont plus rigoureuses que celles imposées dans les autres cas. En effet, il devra remplir les conditions imposées à

Français peut-il réclamer indistinctement tous les droits ouverts à son profit?

R. Il ne peut, dans le cas des art. 10, 18 et 19, se prévaloir de la qualité qu'il a recouvrée que pour les droits ouverts à son profit depuis l'époque de sa réintégration ; mais tous les droits ouverts auparavant sont irrévocablement perdus pour lui (1) (*Art.* 21). Ainsi, par exemple, si son père était mort avant sa réintégration, il ne pourrait, en vertu de l'art. 21, venir au partage de sa succession. (2)

SECTION II.

Privation des droits civils par suite de condamnations judiciaires.

D. Qu'entendez-vous par mort civile ?

R. J'entends par mort civile l'état d'un individu privé pour toujours de toute participation aux droits civils.

D. Quel caractère doit avoir une peine pour entraîner la mort civile ?

---

l'étranger pour devenir citoyen français ; c'est-à-dire qu'il ne redeviendra Français qu'après avoir résidé en France pendant dix années consécutives depuis sa rentrée autorisée, et la déclaration faite de vouloir l'y fixer.

Sans préjudice des peines. « Il résulte de cette disposition, dit M. Malleville, qu'on a voulu conserver ces peines contre ceux dont le gouvernement ne voudrait pas permettre la rentrée en France, mais on sent bien que par cela seul qu'il la permettrait, il ferait grâce de la peine. » Il serait barbare en effet de n'autoriser un individu à rentrer en France que pour le soumettre à une peine capitale.

(1) Si l'individu réintégré dans la qualité de Français pouvait exercer les droits qui se sont ouverts à son profit avant sa réintégration, il en résulterait de grands sujets de troubles et de discordes dans les familles. C'est dans ce même esprit qu'ont été consacrées les ventes des biens dits nationaux, qui sont désormais inattaquables, malgré le retour de leurs anciens propriétaires.

(2) Mais si le décès du père avait eu lieu depuis la loi du 14 juillet 1819, il pourrait, en vertu de cette loi et quoiqu'étranger, recueillir la succession.

R. Il faut qu'elle soit afflictive et infamante ; de plus, qu'elle soit perpétuelle (1) (*Art.* 24).

D. Quelles peines ont ce double caractère dans notre législation ?

R. La peine de mort (2), les travaux forcés à perpétuité, la déportation : ce sont les seules auxquelles nos lois aient attaché la mort civile (3) (*Code civ.*, art. 23 ; *pén.* , art. 18).

D. Quand commence la mort civile ?

R. La mort civile n'étant que la conséquence d'une peine, ne commence qu'avec la peine elle-même ; c'est-à-dire, pour les condamnations contradictoires, du jour de leur exécution, soit réelle, soit par effigie (4).

---

(1) Il serait en effet injuste d'infliger une peine perpétuelle comme conséquence d'une peine temporaire. Le législateur, en établissant des peines qui doivent avoir un terme, a admis la possibilité du repentir et du retour à la vertu, sans quoi toutes les peines devraient être perpétuelles. Nous voyons cependant, contrairement à ce principe, la marque infligée au faussaire, lors même qu'il n'est condamné qu'aux travaux forcés à temps ou à la réclusion : espérons que nous verrons un jour sur ce point une législation plus conforme à la raison et à l'humanité.

(2) Le testament fait par le condamné exécuté, serait inefficace, et ses biens serait dévolus à ses héritiers, comme s'il était mort naturellement et sans testament.

(3) Une peine peut être afflictive sans être infamante, ou infamante sans être afflictive, ou bien elle peut avoir ces deux caractères.

La peine afflictive (*Répert. de Merlin*) est celle qui afflige le corps et le prive de la liberté (l'emprisonnement). La peine infamante est celle qui attache l'infamie à celui qui l'a subie.

D'après le Code pénal qui nous régit, les peines afflictives infamantes sont : 1º la mort, 2º les travaux forcés à perpétuité, 3º la déportation, 4º les travaux forcés à temps, 5º la réclusion.

Les peines seulement infamantes sont : 1º le carcan, 2º le bannissement, 3º la dégradation civique.

(4) Ainsi la mort civile ne frappe un individu que du jour où a

I. EXAMEN.   2

Mais si la condamnation est par contumace, elle commence seulement après l'expiration des cinq années qui suivent l'exécution par effigie, temps pendant lequel le contumax peut se représenter (*Art.* 26-27-30).

D. Qu'entendez-vous par condamnation contradictoire ?

R. Celle prononcée contre un individu présent, qui a pu *contredire* l'accusation, et présenter sa défense.

D. Qu'entendez-vous par condamnation par contumace ?

R. Celle prononcée contre un individu qui s'est soustrait aux poursuites, et n'est pas présent au jugement.

D. Pourquoi un délai de cinq ans est-il accordé au contumax ?

---

commencé sa peine ; sa peine commence, lorsqu'il s'agit des travaux forcés à perpétuité, du jour de l'exposition au carcan ; quand il s'agit de la mort, du jour où l'exécution a eu lieu sur la place publique. Il est dressé, par le greffier, procès-verbal de l'exécution, dans l'un et l'autre cas. « Quant à la déportation, dit M. Toullier, il est difficile de fixer le jour précis où la condamnation est exécutée. »

Est-ce *du moment* de l'exécution seulement, ou *du jour* de l'exécution que commence la mort civile? (Voyez *sur cette question* M. *Toullier*, tom. 1 , n° 274 , *et* M. *Proudhon* ; M. *Berriat-Saint-Prix* , *Cours de droit criminel*, pag. 68 , et M. *Delvincourt* ; les deux premiers sont de la dernière opinion, et les deux autres de la première).

L'exécution par effigie se fait au moyen d'un extrait du jugement de condamnation affiché par l'exécuteur des jugements criminels à un poteau planté au milieu d'une place publique (*Art.* 472 *du Code d'instruction criminelle*).

Quand la peine n'entraîne qu'une interdiction des droits civils pendant sa durée, comme les travaux forcés à temps ou la réclusion, cette interdiction ne commence aussi que du jour de l'exécution ; ainsi tous les actes faits pendant le temps qui s'est écoulé depuis la condamnation jusqu'à l'exécution, seraient valables, et le condamné pourrait intenter toute action sans l'assistance d'un curateur.

R. Parce que des circonstances indépendantes de sa volonté ont pu l'empêcher de se présenter, et qu'on veut lui donner tous les moyens de se justifier avant de donner à la condamnation les effets désastreux de la mort civile.

D. Quel sera pendant ces cinq années l'état du condamné, relativement aux droits civils ?

R. Il sera, pendant ce délai de cinq ans, ou jusqu'au moment où il se présentera ou sera constitué prisonnier avant l'expiration des cinq années, privé de l'exercice des droits civils (*Art.* 28).

D. Comment ses biens seront-ils administrés ?

R. Ses biens sont considérés comme biens d'absent et mis en séquestre sous la main du directeur des domaines et droits d'enregistrement de son domicile (*Art.* 28, *Code d'inst. crim.*, art. 471 ; *Avis du cons. d'état app. le 20 septembre* 1809).

D. Que deviendra le premier jugement, si le condamné se présente ou est constitué prisonnier dans le délai de cinq ans qui lui est accordé ?

R. Ce premier jugement sera anéanti de plein droit, l'accusé sera remis en possession de ses biens et jugé de nouveau (*Art.* 29).

D. De quel jour commencera la mort civile, si la peine prononcée par le second jugement l'emporte comme celle prononcée par le premier ?

R. Elle ne commencera que du jour de l'exécution du second jugement (1) (*Art.* 29).

D. Qu'arrivera-t-il si le contumax meurt dans le délai de grâce ?

---

(1) Les actes que le contumax aurait faits pendant que la contumace le constituait en état d'interdiction légale, reprennent toute leur force, à l'exception de ceux qui seraient jugés frauduleux (*Toullier*, tome 1er, n° 278. — *Locré*, tome 1er, pag. 437).

R. Il sera réputé mort dans l'intégrité de ses droits (1), et le jugement de contumace sera anéanti de plein droit (*Art.* 31).

D. L'action civile sera-t-elle éteinte par la mort du condamné ?

R. Non ; mais elle ne pourra être intentée contre les héritiers du condamné que par la voie civile (2) (*Art.* 31.)

D. Quels sont les effets de la mort civile ?

R. Par la mort civile, le condamné perd la propriété de tous les biens qu'il possédait, sa succession est ouverte au profit de ses héritiers, auxquels ses biens sont dévolus comme s'il était mort naturellement et sans testament (3). Il ne peut plus recueillir de succession (4), ni transmettre, à ce titre, les biens qu'il a acquis par la suite.

---

(1) *Voyez* la note précédente. De plus, le testament serait valable, car il serait mort capable de tester.

(2) Tout crime ou délit donne lieu à une action publique et à une action civile ou privée ; la première est exercée par le ministère public, dans l'intérêt de la société tout entière attaquée dans la personne de l'un de ses membres; la seconde est exercée par la personne qui a souffert du crime ou du délit, en réparation de la lésion qu'elle a éprouvée. La première de ces actions est éteinte par la mort du coupable, parce que nos mœurs ne permettent plus qu'on fasse le procès à la mémoire, et qu'on trouble les cendres des morts; mais l'action de la partie lésée subsiste, parce qu'il serait injuste que des héritiers profitassent du crime de leur auteur.

(3) En sorte que toute disposition de dernière volonté qu'il pourrait avoir faite, même antérieurement à sa mort civile, demeure sans effet; mais, s'il décédait avant l'exécution, son testament serait valable.

(4) Mais il n'est pas dépouillé de la faculté d'acquérir à titre onéreux, de posséder, de commercer (*Toullier*, tome 1, n⁰ 280, *et la note*).

Comme il n'est privé que des droits qui dérivent de l'organisation sociale, il reste capable de toutes espèces de conventions qui n'ont point de formes particulières, et qui n'appartiennent qu'au droit des

Il ne peut ni disposer de ses biens en tout ou en partie, soit par donation entre vifs, soit par testament, ni recevoir à ce titre, si ce n'est pour cause d'aliments (1). Il ne peut être tuteur, ni concourir aux opérations relatives à la tutelle, parce que tous les liens de parenté civile qui l'attachaient à une famille sont rompus.

Il ne peut être témoin dans un acte solennel ou authentique, ni être admis à porter témoignage en justice (2).

Il ne peut procéder en justice, ni en demandant, ni en défendant, que sous le nom et par le ministère d'un curateur spécial, qui lui est nommé par le tribunal où l'action est portée.

---

gens primitif, telles que la vente, l'échange, etc. (*Proudhon*, tome 1, page 78).

Cette opinion se trouve confirmée par l'article 33 du Code civil. Les biens *acquis*, dit cet article, par le condamné depuis la mort civile encourue, appartiennent à l'Etat, et l'art. 25, *les biens qu'il a acquis ;* donc il a la faculté d'acquérir. Ainsi jugé par plusieurs arrêts de cassation des 28 frimaire an XIII, 28 juin 1808, 17 août 1809.

(1) La fiction doit céder à la vérité : or le mort civilement, quoique moralement retranché de la société, y conserve, en certains cas, la vie naturelle ; par conséquent on doit lui laisser les moyens de pourvoir à la vie physique qu'il conserve.

(2) On s'était réservé d'examiner, lors de la discussion du Code criminel, s'il convenait de faire une exception à cette règle, pour le cas où le mort civilement serait témoin nécessaire dans une procédure criminelle ; mais on ne trouve aucune disposition sur ce point dans le Code d'instruction criminelle. L'article 28 du Code pénal n'est relatif qu'aux condamnations temporaires qui, comme on le sait, n'emportent pas la mort civile. Ceux qui ont subi une des condamnations portées en cet article, ne peuvent être entendus qu'à titre de renseignements, et par conséquent sans prestation de serment. Mais le pouvoir discrétionnaire donné au président, l'autoriserait sans doute à entendre le mort civilement, non comme témoin, mais *à titre de renseignements.*

Il est incapable de contracter un mariage qui produise aucun effet civil (1).

Le mariage qu'il aurait contracté avant la mort civile est dissous, quant à tous ses effets civils (2).

Son époux et ses héritiers peuvent exercer respectivement tous les droits et actions auxquels la mort naturelle donnerait ouverture.

Les biens qu'il aurait acquis depuis la mort civile encourue, et dont il se trouverait en possession au jour de sa mort naturelle, appartiennent à l'état par droit de déshérence (3), sauf au roi à en faire telles dispositions que l'humanité lui suggèrera au profit de la veuve, des enfants ou parents du condamné (*Art.* 25-33).

D. Comment la mort civile peut-elle cesser ?

---

(1) Ainsi les enfants qui naîtraient de cette union ne seraient pas légitimes ; ils ne seraient qu'enfants naturels et ne pourraient qu'être reconnus ou légitimés, si la mort civile venait à cesser.

(2) Ainsi son conjoint peut se remarier; c'est, depuis l'abolition du divorce, la seule cause qui puisse, du vivant des époux, dissoudre le mariage. Les enfants qui naîtraient depuis la mort civile encourue, seraient bâtards ; et si la mort civile venait à cesser par la grâce ou l'acquittement, comme, pendant le temps qu'elle a frappé le condamné, elle a détruit son mariage et les effets civils qui s'y rattachent, il devrait le contracter de nouveau afin de donner aux enfants la légitimité.

(3) Déshérence pour débérence. Ce mot vient des deux mots latins *de*, privatif, et *hæres*, héritier. Le droit de déshérence est donc, en général, le droit de succéder à celui qui n'a pas d'héritier, soit qu'il n'en ait pas réellement, comme celui qui décède veuf ou célibataire, sans enfants, ni parents connus, soit qu'il ne puisse en avoir, comme le mort civilement (M. *Delvincourt*, 2ᵉ édit., tom. 1ᵉʳ, p. 27, note 2).

Il faut bien remarquer qu'il ne s'agit ici que des biens acquis par le condamné depuis la mort civile encourue. La confiscation générale étant abolie par la charte, quel que soit le motif de la condamnation, les biens qu'il possédait avant d'être frappé de mort civile, appartiennent à ses héritiers naturels, et sont recueillis par eux.

R. Elle peut cesser de deux manières : par la grâce du roi, ou par un jugement d'absolution.

D. Quand la mort civile cesse-t-elle par la grâce du roi ?

R. Quand le roi, usant de la prérogative que lui donne la charte constitutionnelle, juge à propos d'accorder la grâce au condamné qui a encouru la mort civile, soit par l'effet immédiat de l'exécution (1), s'il s'agit d'une condamnation contradictoire, soit par l'expiration du laps de cinq ans depuis cette exécution, si la condamnation était par contumace (2).

D. Quand cesse-t-elle par l'absolution ?

R. Lorsque le condamné par contumace, qui ne se présente à la justice, ou n'est arrêté qu'après les cinq ans, à compter du jour de l'exécution par effigie, est absous par le second jugement, ou condamné à une peine n'emportant pas mort civile.

D. Quels sont les effets du jugement d'absolution, relativement à la mort civile ?

R. Ce jugement réintègre le condamné absous dans tous ses droits civils pour l'avenir ; mais il laisse subsister tous les effets que la mort civile a produits depuis qu'elle est définitivement encourue jusqu'au

---

(1) On sait que la mort civile ne s'applique pas seulement aux condamnations entraînant la peine capitale, et d'ailleurs, même dans ce cas, l'exécution peut avoir eu lieu sans que la mort naturelle s'en soit suivie, c'est-à-dire par effigie.

(2) Si la grâce est accordée avant l'une des deux époques, il n'y a point de mort civile ; le condamné n'a pas perdu un seul instant les droits civils : si elle est accordée postérieurement, la mort civile a été encourue pendant le temps qui s'est écoulé depuis l'exécution, ou depuis l'expiration des cinq ans qui l'ont suivie, jusqu'au jour de la grâce. Le condamné gracié ne recouvre les droit civils que depuis le jour de la grâce, et seulement pour l'avenir.

jour de sa comparution en justice (*Code civ.*, *art.* 30 ; *voyez note* 1re *de la page* 22).

D. La mort civile ne pourrait-elle pas également cesser par la réhabilitation ou par la prescription de la peine ?

R. La réhabilitation n'étant admissible qu'en faveur de ceux qui ont subi leur peine , ne peut évidemment s'appliquer aux peines qui entraînent la mort civile , puisqu'elles sont toutes perpétuelles (*Code d'inst. crim.* , *art* 79 *et suiv.*).

Quant à la prescription de vingt ans, admise contre les condamnations en matière criminelle, elle ne peut avoir d'autre effet que de soustraire le condamné à l'application de la peine prononcée contre lui ; mais elle ne peut jamais le réintégrer dans ses droits civils pour l'avenir (*Code civ.*, *art.* 32 ; *Code d'inst. crimin.* , *art.* 635).

D. Est-il d'autres peines qui , sans entraîner pour toujours la privation des droits civils , entraînent néanmoins, comme conséquence nécessaire , la suspension , pour un temps, de ces mêmes droits ?

R. Les peines qui , sans être perpétuelles , sont néanmoins afflictives et infamantes , comme les travaux forcés à temps et la réclusion , entraînent pendant toute leur durée l'interdiction légale de tous les droits civils (1) (*Code pén.* , *art.* 29).

D. N'est-il point des peines qui , sans être perpétuelles , entraînent néanmoins pour toujours la privation de certains droits ?

R. Les peines des travaux forcés à temps , du bannissement , de la réclusion , du carcan et de la dégradation civique, privent pour toujours celui qui

---

(1) Il sera nommé un curateur au condamné , pour gérer et administrer ses biens , dans les formes prescrites pour la nomination des curateurs aux interdits (*Voyez*, art. 29, 30, 31 *du Code pén.*).

y a été condamné, du droit d'être juré, expert, témoin dans un acte, témoin en justice (*il ne peut être entendu qu'à titre de renseignements et sans prêter serment*), tuteur ou curateur, si ce n'est de ses propres enfants et sur l'avis de la famille, du droit de port d'armes, enfin de celui de servir dans les armées françaises (*Code pén.*, art. 28 ; *loi du recrut.*, art. 2).

D. La privation de certains droits civils ne pourrait-elle pas encore résulter de certaines condamnations ?

R. Les tribunaux jugeant correctionnellement pourront, en certains cas, interdire, en tout ou en partie, l'exercice des droits mentionnés en l'art. 42 du Code pénal.

D. Que faudra-t-il pour que les tribunaux puissent prononcer cette interdiction ?

R. Il faudra que cette interdiction soit autorisée ou ordonnée par une disposition particulière de la loi (*Voy.* par exemple les art. 405, 410 *du Code pénal*; *l'art.* 9 *de la loi du* 17 *mai* 1819).

TITRE II.

Actes de l'état civil.

CHAPITRE PREMIER.

Dispositions générales.

D. Qu'entend-on par état civil ?

R. L'état civil est le rapport qui existe entre un individu et la cité ou la famille. Ainsi, sous le rapport de l'état civil, un homme est Français ou étranger, majeur ou mineur, marié ou célibataire, père ou fils, etc. Les actes qui servent à constater ces rapports sont nommés actes de l'état civil.

D. Combien y a-t-il de sortes d'actes de l'état civil ?

R. Il y en a de six sortes : les actes de naissance, de publication de mariage, de mariage, de décès, d'adoption, et de reconnaissance d'enfants naturels.

D. Qu'ont-ils de commun quant à la forme ?

R. Ils doivent tous être inscrits sur des registres tenus, à cet effet, dans chaque commune. Toute inscription d'acte de l'état civil faite sur une feuille volante, et autrement que sur les registres à ce destinés, expose l'officier de l'état civil à un emprisonnement de trois mois et à une amende de 16 à 200 fr. (*Code pén.*, *art.* 192), sans préjudice des dommages-intérêts des parties (*Code civ.*, *art.* 40, 52).

D. Quelles sont les formalités relatives aux registres ?

R. Ils doivent tous être tenus doubles, à l'exception de celui de publication de mariage, cotés par première et dernière, et paraphés, sur chaque feuillet (1), par le président du tribunal de première instance de l'arrondissement, ou par le juge qui le remplace (*Art.* 40, 41).

D. Quand ces registres sont-ils clos et arrêtés ?

R. Ils le sont à la fin de chaque année par l'officier de l'état civil ; et, pour rendre plus difficile, en cas d'événement, leur destruction simultanée, ils sont déposés par lui, dans le mois, savoir : un des doubles aux archives de la commune, et l'autre au greffe du tribunal. A ce dernier double doivent être jointes

---

(1) C'est-à-dire que le président inscrit en haut de chaque feuillet cette mention : *premier feuillet*, *deuxième feuillet*, etc., avec son paraphe ; cette formalité est instituée pour rendre les intercalations ou suppressions impossibles.

les procurations et autres pièces qui seraient an-
nexées aux actes (*Art.* 43, 44).

D. Qu'est-ce que l'officier de l'état civil ?

R. C'est la personne chargée de la tenue des registres dans chaque commune (1).

D. Les registres sont-ils ouverts à tout le monde ?

R. Oui ; et chacun en peut prendre communication, et s'en faire délivrer des extraits qui, lorsqu'ils sont délivrés conformes aux registres par l'autorité compétente, et dûment légalisés (2), font foi
jusqu'à l'inscription de faux (*Art.* 45).

D. Comment les actes de l'état civil doivent-ils
être inscrits ?

R. Ils doivent être inscrits de suite, sans aucun
blanc ; ils ne doivent contenir aucune abréviation,
ni aucune date en chiffres ; les ratures ou renvois,
s'ils en contiennent, devront être approuvés et signés de la même manière que le corps de l'acte
Art. 42.)

R. Que doit énoncer tout acte de l'état civil ?

R. Il doit énoncer l'année ; le jour et l'heure où
il est reçu, les prénoms, noms, âges, professions et
domiciles, tant des parties que des témoins qui sont
choisis par elles pour y paraître, et qui doivent
être mâles et majeurs, parents ou autres (*Art.*
34, 37).

D. Peut-on insérer dans un acte de l'état civil,
toutes les déclarations des comparants ?

R. Non ; on n'insère, soit par notes, soit par

---

(1) Aux termes de la loi du 28 pluviose an VIII, art. 13, ce sont
les maires et adjoints des communes qui remplissent aujourd'hui les
fonctions d'officiers de l'état civil.

(2) La légalisation est un certificat de l'autorité compétente, qui
constate que celui qui a reçu ou délivré un acte est revêtu de la fonction qui lui donne qualité pour le recevoir ou le délivrer (M. *Delvincourt*).

énonciation quelconque, que ce qui doit être déclaré par eux. Ainsi, si un enfant naturel est présenté, toute déclaration relative à la paternité, faite par un autre que par le père ou son fondé de pouvoir spécial, ne devrait pas être écoutée, parce que, en thèse générale, la recherche de la paternité est interdite (*Art.* 35, 340).

D. Les parties intéressées sont-elles toujours tenues de se présenter en personne ?

R. Non : elles peuvent se faire représenter par un fondé de procuration spéciale et authentique, pour les actes autres que ceux de célébration du mariage (1), et alors cette procuration est annexée à l'acte, après avoir été paraphée par la personne qui l'a produite, et par l'officier de l'état civil (*Art.* 36, 44).

D. Quelles sont les autres formalités relatives à tous les actes de l'état civil ?

R. Il est donné lecture des actes aux comparants, par l'officier de l'état civil, et mention est faite de l'accomplissement de cette formalité. Les actes sont ensuite signés des comparants, des témoins et de l'officier de l'état civil, ou mention est faite de la cause qui empêche les parties ou les témoins de signer (*Art.* 38, 39).

D. Les actes de l'état civil, faits à l'étranger, sont-ils valables ?

____

(1) La prohibition de se marier par procureur n'existe nulle part formellement dans notre législation mais elle nous paraît résulter, 1° de la lecture ordonnée par l'art. 75, et qui paraît avoir pour but de faire connaître à chaque époux l'étendue des obligations qu'il contracte ; 2° de ce que l'art. 36 suppose qu'il est certains actes de l'état civil auxquels les parties sont obligées de comparaître en personne, et que cependant aucun des autres actes n'est dans ce cas (*Voir*, à ce sujet, M. *Locré*, tom. 3, pag. 79).

R. Oui, pourvu qu'ils aient été rédigés dans les formes usitées dans le pays pour ces sortes d'actes. Pareillement, tout acte de l'état civil des Français en pays étranger est valable, s'il a été reçu par les agents diplomatiques ou les consuls, conformément aux lois françaises (*Art.* 47. 48).

D. Toutes ces formalités sont-elles prescrites à peine de nullité ?

R. Non, si ce n'est en certains cas pour le mariage; mais leur inobservation, lors même qu'elle résulte de l'erreur ou de la négligence, expose l'officier de l'état civil à une amende qui ne peut excéder 100 francs, laquelle est prononcée par le tribunal de première instance, soit sur la poursuite des parties, soit sur celle du procureur du roi, qui est chargé de vérifier l'état des registres, lors du dépôt fait au greffe, de dresser procès-verbal sommaire de la vérification, et de requérir, en cas de contraventions ou de délit, la condamnation aux amendes (*Art.* 5o. 53).

D. Sur qui pèse la responsabilité résultant des altérations ou faux, commis dans les registres de l'état civil ?

R. Sur le dépositaire des registres ; s'il est auteur ou complice des faux ou altérations, il est soumis aux peines portées par le code pénal, et de plus aux dommages-intérêts des parties. *Les mêmes peines ont lieu à l'égard de tout individu coupable de pareil délit.* Mais s'il n'est ni auteur ni complice, il n'en est pas moins responsable civilement envers les parties intéressées du dommage que les faux et altérations ont pu leur causer, sauf son recours contre les auteurs du délit (*Art.* 51 , 52).

D. Comment peut-on prouver son état civil, s'il n'a pas existé de registres, ou s'ils ont été détruits ou perdus ?

R. On est admis à prouver la non-existence ou la perte des registres, tant par titres que par témoins. Cette preuve faite, les mariages, naissances, ou décès pourront être prouvés, tant par les registres émanés des pères et mères décédés, que par témoins (*Art.* 46).

D. Comment, et par qui doit être demandée la rectification des registres contenant des faux, erreurs ou altérations ?

R. Elle ne peut l'être que par les parties intéressées, qui doivent présenter requête au président du tribunal. Il y est statué sur rapport et sur les conclusions du ministère public, les parties intéressées à contester la rectification appelées s'il y a lieu (*Code de procéd.*, 855 ; *Code civ.*, art. 99).

D. Les demandeurs en rectification ont-ils intérêt à mettre en cause les personnes intéressées à contester la rectification ?

R. Oui, sans doute, car le jugement à intervenir ne peut être opposé qu'à ceux qui y auront été appelés, ou qui l'auront requis (*Art.* 100).

D. Les jugements de rectification doivent-ils être inscrits sur les registres de l'état civil ?

R. Oui ; mais on ne change rien à l'acte même, on le laisse tel qu'il était, seulement l'officier de l'état civil, à la requête des parties intéressées, inscrit le jugement de rectification sur ses registres, et en fait mention en marge de l'acte réformé, soit sur ses registres courants, soit seulement sur ceux déposés aux archives de la commune, si l'acte rectifié est antérieur à l'année courante ; dans ce dernier cas, la même mention est faite par le greffier de première instance, sur les registres déposés au greffe. L'officier de l'état civil en donne avis dans les trois jours au procureur du roi, qui veille à ce que la mention

soit faite d'une manière uniforme sur les deux registres (*Art.* 49, 101).

––––––

CHAPITRE II.

Actes de naissance.

D. Quelle est la première formalité à remplir,
lors de la naissance d'un enfant?

R. C'est d'en faire la déclaration à l'officier de
l'état civil du lieu, en lui présentant l'enfant
(*Art* 55).

D. Par qui, et dans quel délai cette déclaration
doit-elle être faite ?

R. Elle doit l'être, dans les trois jours de l'accouchement, par le père; à son défaut, par les officiers
de santé, sages-femmes, ou autres personnes qui
ont assisté à l'accouchement, ou par la personne
chez qui la mère est accouchée, si elle est accouchée hors de son domicile (1) (*Art.* 56).

D. Que fait l'officier de l'état civil sur cette déclaration ?

R. Il rédige de suite l'acte de naissance en présence de deux témoins (*Art.* 56).

D. Que contient cet acte de naissance?

R. Il énonce le jour, l'heure et le lieu de la naissance, le sexe de l'enfant, et les prénoms qui lui
sont donnés, enfin les prénoms, noms, professions
et domiciles des père et mère et des témoins
(*Art.* 57).

––––––

(1) Toute personne qui, ayant assisté à un accouchement, n'aura
pas fait cette déclaration dans le délai de trois jours, sera punie d'un
emprisonnement de six jours à six mois, et d'une amende de 16 fr. à
300 fr. (*Code pén.*, art. 346).

D. Que doit faire toute personne qui trouve un enfant nouveau-né?

R. Elle doit le remettre à l'officier de l'état civil, avec les vêtements et autres effets trouvés sur lui, et déclarer toutes les circonstances du temps et du lieu où il aura été trouvé (*Art.* 58.).

D. Que fait l'officier de l'état civil lors de cette présentation ?

R. Il dresse du tout un procès-verbal détaillé, qu'il inscrit sur ses registres, et qui énonce, en outre, l'âge apparent de l'enfant, son sexe, les noms qui lui sont donnés, et l'autorité civile à laquelle il est remis (*Idem*).

D. Si un enfant vient à naître pendant un voyage de mer, comment doit-on constater sa naissance ?

R. L'acte de naissance sera dressé dans les vingt-quatre heures, en présence du père, s'il est présent, et de deux témoins pris parmi les officiers du bâtiment, ou, à leur défaut, parmi les hommes de l'équipage (*Art.* 59).

D. Par qui cet acte doit-il être rédigé ?

R. Par l'officier d'administration de la marine, sur les bâtiments du roi ; par le capitaine, maître ou patron, sur les bâtiments appartenant à un armateur ou négociant (1). Cet acte sera inscrit à la suite du rôle d'équipage qui contient la liste des personnes étant dans le bâtiment, et sur lequel on constate toutes les mutations. (*Idem.*)

D. Quelles formalités doivent remplir les officiers de l'administration de la marine, capitaines, maîtres ou patrons, à leur arrivée au premier port, autre que celui du désarmement?

______

(1) Lorsque le bâtiment est destiné à un voyage de long cours, le commandant a le titre de *capitaine* ; sinon, il se nomme *maître* dans l'Océan, et *patron* dans la Méditerranée.

R. Ils doivent déposer au bureau de l'inscription maritime, si c'est en France, ou entre les mains du consul français, si c'est à l'étranger, deux expéditions authentiques des actes de naissance qu'ils ont reçus dans la traversée (*Art.* 60).

D. Que fait-on de ces expéditions ainsi déposées ?

R. Une d'elles reste au bureau de l'inscription maritime ou à la chancellerie du consulat ; l'autre est envoyée au ministre de la marine, qui transmet copie de chacun de ces actes, par lui certifiée, à l'officier de l'état civil du domicile du père, ou de la mère, si le père est inconnu, laquelle copie est de suite inscrite sur les registres (*Id.*).

D. Quelle formalité doit être remplie à l'arrivée du bâtiment dans le port de désarmement ?

R. Le rôle d'équipage est déposé au bureau du préposé à l'inscription maritime, qui envoie une expédition de l'acte de naissance, de lui signée, à l'officier de l'état civil du domicile du père de l'enfant, ou de la mère, si le père est inconnu. L'officier inscrit de suite cette expédition sur ses registres (*Art.* 61).

D. Comment s'inscrivent les actes de reconnaissance d'enfants ?

R. Ils s'inscrivent sur les registres à leur date, et il en est fait mention en marge de l'acte de naissance, s'il en existe un (*Art.* 62).

CHAPITRE III.

Actes de mariage.

D. Combien y a-t-il de sortes d'actes de l'état civil relatifs au mariage ?

R. Il y en a deux : les actes de publication, et les actes de célébration de mariage.

(34)

D. Quel est le but des publications de mariage?

R. D'avertir du mariage projeté les personnes qui pourraient avoir le droit de s'y opposer.

D. Quand les publications du mariage doivent-elles être faites?

R. Elles doivent être faites deux fois à huit jours d'intervalle, un jour de dimanche, devant la porte de la maison commune (1), avant qu'on puisse procéder à la célébration du mariage (*Art.* 63-64).

D. Que doivent-elles énoncer?

R. Elles énoncent les prénoms, noms, professions et domiciles des futurs époux, et de leurs pères et mères; si les futurs époux sont majeurs ou mineurs. Il est dressé de ces publications un acte contenant les mêmes notions, et énonçant, en outre, les jours lieux et heures où les publications ont été faites. Cet acte est inscrit sur un seul registre, qui est coté et paraphé comme tous les registres de l'état civil. Un extrait de l'acte de publication restera affiché à la porte de la maison commune pendant l'intervalle de l'une à l'autre publication (*Idem*).

D. Les deux publications faites, peut-on célébrer le mariage immédiatement?

R. Non, il ne peut être célébré avant le troisième jour, depuis et non compris celui de la seconde publication. Il doit l'être au plus tard dans l'année, à compter de l'expiration du délai des publications (2); sinon il ne pourra plus être célébré qu'après de nouvelles publications (*Art.* 64-65).

D. Qu'est-ce qu'une opposition à mariage?

---

(1) De la mairie du domicile réel de chacun des futurs époux, de celle de leur résidence, si cette résidence date de plus de six mois, et encore de celle de leurs parents s'ils ne sont pas majeurs quant au mariage (166, 167 et 168).

(2) C'est-à-dire à compter du premier jour auquel il est permis de se marier après les publications faites.

R. C'est une déclaration faite par de certaines personnes à qui la loi donne ce droit, qu'elles s'opposent à ce que le mariage soit célébré (*Voir les art. 172, 173 et 174 du C. C.*).

D. Comment cet acte se fait-il?

R. Comme les exploits ordinaires, seulement il faut qu'il soit signé sur l'original et la copie par les opposants ou leurs fondés de procuration spéciale et authentique (1) (*Art.* 66).

D. A qui cette opposition doit-elle être signifiée (2)?

R. Elle doit l'être avec copie de la procuration, à la personne ou au domicile des parties, et à l'officier de l'état civil, qui mettra son visa sur l'original (*Id.*).

D. Que doit faire l'officier de l'état civil au reçu de l'opposition?

R. Il doit faire mention sommaire des oppositions sur le registre des publications; il fait aussi, en marge de cette inscription, mention des jugements et actes de main-levée, dont l'expédition lui a été remise (*Art.* 67).

D. L'officier de l'état civil peut-il passer outre à la celébration du mariage, nonobstant l'opposition?

R. Non, il ne le peut avant qu'on lui en ait remis la main-levée, à peine de trois cents francs d'amende et de tous les dommages-intérêts (*Art.* 68).

D. Doit-on faire mention dans l'acte de mariage qu'il n'y a point eu d'opposition?

R. Oui ; et si les publications ont été faites dans

---

(1) *Spéciale.* Ainsi une procuration à l'effet de représenter le constituant, et d'agir généralement pour lui et en son nom, ne serait pas suffisante : *Authentique*, il faut qu'elle soit passée par-devant notaires ; ainsi une procuration sous seing-privé ne suffirait pas.

(2) La signification est un exploit par lequel un huissier constate avoir laissé copie d'un acte ou d'un jugement à une personne, afin qu'elle en ait connaissance.

diverses communes, les parties remettent un certificat de l'officier de l'état civil de chaque commune, constatant qu'il n'existe point d'opposition (*Art.* 69).

D. Quelles sont les pièces qui doivent être remises à l'officier de l'état civil, avant la célébration du mariage?

R. Ce sont :

1° L'acte de naissance de chacun des futurs époux (*Art.* 70);

2° Le consentement, par acte authentique, de ceux dont il est requis, s'ils ne sont pas présents à la célébration. Cet acte doit contenir les prénoms, nom, profession et domicile de l'époux auquel ce consentement est nécessaire, ainsi que de tous ceux qui ont concouru à l'acte, et leur degré de parenté (*Art.* 73);

3° Les actes respectueux, s'il en a été fait (*Art.* 76);

4° Les certificats constatant que les publications ont eu lieu dans les divers domiciles ;

5° La main-levée des oppositions, s'il y en a eu, ou les certificats des officiers de l'état civil attestant qu'il n'existe pas d'opposition (*Art.* 69, 76).

D. Si les époux, ou l'un d'eux, se trouvaient dans l'impossibilité de se procurer leur acte de naissance, comment peut-on y suppléer?

R. On y supplée, pour le mariage seulement, par un acte de notoriété, délivré par le juge de paix du lieu de sa naissance ou de son domicile. (*Art.* 70).

D. Que doit contenir cet acte de notoriété?

R. Il contient la déclaration faite par sept témoins de l'un ou de l'autre sexe, parents ou non parents, des prénoms, nom, profession et domicile du futur époux et de ceux de ses père et mère, s'ils sont connus : le lieu et, autant que possible, l'époque de sa naissance, et les causes qui empêchent d'en rapporter l'acte. Cet acte est signé des témoins et du juge de paix; et s'il en est qui ne le puissent ou ne le sachent, il en est fait mention (*Art.* 71).

D. Cet acte de notoriété ne doit-il pas être homologué ?

R. Oui, il sera présenté, à cet effet, au tribunal de première instance du lieu où doit se célébrer le mariage; ce tribunal, le procureur du roi entendu, donnera ou refusera son homologation, selon qu'il trouvera suffisantes ou non les déclarations des témoins et les causes qui empêchent de rapporter l'acte de naissance (*Art.* 71).

D. Où le mariage doit-il être célébré ?

R. Dans la commune où l'un des époux a son domicile (*Art.* 74).

D. Comment s'établit le domicile pour le mariage ?

R. Par six mois de résidence dans la même commune (*Id.*).

D. Comment le mariage est-il célébré ?

R. Il est célébré, le jour désigné par les parties, après le délai des publications, dans la maison commune, en présence de quatre témoins, parents ou non, par l'officier de l'état civil, qui fait lecture aux parties des pièces relatives à leur état et aux formalités du mariage, et du chapitre VI du titre *du Mariage, sur les droits et devoirs respectifs des époux;* il reçoit de chaque partie la déclaration qu'elles veulent se prendre pour mari et femme, il prononce, au nom de la loi, qu'elles sont unies par le mariage, et en dresse acte sur-le-champ (*Art.* 75).

D. Que doit énoncer l'acte de mariage ?

R. Il énonce :

1º Les prénoms, noms, professions, âges, lieux de naissance et domiciles des époux ;

2º Leur qualité de majeurs ou de mineurs ;

3º Les prénoms, noms, professions et domiciles des pères et mères;

4° Le consentement des pères et mères, aïeuls et aïeules, et celui de la famille, dans le cas où il est requis ;

5° Les actes respectueux, s'il en a été fait ;

6° Les publications dans les divers domiciles ;

7° Les oppositions, s'il y en a eu, leur main-levée ou la mention qu'il n'y a point eu d'opposition ;

8° La déclaration des conjoints de se prendre pour mari et femme, et le prononcé de leur union par l'officier public ;

9° Les prénoms, noms, âges, professions et domiciles des témoins, leur déclaration s'ils sont parents ou alliés des parties, de quel côté, et à quel degré (*Art.* 76).

CHAPITRE IV.

Actes de décès.

D. Quelle est la première formalité à remplir lors du décès d'une personne ?

R. C'est de le déclarer à l'officier de l'état civil du domicile du défunt (*Art* 77).

D. Que fait l'officier de l'état civil sur cette déclaration ?

R. Il se transporte auprès de la personne décédée, pour s'assurer du décès, et délivre une autorisation d'inhumer sur papier libre et sans frais (*Idem*).

D. Cette autorisation reçue, peut-on inhumer de suite ?

R. Non, on ne le peut que vingt-quatre heures après le décès, hors les cas prévus par les réglements de police (*Id.*).

D. Par qui est dressé l'acte de décès ?

R. Il est dressé par l'officier de l'état civil, sur la

(39)

déclaration de deux témoins. Ces témoins sont, autant que possible, deux des plus proches parents ou voisins, ou la personne chez laquelle le décès a eu lieu avec un parent ou autre (*Art.* 78).

D. Les témoins peuvent-ils être les mêmes que les déclarants ?

R. Oui, la loi ne fait pas de distinction : les deux témoins peuvent être en même temps les déclarants, parce que cet acte n'impose pas d'autres obligations à celui qui le fait que d'attester la vérité.

D. Que doit contenir l'acte de décès ?

R. Il contient les prénoms, nom, âge, profession et domicile de la personne décédée ; les prénoms et nom de l'autre époux, si la personne décédée était mariée ou veuve, les prénoms, noms, âge, professions et domiciles des déclarants, s'ils sont parents, leur degré de parenté, et, autant qu'on le peut, les prénoms, noms, professions et domiciles des père et mère du décédé, et le lieu de sa naissance (*Art.* 79).

D. Telles sont les formalités prescrites pour les cas ordinaires, mais n'est-il pas des cas extraordinaires qui exigent des formalités différentes ?

R. Oui, il y en a plusieurs : le décès dans les hôpitaux militaires ; le cas où il y a indice de mort violente ; le décès dans les prisons, ou par suite de jugemens ; enfin, le décès sur mer.

D. En cas de décès dans les hôpitaux militaires, civils ou autres maisons publiques, que doivent faire les supérieurs, directeurs ou maîtres de ces maisons ?

R. Ils doivent, dans les vingt-quatre heures, en donner avis à l'officier de l'état civil, qui se transporte pour s'assurer du décès, et en dresse l'acte, comme il est dit ci-dessus, sur les déclarations qui lui auront été faites, et les renseignements qu'il aura pris (*Art.* 80).

Ces déclarations et ces renseignements sont inscrits sur un registre tenu à cet effet dans lesdits hôpitaux et maisons (*Art.* 80).

D. Que doit faire l'officier de l'état civil après avoir dressé cet acte de décès?

R. Il doit en envoyer expédition à l'officier de l'état civil du dernier domicile de la personne décédée, qui l'inscrit sur ses registres (*Id.*).

D. Lorsqu'il y a des indices de mort violente, ou des circonstances qui donnent lieu de la soupçonner, quelle formalité particulière doit précéder l'inhumation?

R. Il faut qu'un officier de police, assisté d'un docteur en médecine ou en chirurgie, dresse procès-verbal de l'état du cadavre et des circonstances y relatives, ainsi que des renseignements qu'il a pu recueillir sur les prénoms, nom, âge, profession, lieu de naissance, et domicile de la personne décédée (*Art.* 81).

D. Que doit faire cet officier de police aussitôt que le procès-verbal a été dressé?

R. Il est tenu de transmettre de suite les renseignements énoncés dans le procès-verbal à l'officier de l'état civil du lieu où la personne est décédée; cet officier rédige l'acte de décès, mais sans énoncer qu'il y a eu mort violente, et en envoie une expédition à l'officier de l'état civil du domicile du défunt, s'il est connu ; cette expédition est inscrite sur les registres (*Art.* 82-85).

D. Comment l'acte de décès est-il dressé, lorsque la personne est morte par l'exécution des jugements, ou arrêts portant peine de mort?

R. Les greffiers criminels sont tenus d'envoyer, dans les vingt-quatre heures de l'exécution, à l'officier de l'état civil du lieu où le condamné aura été exécuté, tous les renseignements nécessaires, d'après lesquels l'acte sera dressé, mais sans énoncer le genre de mort (*Art.* 83-85).

D. En cas de décès dans les prisons, ou maisons de réclusion et de détention, que doivent faire les concierges ou gardiens ?

R. Ils doivent en donner avis sur-le-champ à l'officier de l'état civil, qui s'y transporte, et rédige l'acte de décès, sans faire mention que le décès a eu lieu dans les prisons, maisons de réclusion ou de détention (*Art.* 84, 85).

D. En cas de décès pendant un voyage de mer, quelles sont les formalités prescrites pour le constater ?

R. Les actes de décès en voyage de mer sont reçus et déposés de la même manière que les actes de naissance en mer (*Art.* 60-86-87, voir ci-dessus.)

CHAPITRE V.

Des actes de l'état civil concernant les militaires hors du territoire du royaume.

D. Les militaires en activité de service dans l'intérieur du royaume sont-ils exceptés du droit commun ?

R. Non ; ils sont soumis aux règles prescrites pour tous les citoyens, relativement aux actes de l'état civil ; mais lorsqu'ils sont en expédition hors du territoire, la loi, pour assurer leur état, et constater leur décès, prescrit un mode particulier (*Art.* 88).

D. Qui est-ce qui remplit alors les fonctions d'officier de l'état civil ?

R. C'est le quartier-maître, lorsque le corps est au moins d'un bataillon ou d'un escadron ; dans les autres corps, c'est le capitaine commandant ; pour les officiers sans troupes et les employés de l'armée, c'est l'inspecteur aux revues (intendant militaire) (*Art.* 89-96).

Dans les hôpitaux ambulants ou sédentaires, c'est le directeur qui rédige les actes de décès, et les envoie ou au quartier-maître, ou à l'inspecteur aux revues, selon la qualité de la personne décédée (*Art.* 96).

D. Combien est-il tenu d'espèces de registres ?

R. Il en est tenu deux : un dans chaque corps pour les hommes qui le composent, et un à l'état-major de l'armée, pour les officiers sans troupes et les employés : le premier est coté et paraphé par l'officier-commandant, le second par le chef de l'état-major. A la rentrée sur le territoire français, ces registres sont déposés aux archives de la guerre (*Art.* 90-91).

D. Dans quel délai les déclarations de naissance doivent-elles être faites ?

R. Elles doivent l'être dans les dix jours de l'accouchement (*Art.* 92).

D. Combien faut-il de témoins pour constater un décès ?

R. Il en faut trois ; au lieu que pour les personnes non militaires, ou pour les militaires en activité de service sur le territoire français, il n'en faut que deux, ainsi que nous l'avons vu (*Art.* 96).

D. Quelle formalité particulière est prescrite pour les publications de mariage ?

R. Elles doivent être faites, dans la forme ordinaire, au dernier domicile des parties ; et, en outre, être mises, vingt-cinq jours avant la célébration, à l'ordre du jour du corps, pour ceux qui tiennent à un corps, et à celui de l'armée pour les autres (*Art.* 94).

D. Que doit faire l'officier chargé de la tenue des registres à l'armée, quand il a célébré un mariage ou rédigé un acte de naissance ou de décès ?

R. Il doit en envoyer une expédition à l'officier de

l'état civil du dernier domicile des époux, ou de la personne décédée s'il s'agit d'un acte de décès, ou, dans le cas d'un acte de naissance, à l'officier de l'état civil du dernier domicile du père ou de la mère, si le père est inconnu; cet envoi doit être fait immédiatement, s'il s'agit d'un mariage, et, dans les autres cas, dans les dix jours de la réception de l'acte (*Art.* 93-96-97).

Au reçu de ces expéditions, l'officier de l'état civil du domicile des parties est tenu de les transcrire de suite sur ses registres (*Art.* 98).

CHAPITRE VI.

Les articles de ce chapitre ont été fondus dans le chapitre Ier du titre II.

TITRE III.

Du domicile (1).

D. Qu'est-ce que le domicile?

R. C'est le lieu où l'on a son principal établissement, le siége ordinaire de sa fortune et de ses affaires (*Art.* 102).

D. Combien y a-t-il d'espèces de domicile?

R. Il y en a deux : le domicile d'origine et le domicile d'élection.

(1) Il ne s'agit ici que du domicile civil, c'est-à-dire de celui où s'exercent les droits civils : il y a aussi un domicile politique, celui où l'on exerce ses droits politiques ; la manière de l'acquérir et de le perdre était établie par la constitution de l'an VIII, mais la Charte est muette à cet égard ; et la constitution de l'an VIII, étant évidemment abrogée, il faut attendre les lois qui fixeront ce domicile politique, les conditions pour être citoyen, etc., etc.

D. Qu'est-ce que le domicile d'origine?

R. C'est celui qui s'acquiert par la naissance. L'enfant, jusqu'à la majorité ou l'émancipation, n'a d'autre domicile que celui de ses père et mère, ou tuteur.

D. Comment s'opère le changement de domicile?

R. Le mineur émancipé, ou devenu majeur, peut transférer son domicile où bon lui semble, mais il faut, pour que cette translation de domicile soit opérée, le fait de la résidence réelle dans un autre lieu, joint à l'intention d'y fixer son principal établissement.

D. D'où résulte la preuve de cette intention?

R. Elle résulte ou d'une déclaration expresse, ou de présomptions légales, ou de circonstances particulières.

D. Comment doit être faite la déclaration pour opérer le changement de domicile?

R. Il faut qu'elle soit faite tant à la municipalité du lieu que l'on quitte, qu'à celle du lieu où l'on veut fixer son domicile (*Art.* 104).

D. Dans quel cas y a-t-il présomption légale de changement de domicile (1)?

R. 1° Lorsqu'un citoyen accepte des fonctions à vie, cette acceptation emporte de plein droit translation immédiate de son domicile dans le lieu où il doit exercer ses fonctions ; mais si les fonctions étaient temporaires ou révocables, il faudrait, pour opérer la translation, qu'il eût manifesté son intention à cet égard (*Art.* 106-107);

2° Les majeurs qui servent ou qui travaillent ha-

---

(1) Il y a présomption légale, quand la loi décide que, par cela seul que telle circonstance existe, tel fait est suffisamment prouvé. Ainsi, quand l'enfant est conçu pendant le mariage, il y a présomption légale que le mari de la femme en est le père. Quand un mur sépare deux héritages, il y a présomption légale de mitoyenneté. (M. *Delv.*, tom. 1, pag. 61.)

bituellement chez autrui , ont le même domicile que la personne qu'ils servent ou chez laquelle ils travaillent, et leur domicile s'y trouve transféré par le seul fait de l'habitation, sans qu'il soit besoin de la manifestation de leur intention (*Art.* 109) ;

3º La femme, par le seul fait du mariage, transfère son domicile dans celui de son mari , et n'en a point d'autre jusqu'à la dissolution du mariage , ou la séparation de corps (*Art.* 108).

D. La loi établit-elle une présomption légale de domicile à l'égard de ceux qui ne peuvent manifester leur intention ?

R. Oui, le mineur, l'interdit, n'ont d'autre domicile que celui de leurs père et mère , tuteur ou curateur : la loi , par cette présomption , supplée à l'impossibilité où ils se trouvent de manifester leur volonté (*Art.* 108).

D. A défaut de déclaration expresse et de présomption établie par la loi , par quel moyen déterminéra-t-on l'intention de changer de domicile ?

R. Cette intention résultera, dans ce cas, des circonstances particulières dont l'appréciation est abandonnée à la sagesse des juges (1) (*Art* 105).

D. Quelle est l'importance des questions de domicile ?

R. C'est par le domicile , et non d'après la situation des biens (2) que se détermine le lieu de l'ouver-

---

(1) Quant aux circonstances qui peuvent faire présumer l'intention, on peut indiquer les suivantes : 1º si l'individu réside dans la commune où il est né ; car on est présumé retenir son domicile d'origine ; 2º s'il exerce ses droits politiques dans le lieu où il a son habitation ; 3º si l'individu acquitte dans le même lieu ses contributions personnelles (*Toullier*, tom. 1 , nº 377).

(2) Une succession pouvant comprendre des biens situés à des distances fort éloignées les uns des autres , si l'on eût déterminé le lieu

ture de la succession : c'est devant le tribunal de ce domicile que doivent être portées toutes les difficultés qui peuvent s'élever relativement à la succession (*Art.* 110).

C'est aussi le domicile des futurs époux, qui détermine l'officier de l'état civil, devant lequel le mariage est célébré : enfin, c'est devant le juge de paix de son domicile que l'on doit être cité en conciliation en matières personnelles ou réelles, et devant le tribunal de son domicile que l'on doit être assigné en matière personnelle (*Code civil, art.* 65 ; *Code de procédure, art.* 50 et 59).

D. Qu'est-ce que le domicile d'élection ?

R. C'est celui qu'une partie indique et constitue dans un acte pour l'exécution de ce même acte, et qui est différent du domicile réel (*Art.* 111).

D. Quels sont les effets de cette élection de domicile ?

R. L'effet de cette élection de domicile est de valider les significations, demandes et poursuites faites à ce domicile, tandis qu'en thèse générale elles ne sont valables que faites au domicile réel ; mais cette élection de domicile n'empêchera pas l'autre partie de faire valablement toutes significations, demandes et poursuites au domicile réel et devant le juge de ce domicile (1) (*Code civil, art.* 111 ; *Code de procédure,* 59).

---

de l'ouverture de la succession par celui de leur situation, il eût fallu porter devant divers tribunaux les difficultés relatives à la succession, et l'on a évité tous les inconvénients qui pourraient résulter d'une semblable procédure, en centralisant toutes les opérations devant le tribunal du domicile du défunt.

(1) Malgré l'élection de domicile, on voit que la partie qui a intérêt à poursuivre conserve toujours le droit de le faire devant le tribunal du domicile réel du défendeur : il serait en effet de toute injustice que le demandeur fût forcé, par le seul fait de la volonté de

TITRE IV.

Des absents (1) (2).

D. Qu'entend-on en droit par absent ?

R. On entend par absent celui qui a quitté son domicile, et dont l'existence est devenue incertaine, par la raison qu'on ignore absolument le lieu de sa résidence (3).

D. A quelle mesure donne lieu l'absence ?

R. Elle donne lieu à des mesures différentes que la loi a graduées sur l'incertitude plus ou moins grande de la vie ou de la mort de l'absent ; ainsi ces mesures sont plus restreintes ou plus étendues, selon

---

son adversaire, de porter sa demande souvent devant un tribunal fort éloigné, ce qui pourrait lui occasioner des frais et des lenteurs très préjudiciables à ses intérêts.

(1) Les moyens de constater le sort des militaires ou marins qui étaient en activité pendant les guerres qui ont eu lieu depuis le 21 avril 1792, jusqu'au traité de paix du 20 novembre 1815, ont été réglés par la loi du 13 janvier 1817. (*Bulletin des Lois, septième série*, n° 131.)

(2) Le titre des absents est d'un très grand intérêt : il remplit, dans la législation, une lacune dont les suites devenaient, de plus en plus désastreuses... On ne trouve pas de règles sur ce sujet dans le droit romain, et il n'était réglé en France par aucune loi générale. Le législateur l'avait abandonné à la sagesse des juges : la jurisprudence était donc le seul guide qu'on eût sur la matière des absents. (*Locré, Esprit du Code civil*, tom. 2.)

(3) On entend par absent, dans le langage ordinaire, celui qui est hors du lieu de sa résidence, soit que l'on ait ou non de ses nouvelles ; mais dans le style des lois, et notamment dans ce titre, l'*absent* est celui qui a été déclaré tel par sentence du juge ; celui qui est absent seulement du lieu où se traite l'affaire dont il s'agit, est dit *non présent*. (Art. 840 *du Code civil*, M. *Delvincourt*.)

qu'il y a absence présumée ou absence déclarée (*Elles seront successivement détaillées*).

CHAPITRE PREMIER.

De la présomption d'absence.

D. Qu'est-ce que la présomption d'absence ?

R. C'est l'état d'une personne qui a disparu du lieu de sa résidence accoutumée, et dont on n'a pas de nouvelles, mais dont la disparition n'a pas encore duré cinq ans (*M. Le Roy, tribun*).

D. Suffit-il, pour qu'il y ait présomption d'absence dans le sens de la loi, qu'une personne ait quitté momentanément sa demeure sans faire connaître le lieu de sa nouvelle résidence ?

R. La présomption légale d'absence n'a lieu que lorsqu'on peut raisonnablement concevoir des inquiétudes sur l'existence de la personne *non présente* et regarder son retour comme incertain (1).

D. Cette présomption légale d'absence suffit-elle pour donner le droit de s'immiscer dans les affaires du présumé absent ?

R. Non : pour qu'il soit permis de pourvoir à l'administration des biens d'une personne présumée absente, il faut :

1º Que des circonstances particulières en démontrent *la nécessité* (2);

---

(1) Si, par exemple, elle continue à ne pas donner de ses nouvelles, si son éloignement et son silence se prolongent, si le temps fixé pour son retour s'est écoulé sans que l'on sache la cause de son retardement, s'il est arrivé quelque événement malheureux dans lequel on peut craindre qu'elle ait été enveloppée. (M. *Toullier.*)

(2) La loi pour, venir au secours de l'absent présumé, ne se règle pas comme à l'égard de l'absent déclaré sur le temps plus ou moins

2° Qu'elle n'ait pas laissé de procureur fondé (*Art.* 112).

D. Quand y a-t-il nécessité?

R. La loi s'en est rapportée sur ce point à la sagesse de l'autorité publique ; toutefois, il faut qu'il y ait des preuves positives et des faits particuliers qui ne permettent pas de douter qu'on ne peut abandonner les affaires du présumé absent au cours ordinaire des événements, sans causer de dommage, soit à lui-même, soit à des tiers (1) (*Locré, pag.* 303).

D. Pourquoi ne doit-on pas pourvoir à l'administration des biens, quand il a laissé un procureur fondé?

R. Parce qu'alors il y a pourvu lui-même, et que ce mandataire est responsable de sa gestion (2).

D. Quelles personnes peuvent provoquer ces mesures?

R. Les parties intéressées (*art.* 112) et le ministère public, que la loi charge de veiller aux intérêts des personnes présumées absentes, et qui doit être entendu sur toutes les demandes qui les concernent (3) (*Art.* 114).

---

long qu'a duré sa disparition. On reconnut en effet, dans la discussion, qu'il eût été difficile de fixer un délai précis, et l'on posa en principe que *c'était par la nécessité et par les circonstances qu'il en fallait juger* (*Locré*, tom. 2, pag. 301 et 302).

(1) Par exemple, il est possible que ses terres demeurent sans culture, que ses meubles et provisions dépérissent, qu'il faille pourvoir à l'insolvabilité de ses débiteurs, empêcher la prescription de s'accomplir contre lui (*Locré*, tom. 2, p. 304).

(2) Mais, pour que ce raisonnement ait toute sa force, il faut n'attribuer cet effet qu'à une procuration générale; car, s'il n'en existait qu'une spéciale, on ne pourrait pas dire, pour les cas non prévus dans la procuration, qu'il a pourvu à l'administration de ses biens. Tel est l'avis de M. Delvincourt sur l'art. 121, et il y a ici même raison de décider. M. Toullier est d'avis contraire.

(3) Ainsi le ministère public doit non-seulement être entendu dans toutes les causes qui intéressent les présumés absents, mais encore il

D. Que doit-on entendre par parties intéressées ?

R. On doit entendre seulement les créanciers, les associés, en un mot, les tiers qui ont un intérêt né et actuel à provoquer la mesure sur laquelle ils veulent faire prononcer (1).

D. A quelle autorité doivent-elles s'adresser ?

R. A l'autorité judiciaire, et elles doivent porter leur demande devant le tribunal du domicile du présumé absent et non devant celui de la situation des biens (2).

D. Quelles mesures doit ordonner le tribunal ?

R. Elles sont entièrement abandonnées à sa pru-

---

doit provoquer d'office les mesures que nécessitent les circonstances. «Il » peut arriver, en effet, que l'intérêt de l'absent soit tellement isolé, » qu'il n'y ait pas de tiers intéressé à provoquer les mesures nécessaires; » il en est ainsi, par exemple, lorsque l'absent n'a pas de créanciers, » que, cependant, ses terres et ses maisons ne sont pas louées, ses » revenus pas recouvrés, ses débiteurs près de faillir » (*Locré*, page 337).

(1) Un intérêt éventuel, tel que celui des héritiers présomptifs, un intérêt de pure affection, tel que celui des parents, ne suffirait pas pour autoriser à agir par action directe, et à provoquer une mesure déterminée : la loi a fixé le moment où il est permis aux héritiers d'agir, c'est celui où il y a lieu de suivre la déclaration d'absence. Mais les parents et même les amis du présumé absent peuvent, par voie de réquisition, provoquer l'action du ministère public, en l'avertissant des affaires qui sont en souffrance (*Toullier*, *Locré*).

(2) Le texte du Code ne s'explique pas sur la question de savoir à quel tribunal la demande doit être portée, mais la discussion qui eut lieu au Conseil d'état ne laisse aucun doute sur l'intention du législateur. En effet, le tribunal du domicile peut seul apprécier en connaissance de cause les circonstances qui peuvent donner lieu à la présomption d'absence; lui seul peut donc déclarer qu'il y a présomption d'absence, sauf à renvoyer devant le tribunal de la situation des biens, par exemple, pour apprécier les mesures que les circonstances locales peuvent rendre nécessaires. (Voyez, *au surplus*, *MM. Delvincourt*, tom. 1er, note 6 de la page 44 ; pag. 256, *dernière édition*; *Toullier*, tom. 1er, no 390 ; *Locré*, tom. 2, pag. 305 et suiv. ; *Proudhon*, tom. 1er, pag. 132.)

dence , et peuvent s'étendre , suivant les circonstances, à la totalité ou seulement à une partie des biens (*Art.* 112).

D. La loi ne prescrit-elle dans aucun cas de mesures particulières ?

R. Le seul cas dans lequel la loi détermine les mesures à prendre pour l'absent présumé , est celui des successions, inventaires , partages , comptes, liquidations , dans lesquels il est intéressé ; il doit être nommé un notaire pour le représenter , à la requête de la partie la plus diligente (1) (*Art.* 113).

CHAPITRE II.

De la déclaration d'absence (2).

D. Qu'est-ce que la déclaration d'absence ?

R. C'est une formalité qui consiste dans un jugement par lequel , avant de statuer sur l'administration des biens d'une personne qui a disparu de son domicile , les juges déclarent qu'elle doit être considérée comme absente (*M. Toullier*).

De Quelles circonstances autorisent à poursuivre la déclaration d'absence ?

---

(1) Remarquez qu'il s'agit ici des successions ou opérations ouvertes et commencées avant la disparition, mais s'il s'agissait d'une succession ouverte depuis qu'un héritier présomptif est en état d'absence présumée, ce n'est pas l'art. 113 mais, l'art. 136 qu'il faudrait appliquer (*Voyez Code de procéd. civ.* , art. 69, § 8, 928-931-942-943).

(2) Lorsqu'il y a seulement présomption d'absence , on suppose que le présumé absent est encore vivant ; aussi la présomption d'absence ne donne-t-elle lieu qu'à des mesures d'administration, qui n'intervertissent point l'ordre de choses existant. Mais lorsque l'absence est déclarée , il y a incertitude complète sur sa vie ou sa mort : aussi les effets de la déclaration d'absence sont-ils, comme on va le voir , bien différents de ceux de la présomption d'absence.

4.

R. Il faut la réunion des trois circonstances suivantes (1) :

1º Éloignement du domicile ou de la résidence (2);

2º Défaut de nouvelles ;

3º Un laps de quatre années, écoulé depuis l'é-
loignement ou les dernières nouvelles (*Art.* 115).

D. Le laps de quatre années, écoulé depuis l'é-
loignement ou les dernières nouvelles, est-il toujours
suffisant pour provoquer la déclaration d'absence ?

R. Non : dans le cas où l'absent aurait laissé une
procuration, on ne pourrait poursuivre la déclaration d'absence qu'après dix ans révolus, depuis sa
disparition ou ses dernières nouvelles, quand même
sa procuration viendrait à cesser avant l'expiration
de dix années (3) (*Art.* 121-122).

D. Quelles personnes pourront provoquer cette
mesure ?

R. Les parties intéressées, c'est-à-dire, par exemple, les héritiers présomptifs, l'autre époux, en un
mot, tous ceux qui ont, sur les biens de l'absent,

---

(1) Ces circonstances sont indivisibles. Une seule ne suffirait pas ;
car on n'est absent que lorsqu'on est entièrement disparu, et depuis
un temps assez long pour faire craindre que le retour ne soit éloigné,
ou en faire même douter (*Locré*, tom. 2, pag. 343). A défaut de
l'une de ces trois circonstances, la demande en déclaration d'absence
doit être rejetée (*Toullier*, tom. 1er, nº 397).

(2) Le mot domicile et le mot résidence ont été placés dans cet
article afin que sa disposition atteigne tous les individus absents,
ceux qui ont un domicile, comme ceux qui n'ont qu'une simple résidence (*Locré*).

(3) *Voyez* art. 2003 et suiv., *les différentes manières dont le mandat
finit.* Lorsque l'absent n'a pas laissé de fondé de pouvoir, on peut
penser qu'il espérait un prompt retour, en omettant de pourvoir à ses
affaires ; mais s'il a laissé une procuration, il a pu, au moyen des
précautions par lui prises, se croire dispensé de donner de ses
nouvelles (*Proudhon*). *Quid*, si la procuration n'est que spéciale
(*Voir la note (2) de la page* 49).

des droits subordonnes à la condition de son décès (1) (*Art.* 115).

D. Devant quel tribunal les parties intéressées doivent-elles porter leur demande en déclaration d'absence ?

R. Devant le tribunal de première instance du domicile de l'absent (2) (*Art.* 115).

D. Que fera le tribunal pour constater l'absence?

R. Le tribunal, d'après les pièces et documents produits, ordonnera qu'une enquête (3) soit faite contradictoirement avec le procureur du roi (4), dans l'arrondissement du domicile, et dans celui de

---

(1) L'art. 2, relatif à la présomption d'absence, se sert aussi de l'expression *parties intéressées* ; dans l'hypothèse de cet article, cette expression convient aux créanciers, aux associés, enfin à une foule de tiers, mais elle n'indique pas les héritiers; dans l'art. 115, elle ne concerne qu'eux, ou l'autre époux, *ou ceux qui auraient des droits subordonnés à la condition du décès de l'absent.*.

Cette différence est cependant produite par le même principe, elle ne vient que de ce que! les circonstances en changent l'application.

En effet, les créanciers, les associés et tous les autres tiers que concerne l'art. 112, n'ont aucun intérêt légal à poursuivre la déclaration d'absence; une autre voie leur est ouverte, c'est de s'adresser à la justice et de provoquer les mesures que la situation des affaires exige.

Il n'y a donc d'intéressés à la déclaration d'absence que les héri-riers, à raison de l'envoi en possession qu'elle leur donne.

Les articles 120 et 140 viennent à l'appui de cette explication, et fixent le sens de l'expression *parties intéressées* (*Locré*, tom. 2, pag. 348).

On trouve la même explication dans MM. *Delvincourt*, tom. 1er, pag. 260 ; *Toullier*, tom. 1er, n° 399 ; *Proudhon*, tom. 1er, pag. 143.

(2) Voyez *Locré*, tom. 2, p. 350.

(3) L'enquête est la preuve par témoins des faits qui sont mis en avant par une partie (*Ferrière*).

(4) *Contradictoirement avec le procureur du roi*, c'est-à-dire que ce magistrat peut lui-même requérir une contr'enquête, et faire entendre des témoins de son côté (*Proudhon*).

la résidence, s'ils sont distincts l'un de l'autre (*Art.* 116).

D. Si le résultat de l'enquête établit d'une manière positive les faits allégués par les parties intéressées, c'est-à-dire l'existence des trois circonstances exigées pour être admis à provoquer la déclaration d'absence, les juges sont-ils impérieusement tenus de la prononcer?

R. Non : les juges, en statuant sur la demande, auront égard aux motifs de l'absence et aux causes qui ont pu empêcher d'avoir des nouvelles de l'individu présumé absent ; s'ils sont persuadés que l'absence n'est pas certaine, ils peuvent rejeter la demande, ou prolonger les délais (*Art.* 117).

D. Si les circonstances paraissent aux juges, de nature à motiver la déclaration d'absence, peuvent-ils prononcer immédiatement après l'enquête terminée?

R. Non : le jugement de déclaration d'absence ne pourra être rendu qu'un an après celui qui aura ordonné l'enquête (*art.* 119); ainsi l'absence ne peut être déclarée qu'après cinq ans au moins, si l'absent n'a point laissé de procuration ; et onze ans, s'il en a laissé une.

D. Que doit faire le procureur du roi, lorsque les jugements, tant préparatoire que définitif, ont été rendus ?

R. Il doit les envoyer aussitôt au ministre de la justice, qui les rendra publics (1) (*Art.* 118).

---

(1) Le ministre emploiera non-seulement la voie des papiers publics, mais encore il provoquera, dans les places de commerce, les correspondances avec toutes les parties du globe (*Locré*, tom. 2, pag. 382).

Le but de la publicité donnée au jugement préparatoire (*celui qui ordonne l'enquête*), est d'avertir le présumé absent que son absence va être déclarée, et qu'il lui importe de donner de ses nouvelles, s'il veut

CHAPITRE III.

Des effets de l'absence.

SECTION PREMIÈRE.

Des effets de l'absence, relativement aux biens que l'absent possédait
au jour de sa disparition.

D. Quels sont les effets de la déclaration d'absence, relativement aux biens que possédait l'absent au jour de sa disparition?

R. Ses effets sont de donner lieu à l'envoi en possession provisoire, et à l'envoi en possession définitive de ses biens.

D. Qu'est-ce d'abord que l'envoi en possession provisoire?

R. La possession provisoire n'est qu'un dépôt qui donne à ceux qui l'obtiennent l'administration des biens de l'absent, et qui les rend comptables envers lui, en cas qu'il reparaisse ou qu'on ait de ses nouvelles (*Art.* 125).

D. Quelles personnes peuvent demander l'envoi en possession provisoire?

R. Les héritiers présomptifs, *au jour de la disparition, ou des dernières nouvelles* (1) (*Art.* 120).

éviter les conséquences fâcheuses de cette déclaration, c'est-à-dire, l'envoi en possession provisoire de ses biens.

Quant à la publicité donnée au jugement définitif (*celui qui déclare l'absence*), elle n'a plus le même but, mais faisant connaître à l'absent la déclaration d'absence et l'envoi en possession qui en est la conséquence, elle l'avertit de prendre les mesures nécessaires pour faire cesser l'envoi en possession (*Voyez* art. 131).

(1) Et non ceux qui occuperaient le premier rang de la successibilité au temps de la demande en déclaration d'absence.

Supposons, par exemple, qu'au jour de la disparition, les plus

D. A quelle époque peuvent-ils le demander?

R. Il faut distinguer : si l'absent a laissé une procuration, ils ne le peuvent qu'après dix années révolues, depuis sa disparition, ou depuis ses dernières nouvelles (*art.* 121), quand même la procuration aurait cessé auparavant (*Art.* 122).

S'il n'a pas laissé de procuration, ils le peuvent quatre ans après la disparition, ou les dernières nouvelles (1) (*Art.* 120).

D. Que deviendront les biens de l'absent, si la procuration vient à cesser avant les onze ans révolus, après lesquels seulement on peut obtenir l'envoi en possession provisoire?

R. Les biens seront administrés, s'il y a nécessité, ainsi que le tribunal jugera à propos de le régler (*Art.* 122-112).

D. Comment l'envoi en possession provisoire sera-t-il prononcé?

R. L'envoi en possession ne résulte pas nécessairement de la déclaration d'absence. Il faut qu'il soit prononcé par un jugement postérieur et séparé, sur la demande des héritiers munis du jugement de déclaration d'absence, et portée par eux devant le tribunal qui l'a déclarée (2) (*Art.* 120).

---

proches parents de l'absent aient été deux cousins, et que l'un d'eux soit mort depuis, laissant deux enfants : si l'on considérait la parenté au temps de l'envoi en possession, les enfants du prédécédé seraient exclus comme étant à un degré plus éloigné (*à ce degré il n'y a pas lieu au bénéfice de la représentation*, art. 741). Mais en rapportant la présomption de mort au temps du départ, leur père est considéré comme ayant été saisi, et leur ayant transmis ses droits (MM. *Proudhon*, tom. 1er, pag. 154; *Delvincourt*, tom. 1er, pag. 265, note 4).

(1) Bien entendu qu'ils ne pourront toujours l'obtenir qu'après la déclaration d'absence, c'est-à-dire après onze ans, s'il y a procuration, cinq ans, s'il n'y en a pas.

(2) L'envoi en possession peut être prononcé par le jugement même

D. Sur quels biens peut porter l'envoi en possession ?

R. Sur ceux seulement qui appartiennent à l'absent au jour de sa disparition ou de ses dernières
nouvelles (1) (*Art.* 120).

D. Sous quelles charges et conditions cet envoi
en possession peut-il être accordé aux héritiers?

R. 1° De donner pour sûreté de leur administration une caution qui sera reçue dans les formes prescrites pour les cautions judiciaires (*Code civ. art.*
120; *Code procéd.* 517 *et suiv.*), et dont la solvabi-
lité est discutée par le procureur du roi (*Art.* 119);

2° De rendre compte de leur administration en
cas que l'absent reparaisse, ou qu'on ait de ses nouvelles (*Art.* 125);

3° De faire procéder à l'inventaire (2) du mobilier et des titres de l'absent en présence du procureur du roi, ou d'un juge de paix par lui requis
(*Art.* 126);

4° De ne pouvoir aliéner ni hypothéquer les im-

---

qui déclare l'absence, si ceux qui l'ont provoqué sont aussi ceux qui
doivent être envoyés en possession, s'ils ont demandé cet envoi
par leurs conclusions. (M. *Toullier*, tom. 1ᵉʳ, n° 426). Il faut ajouter que, dans la pratique, il en est toujours ainsi; la Cour de cassation
a jugé dans ce sens, le 19 novembre 1808, néanmoins MM. Locré
et Delvincourt sont de l'opinion contraire.

(1) Si donc, en vertu de l'article 113, ses cohéritiers présents
avaient, comme ils en ont le droit, fait nommer un notaire pour le
représenter dans le partage d'une succession échue depuis son
départ, les biens compris dans son lot ne retourneraient pas à ses
héritiers présomptifs, au jour de sa disparition, à moins qu'ils ne
fussent eux-mêmes appelés à les recueillir à son défaut, au moment
de l'ouverture de la succession; autrement ils appartiendraient à
ceux qui, à défaut de l'absent, les auraient recueillis à cette dernière
époque (M. *Toullier*).

(2) *Inventaire :* état descriptif et estimatif des biens laissés par
l'absent.

meubles de l'absent, que pour les causes et dans les formes établies par la loi ou en vertu de jugement (*Art.* 128-2 126).

D. Les juges peuvent-ils ordonner ou les parties requérir d'autres mesures ?

R. Le tribunal peut, s'il le juge à propos pour l'intérêt de l'absent, ordonner la vente de tout ou partie du mobilier, et, dans le cas de vente, il doit être fait emploi du prix ainsi que des fruits échus (1) (*Art.* 126).

Ceux qui auront obtenu l'envoi provisoire pourront, pour leur sûreté, faire procéder, par un expert nommé par le tribunal, à la visite des immeubles, à l'effet d'en constater l'état, autrement ils seront censés avoir pris ces immeubles en bon état. Le rapport de l'expert est homologué (2) par le tribunal en présence du procureur du roi ; les frais en sont pris sur les biens de l'absent (*Art.* 126).

D. N'y a-t-il pas quelque circonstance qui puisse empêcher l'envoi en possession provisoire ?

R. Si l'absent est marié *et commun en biens*, l'autre époux peut, en optant pour la continuation de la communauté, empêcher l'envoi en possession, et prendre (*si c'est la femme*), ou conserver (*si c'est le mari*), par préférence, l'administration des biens ; mais *la femme*, en optant pour la continuation de

---

(1) Le Code ne prescrivant ni le mode, ni la nature de l'emploi, ils sont laissés à la prudence des héritiers, qui, à défaut d'emploi, devraient tenir compte des intérêts, de plein droit, du jour où il a pu être fait. Ils sont en faute, s'ils ont laissé oisifs les capitaux de l'absent ; ils sont censés les avoir employés à leur profit (M. *Toullier*).

(2) L'homologation est une adhésion, une sanction donnée par la justice à un acte quelconque.

la communauté, conserve toujours le droit d'y renoncer ensuite (1) (*Art.* 124).

D. Quels sont les droits de l'époux qui opte pour la dissolution provisoire de la communauté?

R. Il exerce ses reprises et tous ses droits légaux et conventionnels, à la charge de donner caution pour les choses *susceptibles de restitution* (2) (*Art.* 124); de faire, ainsi que les envoyés en possession, inventaire du mobilier et des titres de l'absent, et emploi du prix du mobilier, si la vente en est ordonnée (*Art.* 126).

D. Quels sont les effets de l'envoi en possession provisoire à l'égard des tiers?

R. 1° Lorsque l'époux commun en biens aura opté pour la dissolution de la communauté (*Art.* 124), et que les héritiers présomptifs auront obtenu l'envoi en possession provisoire, le testament, s'il en existe un, sera ouvert à la réquisition des parties intéressées ou du procureur du roi; et les légataires, les donataires, ainsi que tous ceux qui avaient sur les biens de l'absent des droits subordonnés à la condition de son décès, pourront les exercer provisoirement, à la charge de donner caution (3)(*Art.* 123).

2° Après le jugement de déclaration d'absence,

---

(1) *Commun en biens* : il n'en serait pas de même sous le régime dotal à moins qu'il n'y eût société d'acquêts ; *mais la femme en optant le mari ne peut jamais*, contre les intérêts des créanciers, renoncer à la communauté.

(2) *Susceptibles de restitution* : cette caution est exigée dans l'intérêt de l'absent, pour le cas de son retour ; en conséquence, les expressions de la loi s'appliquent directement à tous gains de survie, à toutes libéralités qu'il aurait faites à l'époux présent, et dont le donataire ne devrait jouir qu'après la mort du donateur, parce que la restitution en serait due à l'absent qui reparaîtrait (Voyez, *sur les questions qui peuvent s'élever à cet égard*, M. *Proudhon*, tom. 1er, pag. 124 ; M. *Delvincourt*, tom. 1er, pag. 271, note 1).

(3) Il faut remarquer, dit M. Toullier, que cet article ne permet

toute personne qui aurait des droits à exercer contre l'absent, ne pourra les poursuivre que contre ceux qui auront obtenu l'envoi en possession provisoire des biens, ou l'époux qui a opté pour la continuation de la communauté (*Art.* 134).

D. Quels avantages retirent les héritiers de l'envoi en possession provisoire, ou l'époux de l'administration légale?

R. Ils ne seront tenus de rendre que *le cinquième* des revenus, si l'absent reparaît avant *quinze ans révolus* depuis sa disparition.

Le dixième, s'il ne reparaît qu'*après les quinze ans*. *La totalité des revenus* leur appartiendra s'il ne reparaît qu'*après trente ans d'absence* (*Art.* 127).

D. Comment cesse l'envoi en possession provisoire ou l'administration légale?

R. Par le retour de l'absent, par les nouvelles qu'*on* reçoit de son existence, par la preuve de son décès, enfin, par l'envoi en possession définitive.

D. Qu'arrive-t-il donc si l'absent reparaît, ou si l'on a des nouvelles de son existence?

R. Les effets du jugement de déclaration d'absence et par conséquent d'envoi provisoire cesseront; il exerce ses droits contre ceux qui ont obtenu cet envoi, et recouvre les fruits et revenus, sauf les modifications établies par l'art. 127.

Si l'on a simplement de ses nouvelles, mais qu'il

___

l'exercice de ces droits que lorsque les héritiers présomptifs ont obtenu l'envoi en possession provisoire.

Toutefois, ce principe peut souffrir quelques exceptions, et présenter de sérieuses difficultés; mais sans entrer dans un examen qui sortirait du cadre de cet ouvrage, nous nous contenterons d'indiquer les auteurs où l'on trouvera la solution de plusieurs questions sur ce point (*Locré*, tom. 2, pag. 434 et suiv.; *Proudhon*, tom. 1er, pag. 162; *Delvincourt*, tom. 1er, pag. 265, note 11; *Toullier*, tom. 1er, no 435).

ne reparaisse pas, l'envoi en possession cesse bien ; mais si les circonstances l'exigent, il est pourvu à l'administration de ses biens comme dans le cas de présomption d'absence (*Art.* 131 et 112).

D. Quels sont les effets du décès de l'absent ?

R. L'envoi provisoire devient alors définitif, si ceux qui l'ont obtenu sont encore les plus proches héritiers au moment du décès qui donne lieu à l'ouverture de la succession. Mais comme la succession de l'absent n'est ouverte que du jour de son décès prouvé, s'il existe au jour de ce décès des héritiers plus proches que ceux qui auraient obtenu l'envoi en possession, ils recueilleront la succession à l'exclusion de ces derniers, qui auront droit seulement aux fruits par eux perçus d'après les distinctions établies par l'article 127 (1) (*Art.* 130).

D. Quand peut-on demander l'envoi en possession définitive ?

R. On le peut dans deux cas : 1º lorsqu'il s'est écoulé trente ans depuis l'envoi en possession provisoire, ou depuis l'époque à laquelle l'époux commun en biens aura pris l'administration des biens de l'absent ;

2º Lorsqu'il s'est écoulé cent ans depuis la naissance de l'absent (2) (*Art.* 129).

---

(1) Exemple : un individu, au moment de sa disparition, a pour plus proches parents, ses deux frères ; comme héritiers présomptifs, ils sont envoyés en possession : depuis sa disparition, l'absent se marie et devient père ; l'enfant existant au jour du décès de l'absent, sera plus proche héritier que les frères du défunt, il devra recueillir la succession.

(2) L'envoi en possession définitive et l'envoi en possession provisoire ne sont pas de la même nature ; ce dernier n'est qu'un dépôt, l'autre transfère la propriété (*Locré*, tom. 2, pag. 477) ; mais cette propriété n'est point incommutable ; elle est résoluble par le retour de l'absent ou même de ses enfants, pendant un certain temps.

D. Par qui cet envoi en possession définitive peut-il être demandé ?

R. Cette faculté appartient non-seulement aux héritiers, mais à tous les ayant-droit, tels que les légataires, les donataires et autres personnes ayant sur les biens de l'absent des droits subordonnés à la condition de son décès (*Art.* 129).

D. A quelle autorité doit-il être demandé ?

R. Au tribunal de première instance du domicile de l'absent (*art.* 129), qui le prononce après avoir pris les mesures convenables (1).

D. Quel est l'effet de l'envoi en possession définitive ?

R. Par cet envoi, les ayant-droit se trouvent revêtus de la propriété des biens, les possèdent à titre de maîtres, peuvent les hypothéquer, les vendre et aliéner, sans que les tiers-acquéreurs puissent être évincés par l'absent qui reparaîtrait (*Art.* 132).

D. Comment cesse l'envoi en possession définitive ?

R. Par le retour de l'absent ou de ses enfants, ou la preuve acquise de l'existence de l'un ou des autres, néanmoins les droits des enfants se prescrivent par un certain temps (*Art.* 132 et 133).

---

(1) Avant de prononcer l'envoi en possession définitive, le tribunal doit, si la demande est fondée sur trente ans de possession provisoire, constater, dans la forme ordinaire, qui est celle d'une enquête contradictoire avec le procureur du roi, que depuis le premier envoi en possession, l'absence a continué trente ans sans qu'on ait de nouvelles.

Si la demande est motivée sur la présomption de mort, le tribunal, avant de prononcer, doit exiger la justification de deux faits : 1° l'époque de la naissance de l'absent ; 2° la continuation de l'absence, s'il y a envoi en possession provisoire, ou l'absence même s'il n'y a pas d'envoi provisoire (*Locré*, tom. 2, pag. 393 et 394 ; *Toullier*, tom. 1er, n° 445, *Delvincourt*, pag. 179, note 1 ; *Proudhon*, tom. 1er, pag. 177.)

D. Quels seront les droits de l'absent s'il ne reparaît, ou si son existence n'est prouvée qu'après l'envoi définitif?

R. Quelque temps qui se soit écoulé, il recouvrera ses biens dans l'état où ils se trouveront, le prix de ceux qui auraient été aliénés, ou les biens qui auraient été acquis avec le prix des biens vendus (*Art.* 132).

D. Quels seront les droits des enfants et descendants directs de l'absent?

R. Ils seront les mêmes que ceux que nous venons d'énoncer; mais ces droits, imprescriptibles dans la personne de l'absent, ne pourront plus être exercés par eux, s'ils ne l'ont été dans les *trente ans*, à compter de l'envoi définitif (1) (*Art.* 133).

D. Vous avez dit que dans le cas où trente ans se sont écoulés depuis l'envoi provisoire, ou cent ans depuis la naissance de l'absent, il y avait lieu à demander l'envoi définitif, ces circonstances ne produisent-elles pas d'autre effet?

R. Oui : après ce laps de temps, les cautions des envoyés en possession provisoire sont, de plein droit et sans aucune demande, déchargées de toute responsabilité (*Art.* 129).

SECTION II.

Des effets de l'absence, relativement aux droits éventuels qui peuvent
compéter à l'absent.

D. Que doit faire tout individu qui réclamera un droit échu à une personne dont l'existence ne sera pas reconnue (2)?

---

(1) *A compter de l'envoi définitif :* donc le délai ne court pas s'il n'y a pas eu d'envoi définitif (M. *Delvincourt*).

(2) *Dont l'existence n'est pas reconnue :* mais quelque incertaine que

R. Il devra prouver que cette personne existait quand le droit a été ouvert; jusqu'à cette preuve il sera déclaré non-recevable dans sa demande (*Art.* 135).

D. Qu'arrive-t-il s'il s'ouvre une succession à laquelle soit appelée une personne dont l'existence n'est pas reconnue?

R. Cette succession sera dévolue exclusivement à ceux avec lesquels elle aurait eu droit de concourir, ou à ceux qui l'auraient recueillie à son défaut (1) (*Art.* 136).

D. La personne absente est-elle définitivement déchue des droits qu'elle n'a pu exercer faute de prouver son existence, et de la succession recueillie à son défaut?

R. Non; elle conserve pendant trente ans, ainsi que ses représentants ou ayant-cause, le droit de les réclamer (2) (*art.* 137), à l'exception des fruits, qui seront acquis à ceux qui les auront recueillis pour tout le temps que l'absent ne se représentera

---

soit l'existence, si les parties intéressées à la contester consentent à la reconnaître, elles peuvent renoncer à la fin de non-recevoir que leur offre l'art. 135.

Il faut remarquer encore, que bien que cet article soit placé sous le titre des absents, ses dispositions ne s'appliquent pas seulement aux individus présumés ou déclarés absents, mais à toute personne qui réclame, ou au nom de laquelle on réclame un droit subordonné à la condition de survie : ainsi le propriétaire d'une rente viagère n'en pourrait demander les arrérages, qu'en justifiant de son existence; et ceux qui agiraient en son nom, ne pourraient également ment les réclamer, qu'en prouvant l'existence à chaque échéance (Art. 1983).

(1) Même observation qu'à la note précédente, *premier alinéa*, et si les cohéritiers consentent à reconnaître l'existence, le tribunal commet un notaire pour représenter l'absent, ainsi que nous l'avons vu par l'art. 113.

(2) Si cette réclamation a pour but d'obtenir la succession dont cette personne a été provisoirement exclue, cette réclamation prend le nom de *pétition d'hérédité*.

pas, ou que les actions ne seront pas exercées de son chef, s'ils ont été perçus de bonne foi, c'est-à-dire, dans l'ignorance de son existence (*Art.* 138).

SECTION III.

Des effets de l'absence, relativement au mariage.

D. Quels sont les effets de l'absence, relativement au mariage?

R. Quelque prolongée que soit l'absence, elle ne dissout pas le mariage; et, par conséquent, ne donne pas à l'époux de l'absent le droit d'en contracter un second (1).

D. Si toutefois, malgré cette prohibition, un second mariage avait été, de fait, contracté par l'époux de l'absent, par qui pourrait-il être attaqué?

R. Il ne pourrait l'être que par l'absent lui-même, lors de son retour, ou par son fondé de pouvoir, *muni de la preuve de son existence* (*Art.* 139), parce que l'incertitude de la vie de l'absent, doit empêcher de troubler inconsidérément le second mariage, dont la nullité est subordonnée à l'existence incertaine du premier époux (*Voir cependant l'art.* 189).

D. Quels seront les droits de l'époux de l'absent, relativement aux biens, si l'époux absent n'a pas laissé de parents habiles à lui succéder?

R. Il pourra demander l'envoi en possession pro-

---

(1) La présomption qui résulte de l'absence la plus longue et de l'âge le plus avancé, fût-il de cent ans, ne suffit pas pour dissoudre le mariage. Une présomption ne peut suppléer la preuve du décès de l'un des époux, suivant la disposition prohibitive de l'art. 147, qui défend de contracter un second mariage avant la dissolution du premier. Si l'époux d'un absent voulait former de nouveaux liens, sans rapporter la preuve que les premiers sont rompus, toutes les personnes que la loi admet à former des oppositions aux mariages, et même le ministère public, pourraient s'y opposer (*Toullier*).

visoire des biens.(*Art.*140),.aux droits et charges ordinaires, parce qu'il est regardé comme héritier dans
ce cas (*Art.* 767).

* * *

CHAPITRE IV.

De la surveillance des enfants mineurs du père qui a disparu.

D. A qui est confiée la surveillance des enfants
mineurs, issus d'un commun mariage, si le père a
disparu?

R. Elle est confiée à la mère, qui exerce alors
tous les droits du mari, quant à leur éducation et à
l'administration de leurs biens (*Art.* 141).

D. A qui sera déférée cette surveillance, si la
mère était morte lors de la disparition du père, ou
si elle vient à mourir avant que l'absence ait été déclarée?

R. Dans ce cas, *six mois* après la disparition du
père, elle sera déférée, par le conseil de famille,
aux ascendants les plus proches, et, à leur défaut, à
un tuteur provisoire (1) (*Art.* 142).

D. A qui sera confiée la surveillance des enfants
mineurs laissés par l'un des époux qui aura disparu, si ces enfants sont issus d'un mariage précédent?

R. Six mois après la disparition de l'époux absent, elle sera déférée aux ascendants les plus proches, et, à leur défaut, à un tuteur provisoire, et

---

(1) La loi ne devait point s'attacher au cas où la mère aurait disparu ; le père ayant autorité sur toute la famille, et puissance paternelle sur ses enfants, la disparition de la mère ne change rien à l'état
des choses (*Locré*).

non pas à l'autre époux, ce dernier n'ayant aucun droit à la tutelle (*Art.* 143). (1)

TITRE V.

Du mariage.

CHAPITRE PREMIER.

Des qualités et conditions requises pour pouvoir contracter mariage.

D. Qu'est-ce que le mariage?

R. Le mariage peut être défini l'union légitime de l'homme et de la femme.

M. Delvincourt.

R. Le mariage est l'union ou la société légitime de l'homme et de la femme, qui s'unissent pour perpétuer leur espèce, pour s'aider à supporter le poids de la vie, et pour partager leur commune destinée.

M. Toullier.

D. Quelles sont les conditions nécessaires pour pouvoir valablement contracter mariage?

R. Ces conditions sont au nombre de cinq, il faut:

1° L'âge compétent des parties contractantes;

2° Leur consentement;

---

(1) On voit par cet article, que les mineurs peuvent rester pendant six mois sans être confiés à la surveillance de personne : mais il fallait avant de s'immiscer dans les affaires de l'absent, laisser un temps suffisant, pour que l'absence acquière un certain degré de probabilité, et « *l'on suppose*, dit M. Malleville, que, pendant les six pre-
» miers mois, *les voisins* auront soin des enfants, et que le ministère
» public y veillera; il ne faut pas en effet se presser de nommer des
» tuteurs, et de causer des frais à l'absent, dont on espère le
» retour. »

5.

3° Le consentement de ceux à l'autorité desquels elles sont soumises, relativement au mariage ;

4° L'absence de tout empêchement établi par la loi ;

5° L'observation de toutes les formalités prescrites.

D. Quel est l'âge compétent pour le mariage ?

R. Celui de dix-huit ans révolus pour l'homme, celui de quinze ans également révolus pour la femme (1) (*Art.* 144).

D. N'est-il jamais possible de contracter mariage avant l'âge fixé par la loi ?

R. On le peut, en obtenant du Roi des dispenses d'âge, il lui est loisible de les accorder pour des motifs graves (2) (*Art.* 145).

D. Pourquoi exige-t-on le consentement des parties contractantes ?

R. Parce que le mariage est un contrat, et que nul contrat ne peut exister sans le consentement qui en est l'essence ; aussi il n'y a pas de mariage, lorsqu'il n'y a pas de consentement (3) (*Art.* 146).

---

(1) Avant cet âge, la loi ne présume, dans les époux, ni la capacité de remplir les devoirs du mariage, ni celle d'apprécier les obligations importantes qu'il impose (*Proudhon*).

(2) Les formalités relatives à ces dispenses sont déterminées par l'arrêté du 20 prairial an 11 (*Bulletin* n° 2792)

(3) Il ne s'agit pas ici du cas où le consentement serait supposé dans un acte faux, auquel l'une des parties n'aurait pas concouru ; ce serait alors un délit, qui devrait être poursuivi criminellement : mais il s'agit du cas où il existe un consentement apparent, qui se trouve détruit par l'incapacité de l'individu qui a paru le donner (MM. *Locré, Toullier*). Ainsi l'interdit, le furieux, le mort civilement, incapables de contracter, ne pourront, par conséquent, donner un consentement valable au mariage. Le consentement n'est point valable, quand il a été donné par erreur, ou extorqué par violence ; il en résulte que le mariage peut être annullé, quand il a été contracté par suite d'une crainte grave ou d'une erreur quant à la

D. Faut-il un autre consentement que celui des parties contractantes?

R. Il faut encore le consentement des personnes sous la puissance desquelles les futurs époux sont constitués, relativement au mariage.

D. Dans quel cas ce consentement est-il donc nécessaire?

R. S'il existe des ascendants, le fils qui n'a pas atteint l'âge de vingt – cinq ans accomplis, la fille qui n'a pas atteint l'âge de vingt-un ans accomplis, ne peuvent contracter mariage sans le consentement de leurs père et mère ; et si le père et la mère sont morts, ou s'ils sont dans l'impossibilité de manifester leur volonté (1), sans le consentement des aïeuls et aïeules (*Art.* 148-150).

D. Qu'arrive-t-il si le père consent au mariage, et que la mère refuse d'y consentir, ou si l'un d'eux seulement est mort, ou dans l'impossibilité de manifester sa volonté?

R. Dans le premier cas, le consentement du père suffit ; dans le second, celui de l'autre époux suffit également (*Art.* 148-149).

D. Qu'arrive-t-il si l'aïeul et l'aïeule de la même ligne ne consentent pas tous deux au mariage, ou s'il y a dissentiment entre les deux lignes?

R. Si c'est l'aïeule qui refuse son consentement, celui de l'aïeul suffit, et s'il y a dissentiment entre

___

personne (*Delvincourt*). On verra au chapitre IV, par quelles personnes et dans quel délai la nullité peut être demandée.

(1) *Dans l'impossibilité de manifester leur volonté* ; un ascendant est réputé dans l'impossibilité de manifester sa volonté, s'il est en démence, contumax (Art. 28), condamné à une peine entraînant mort civile, ou même à une peine afflictive et infamante, pendant la durée de la peine ; enfin, s'il est absent ou présumé tel (Art. 155).

les deux lignes, ce partage emporte consentement (1) (*Art.* 150).

D. S'il n'y a ni père ni mère. ni aïeuls ni aïeules, ou s'ils se trouvent tous dans l'impossibilité de manifester leur volonté, peut-on se marier sans obtenir aucun consentement?

R. Il faut distinguer : dans ces cas, les fils ou filles, qui n'ont pas encore vingt-un ans accomplis, ne peuvent se marier sans le consentement du conseil de famille (2) (*Art.* 160).

S'ils ont atteint cet âge, ils peuvent se marier sans être obligés d'obtenir aucun consentement (3).

---

(1) Observez que le consentement des aïeuls n'est nécessaire que si le père et la mère sont morts ou dans l'impossibilité de manifester leur volonté.

L'espèce suivante fera saisir facilement les dispositions de l'article 150.

L'individu qui veut se marier, n'a plus ni père, ni mère, mais il a seulement son aïeul et son aïeule paternels (*le père et la mère de son père*) l'aïeule refuse son consentement, celui de l'aïeul suffit.

A-t-il, au contraire, son aïeul et son aïeule paternels, et de plus son aïeul et son aïeule maternels (*le père et la mère de sa mère*), ou seulement un aïeul du côté paternel, et un aïeul ou même une aïeule du côté maternel, l'un d'eux consent, l'autre refuse son consentement, voilà le dissentiment des deux lignes ; et que ce soit l'aïeul paternel ou l'aïeul maternel qui consente, peu importe, ce partage emporte consentement.

(2) *Conseil de famille :* Voyez au titre de la *Tutelle.*

(3) La loi, comme nous le verrons plus tard, a fixé la majorité à vingt-un ans ; à cet âge, l'on est capable de tous les actes de la vie civile ; si l'on excepte toutefois certaines fonctions, qu'on ne peut remplir qu'à vingt-cinq, trente ou quarante ans. Mais l'importance du mariage, l'influence qu'il peut avoir sur le sort de la vie entière, a fait établir une majorité spéciale pour le mariage, fixée pour les hommes à vingt-cinq ans accomplis, et pour les femmes à vingt-un accomplis. (*A l'égard de la femme, la majorité est également fixée à vingt-un ans pour tous les autres actes.*) Mais on n'exige cette majorité spéciale que lorsqu'il y a des ascendants, autrement on n'exige, pour les deux sexes, que la majorité ordinaire.

D. L'homme, après l'âge de vingt-cinq ans, la femme, après celui de vingt-un ans, peuvent-ils se marier sans demander aucun consentement ?

R. Après cet âge, ils ne sont plus, comme avant, tenus d'obtenir le consentement de leurs pères, mères et aïeuls ; mais le respect et la déférence qu'ils doivent toujours à leurs ascendants, exigent qu'avant de contracter mariage, ils demandent, par un acte respectueux et formel, le conseil de leurs pères et mères ; ou celui de leurs aïeuls et aïeules, lorsque leurs pères et mères sont décédés, ou dans l'impossibilité de manifester leur volonté (*Art.* 151).

D. Si le consentement n'est point donné après cet acte respectueux, peut-on passer outre au mariage ?

R. Si le fils n'a pas encore trente ans accomplis, la fille vingt-cinq ans accomplis, l'acte respectueux sera renouvelé deux autres fois, de mois en mois, et un mois après le troisième acte, il pourra être passé outre au mariage (*Art.* 152).

Depuis l'âge de trente ans pour le fils, de vingt-cinq ans pour la fille (1), il pourra être, à défaut de consentement sur un seul acte respectueux, passé outre, un mois après, à la célébration du mariage. (*Art.* 153).

---

(1) L'art. 153 dit : *Après l'âge de trente ans, il pourra être, à défaut, etc.* La lettre de cet article semble indiquer que le fils et la fille doivent indistinctement, jusqu'à l'âge de trente ans, renouveler trois fois l'acte respectueux. On peut cependant se convaincre, en lisant l'article qui précède, que telle n'est pas l'intention du législateur : en effet, cet article veut que l'acte respectueux soit renouvelé trois fois, jusqu'à trente ans accomplis pour les fils, jusqu'à vingt-cinq ans seulement pour les filles. D'ailleurs, pour se convaincre qu'il y a omission dans l'art. 153, il suffit de lire la discussion et l'exposé des motifs. (Voyez *Locré*, tom. 3, pag. 125.)

Il est important de remarquer que tant qu'il existe des ascendants, l'obligation de leur notifier *un acte respectueux*, subsiste pour les fils et les filles, à quelque âge qu'ils soient parvenus.

D. Comment et à qui doit-on faire connaître l'acte respectueux?

R. On doit le faire connaître aux ascendants dont le consentement serait nécessaire, si les enfants n'étaient pas majeurs, par une notification qui leur est faite par deux notaires, ou par un notaire et deux témoins; et dans le procès-verbal qui doit en être dressé, il sera fait mention de la réponse (*Art.* 154) (1).

D. Si l'ascendant auquel eût dû être notifié l'acte respectueux était absent, comment pourrait-on suppléer à la notification prescrite?

R. Il peut y être suppléé par la représentation du jugement de déclaration d'absence, ou, à défaut de ce jugement, de celui qui a ordonné l'enquête, ou, enfin, s'il n'y a pas encore de jugement, par un acte de notoriété, délivré par le juge de paix du lieu où l'ascendant a eu son dernier domicile connu, lequel acte contiendra la déclaration de quatre témoins appelés d'office par le juge de paix (*Art.* 155) (2).

D. Quelle serait la peine infligée à l'officier de l'état civil, qui aurait procédé à la célébration d'un mariage en contravention aux dispositions relatives au consentement des ascendants, ou aux actes respectueux?

---

(1) La notification est, ainsi que l'indique son étymologie, un acte, à l'aide duquel on fait connaître une chose (*notum facere*); au lieu d'employer, comme pour les autres notifications ou significations le ministère d'un huissier, qui offre quelque chose de rigoureux, on a préféré celui des notaires, comme plus en harmonie avec le respect dû aux ascendants.

(2) *Acte de notoriété :* l'acte de notoriété est ici un acte passé devant le juge de paix, dans lequel les témoins déclarent ce qui est à leur connaissance, pour suppléer à la preuve par écrit de l'absence, qu'on ne peut se procurer.

Voyez un avis du conseil d'état, approuvé le 4 thermidor an XIII, Bulletin nº 858, pour le cas où l'on ne connaîtrait pas le dernier domicile des ascendants, etc.

R. L'officier de l'état civil, qui aurait célébré un mariage sans énoncer dans l'acte le consentement des père, mère, aïeuls, ou celui de la famille, dans les cas où il est requis, est passible d'une amende de 16 à 300 fr., et d'un emprisonnement de six mois au moins, et d'un an au plus (*Code civ., Art.* 156, *cod. pén. Art.* 193).

Celui qui aura célébré le mariage, sans qu'il ait été précédé d'actes respectueux, dans le cas où ils sont requis, est passible de la même amende, et d'un emprisonnement qui ne pourra être moindre d'un mois (*Art.* 157).

D. Les enfants naturels sont-ils, comme les enfants légitimes, obligés d'obtenir le consentement de leurs pères, mères, aïeuls, ou celui de la famille, et de faire des actes respectueux?

R. Les enfants naturels, mais seulement ceux qui ont été légalement reconnus (1), sont tenus d'obtenir le consentement de leurs pères et mères, dans le cas où ce consentement est nécessaire aux enfants légitimes, et de faire les actes respectueux, dans les mêmes circonstances où les enfants légitimes y sont tenus; mais on ne peut leur imposer ni l'obligation d'obtenir le consentement des aïeuls, ou de la famille, ni de faire aux premiers d'actes respectueux, attendu que les enfants naturels n'appartiennent à aucune famille (*Art.* 158).

D. Si l'enfant naturel n'avait pas été reconnu, ou que ses père et mère qui l'auraient reconnu fussent morts, ou dans l'impossibilité de manifester leur volonté, quelle formalité devrait être observée, avant de procéder au mariage?

____

(1) *Voyez* tit. 7, chap. III.

L'enfant naturel pouvant, comme on le verra, n'être reconnu que par son père ou par sa mère, il ne sera tenu d'obtenir le consentement que de celui qui l'aura reconnu; même observation à l'égard des actes respectueux.

R. Si l'enfant naturel, qui se trouverait dans l'une de ces catégories, avait moins de vingt-un ans, il devrait obtenir le consentement d'un tuteur *ad hoc*, qui serait nommé à cet effet (*Art.* 159) (1).

S'il avait plus de vingt-un ans, il n'aurait besoin, dans ce cas, du consentement de personne.

D. Vous avez établi, comme une des conditions pour contracter mariage, l'absence de tout empêchement établi par la loi, qu'est-ce donc qu'un empêchement?

R. On entend ici, par empêchement au mariage, une qualité de la personne, qui la rend incapable, soit de contracter un mariage quelconque, soit d'en contracter un avec telle ou telle personne. *M. Delv.* (2).

D. Comment divisez-vous ces empêchements?

R. En absolus et en relatifs.

D. Qu'entendez-vous par empêchement absolu?

R. L'empêchement absolu est celui qui empêche de contracter mariage avec qui que ce soit. *M. Delv.*

D. Combien existe-t-il d'empêchements absolus?

R. Deux: 1°. Le lien d'un premier mariage ; on ne peut contracter un second mariage avant la dissolution du premier (*Art.* 147). (3) : et même, la

(1) *Tuteur ad hoc* : c'est-à-dire exprès pour consentir au mariage; si l'enfant naturel avait déjà un tuteur, il faudrait donc qu'il fût autorisé à consentir au mariage (*Toullier*).

(2) On entend, en général, par empêchement au mariage, tout obstacle qui s'oppose, ou pour un temps, ou pour toujours, à ce que deux personnes se marient ensemble (*Proudhon*). Mais il ne s'agit ici que des empêchements résultant de la qualité de la personne.. les autres empêchements résultent de l'inaccomplissement des conditions imposées, et se divisent en prohibitifs, qui n'entraînent pas la nullité du mariage, et en dirimants, qui entraînent cette nullité (*Voyez chap.* IV, *Des demandes en nullité*).

(3) La bigamie est un crime (*Art.* 340, *Cod. pén.*).

Remarquez que si, malgré la prohibition, l'époux d'un absent avait contracté un second mariage, l'absent seul aurait le droit de l'attaquer (*Suprà*, pag. 65).

femme ne peut contracter un nouveau mariage, qu'après dix mois révolus depuis la dissolution du mariage précédent. (*Art.* 228, *cod. pén.* 194) (1).

2°. La mort civile : car nous avons vu que l'un de ses effets est de rendre incapable de contracter un mariage, qui produise aucun effet civil (*Art.* 25, *pag.* 22) (2).

D. Qu'est-ce que l'empêchement relatif?

R. L'empêchement relatif est celui qui n'empêche pas de contracter mariage en général, mais seulement avec certaines personnes. *M. Delvincourt.*

D. Combien existe-t-il d'empêchements relatifs?

R. Deux : la parenté et l'alliance (3).

D. Qu'est-ce que la parenté?

R. La parenté est un lien produit par la nature seule, ou par la loi seule, ou par la nature et la loi

---

(1) Ces dix mois de viduité sont imposés à la femme, d'abord par un motif d'honnêteté publique, en second lieu et essentiellement, *propter vitandam confusionem partús.*

(2) A ces deux empêchements absolus, quelques personnes voudraient en ajouter un troisième qu'ils feraient résulter de la qualité de prêtre catholique. Nous ne saurions être de leur avis (Voir M. *Toullier*, tom. 1er, no 560).

(3) Le titre *du divorce* contient deux autres espèces d'empêchements relatifs : le premier résulte de l'article 295, ainsi conçu : «Les » époux qui divorceront, pour quelque cause que ce soit, ne pourront plus se réunir. » Le second est prononcé par l'art. 198, qui décide que, dans le cas de divorce admis en justice pour cause d'adultère, l'époux coupable ne pourra jamais se marier avec son complice. Depuis l'abolition du divorce par la loi du 8 mai 1816, ces articles n'ont plus d'effet qu'à l'égard des personnes divorcées avant la publication de cette loi. Néanmoins ils donnent lieu encore aujourd'hui à deux questions graves ; la première, qui est purement transitoire est celle-ci : deux époux, divorcés avant la loi de 1816, pourraient-ils aujourd'hui se réunir ? La loi de 1816 ne s'occupant nullement de cette question, et se bornant à cette énonciation : « Le divorce est aboli. » Il semble que la prohibition doit continuer d'exister :

tout ensemble : ainsi l'on distingue trois sortes de parenté ; la naturelle, la civile et la mixte.

D. Qu'est-ce que la parenté naturelle ?

R. C'est celle qui résulte de la nature seule : elle existe entre les enfants naturels, leurs pères et mères et les parents de ceux-ci (1).

D. Qu'est-ce que la parenté civile ?

R. C'est l'ouvrage de la loi seule : elle a lieu entre l'adoptant, l'adopté et les descendants de celui-ci, ainsi qu'entre l'adopté et les enfants naturels (2) ou adoptifs de l'adoptant.

D. Qu'est-ce que la parenté mixte ?

R. Celle qui résulte de la nature et de la loi tout ensemble : elle a lieu entre les enfants légitimes, leurs pères et mères, et tous les parents de ceux-ci.

D. Que doit-on distinguer dans la parenté ?

R. La ligne et le degré.

D. Qu'est-ce que la ligne ?

« Néanmoins, dit M. Toullier, si des époux divorcés voulaient aujourd'hui se réunir, comme l'empêchement de l'art. 295 n'était pas dirimant, il est à croire que personne de s'opposerait au mariage.

La seconde question consiste à savoir si la prohibition de se marier avec son complice d'adultère est applicable aujourd'hui, après la la mort de l'époux innocent, à l'époux contre lequel la séparation de corps a été prononcée pour cause d'adultère. Bien que la raison de décider soit la même que pour le cas de divorce, M. Toullier pense que, faute d'une loi précise, on ne peut étendre la prohibition d'un cas à l'autre ; les auteurs et la jurisprudence sont encore partagés sur cette question.

(1) La maxime que les enfants naturels n'ont pas de famille ne s'applique qu'aux rapports civils, *quia civilis ratio civilia quidem jura corrumpere potest naturalia verò non utique* (Inst. *de legit. adgn. tutelâ*).

(2) Remarquez que toutes les fois que, dans la loi, le mot enfants *naturels* est opposé à celui d'enfants *adoptifs*, il signifie en général tous ceux qui sont nés du sang du père dont il s'agit, qu'il y ait eu mariage ou non, c'est-à-dire les enfants légitimes et les enfants *naturels* proprement dits.

R. La ligne est l'ordre ou la série des personnes unies par la parenté.

D. Combien y a-t-il de lignes?

R. Deux : la ligne directe et la ligne collatérale.

D. Qu'est-ce que la ligne directe?

R. C'est la série des personnes qui descendent l'une de l'autre (1).

D. Qu'est-ce que la ligne collatérale?

R. C'est la série des personnes qui ne descendent pas l'une de l'autre, mais qui ont une souche commune (2).

D. Qu'est-ce que le degré?

R. C'est la distance qu'il y a entre deux parents.

D. Comment se comptent les degrés?

R. Par le nombre des générations, ainsi l'on compte autant de degrés qu'il y a de personnes engendrées, soit en ligne directe, soit en ligne collatérale (3).

---

(1) Cette ligne est ascendante : la ligne directe descendante est la série des personnes qui descendent de celle dont il s'agit. *De moi*, par exemple.

Dans cette ligne, sont le fils, le petit-fils, l'arrière-petit-fils, etc.

La ligne directe ascendante est la série des personnes de qui je descends : dans cette ligne sont, le père, l'aïeul, le bisaïeul, le trisaïeul, etc.

(2) On l'appelle collatérale, *quasi à latere*, parce qu'elle est composée de deux lignes directes, qui s'élèvent à côté l'une de l'autre, en partant de l'auteur commun, qui est le point de leur union (*M. Toullier*).

Ainsi deux frères sont parents en collatérale, ils ne descendent pas l'un de l'autre, mais ils ont le père pour auteur commun ; l'oncle et le neveu sont parents en collatérale, ils ne descendent pas non plus l'un de l'autre, mais ils ont une souche commmune, qui est l'aïeul du neveu.

(3) Il est, comme on le voit, facile de compter les degrés en ligne directe ; du bisaïeul à son arrière-petit-fils, il y a trois degrés, parce qu'il y a trois générations. Le bisaïeul a engendré l'aïeul, *première*

D. Qu'est-ce que l'alliance ou affinité?

R. L'alliance, ou affinité, est un lien qui unit l'un des époux aux parents de l'autre époux (1).

D. quels sont les empêchements de mariage, résultant de la parenté ou de l'alliance?

R. En ligne directe, le mariage est prohibé entre tous les ascendants et descendants légitimes ou naturels, et les alliés dans la même ligne (*Art* 161).

En ligne collatérale, le mariage est prohibé entre le frère et la sœur légitimes ou naturels, et les alliés au même degré (*Art.* 162).

Entre l'oncle et la nièce, la tante et le neveu

---

génération, un degré ; l'aïeul a engendré le père, *deuxième généra-tion*, deux degrés ; le père a engendré le fils, qui est l'arrière-petit-fils du bisaïeul, *troisième génération*, trois degrés (M. *Delvincourt*; *Cod. civ,*, art. 737).

En ligne collatérale, les degrés entre deux parents se comptent en remontant de l'un d'eux à la souche commune, puis en descendant de cette souche jusqu'à l'autre parent; et autant, d'après ce calcul, il se trouve, dans les deux lignes, de personnes engendrées, autant il y a de degrés de parenté.

Ainsi, supposons que je veuille connaître à quel degré de parenté je suis avec ma cousine issue de germain, c'est-à-dire avec la petite-fille de mon oncle, je suppute ainsi : la souche qui nous est commune, est mon aïeul : de moi à mon père, *première génération*, un degré; de mon père à mon aïeul, *deuxième génération*, deux degrés ; de mon aïeul à son fils, qui est mon oncle, *troisième génération*, trois degrés ; de mon oncle à son fils, qui est mon cousin-germain, *quatrième génération*, quatre degrés ; enfin, de mon cousin-germain à sa fille, qui est ma cousine issue de germain, *cinquième génération*, cinq degrés ; je suis donc à son égard, au cinquième degré de parenté en collatérale (M. *Delvincourt*, art. 738).

(1) Il n'y a réellement dans l'alliance, ni lignes ni degrés, puisqu'il n'y a ni génération, ni souche commune : mais elle les emprunte de la parenté; ainsi, une personne est alliée de l'un des époux au même degré qu'elle est parente de l'autre époux. Par exemple, la sœur de ma femme, qui est sa parente collatérale au second degré, est mon alliée au second degré en collatérale, *et vice versâ.*

art. 163), le grand-oncle et la petite-niéce (1) (*Avis du conseil d'état*, app. le 7 mai 1818).

Le mariage est encore prohibé entre l'adoptant, l'adopté et ses descendants ; entre les enfants adoptifs du même individu ; entre l'adopté et les enfants qui pourraient survenir à l'adoptant, entre l'adopté et le conjoint de l'adoptant, et réciproquement entre l'adoptant et le conjoint de l'adopté (*Art*. 348).

D. Le roi ne peut-il lever aucune des prohibitions de mariage dont il vient d'être parlé ?

R. Il est loisible au roi de lever, pour des causes graves, les prohibitions établies relativement au mariage de l'oncle et de la nièce, de la tante et du neveu, mais le roi ne peut lever les autres prohibitions (*Art*. 168).

CHAPITRE II.

Des formalités relatives à la célébration du mariage.

D. Vous avez indiqué, comme cinquième condition pour pouvoir contracter mariage, l'observation des formalités prescrites, faites - nous connaître quelles sont ces formalités ?

R. Il existe deux sortes de formalités pour le ma-

____

(1) Et généralement, comme disent les Instituts : *Inter eas personas quæ parentium liberorumque locum inter se obtinent*, (Inst. de nupt., § 1er). Ce qui a lieu toutes les fois que l'un des deux parents n'est éloigné de l'auteur commun que d'un seul degré. Mais la prohibition ne s'étend pas aux oncles et tantes, nièces et neveux par alliance ; et comme le Code ne reconnaît la parenté naturelle qu'entre les ascendants et les descendants, les frères et les sœurs, on voit, en comparant l'art. 163 avec les deux précédents, que le mariage n'est défendu qu'entre l'oncle et la nièce, la tante et le neveu légitimes, et non entre les mêmes parents naturels, ou simplement unis par alliance (*Toullier, Malleville*).

riage, les unes le précèdent, les autres l'accompagnent (1).

D. Quelles sont celles qui précèdent le mariage?

R. Ce sont : 1º les publications; 2º la remise des
pièces exigées par la loi.

D. Qu'entendez-vous par publication?

R. Les publications sont l'annonce publique du
mariage qui doit être fait.

D. Où et comment doivent-elles être faites?

R. Elles doivent l'être le dimanche, par l'officier
de l'état civil, à la municipalité du domicile de chacun des contractants, et devant la porte de la maison
commune (*Art* 63-166).

D. Mais si le domicile actuel n'est établi que par
six mois de résidence, suffit-il que les publications
soient faites à ce domicile (2)?

R. Non : il faut qu'elles soient faites, en outre,
à la municipalité du dernier domicile (*Art.* 167).

D. Suffit-il toujours que les publications soient
faites à la municipalité du domicile des contractants?

R. Si les parties contractantes, ou l'une d'elles,
sont, relativement au mariage, sous la puissance
d'autrui, c'est-à-dire si elles sont âgées, les filles
de moins de vingt-un ans accomplis, et les garçons
de moins de vingt-cinq, lorsqu'ils ont des ascén-
dants vivants, et de vingt-un ans, lorsqu'ils n'en
ont point, les publications doivent être faites encore

---

(1) Voyez pag. 34, chap. III, *Actes de mariage.*

« Ce chapitre, dit M. Malleville, semble déplacé : les dispositions
qu'il renferme, pouvaient se mettre au chapitre III du titre II. Il
est embarrassant d'aller chercher dans deux titres différents, les
formalités relatives à la célébration du mariage. »

(2) Nous avons vu que le domicile, quant au mariage, s'établit
par six mois de résidence (*Cod. civ.*; art. 74, pag. 37).

à la municipalité du domicile de ceux sous la puissance desquels ils se trouvent (1) (*Art.* 168).

D. Combien doit-il être fait de publications ?

R. Il doit en être fait deux, ainsi que nous l'avons déjà vu (*pag.* 34) ; mais il est loisible au roi, ou aux officiers qu'il préposera à cet effet, de dispenser, pour des causes graves, de la seconde publication (2) (*Art.* 169).

Nous avons dit que l'une des formalités qui précèdent le mariage, est la remise des pièces exigées par la loi ; quelles sont ces pièces ? (Voyez pag. 36)

D. Quelles sont les formalités qui accompagnent le mariage ?

R. 1° Il doit être célébré dans la commune où l'un des époux a son domicile, et devant l'officier de l'état civil du domicile de l'une des deux parties (*Art.* 74-165).

2° Il doit être célébré publiquement dans la maison commune, en présence de quatre témoins (3) (*Art.* 37-75-165).

Voyez le surplus de ces formalités, pag. 36-37.

D. Le mariage contracté en pays étranger, entre Français, et entre Français et étranger, doit-il, pour

---

(1) C'est-à-dire au domicile des ascendants dont le consentement est nécessaire pour le mariage ; et s'il n'en existe point, et que le futur époux soit mineur de vingt-un ans, à la municipalité dans laquelle doit être convoqué le conseil de famille, sans le consentement duquel le mariage ne peut être fait (*Toullier*).

(2) Le procureur du roi a été investi du droit d'accorder cette dispense, par l'arrêté du 20 prairial an xi (*Bulletin* n° 2792).

(3) Tout ministre du culte qui procédera aux cérémonies religieuses d'un mariage, sans qu'il lui ait été justifié d'un acte de mariage préalablement reçu par les officiers de l'état civil, sera puni, pour la première fois, d'une amende de 16 à 100 fr. ; pour la seconde fois, d'un emprisonnement de deux à cinq ans ; et pour la troisième fois, de la déportation (*Cod. pén.*, art. 199 et 200).

I. EXAMEN.　　　　　　　　　　　　6

être valable, être précédé et accompagné des mêmes formalités que le mariage contracté en France?

R. Ce mariage sera valable, s'il a été célébré dans les formes usitées dans le pays, pourvu qu'il ait été précédé des publications prescrites par la loi française (1), et que le Français ait rempli les conditions imposées également par la loi française, pour pouvoir contracter mariage (2) (*Art.* 170).

D. Que doit-il être fait, lors du retour du Français qui a contracté mariage en pays étranger?

R. Dans les trois mois après le retour, l'acte de célébration de mariage sera transcrit sur le registre public des mariages du lieu de son domicile (3) (*Art.* 171).

---

(1) Dans ce cas, le défaut de publication rendrait le mariage nul. Ainsi jugé à la Cour royale de Paris.

(2) On priverait les Français du droit de se marier en pays étranger, si on les obligeait d'y observer les mêmes établies en France. Le mariage doit donc alors être contracté selon les formes établies dans le lieu où il est célébré, suivant la règle *locus regit actum*, appliquée aux actes de l'état civil par les art. 47 et 48. Mais comme les lois personnelles, ainsi que nous l'avons vu au titre préliminaire, *obligent les Français, même en pays étranger*, il s'ensuit qu'il doit se conformer aux dispositions des lois françaises, relativement à l'âge des contractants, à leur consentement, à celui de la famille et aux empêchements.

(3) M. Toullier pense que ce délai n'est pas de rigueur, et que la transcription pourrait être faite après son expiration.

Mais, jusqu'à la transcription, le mariage, n'étant pas légalement connu en France, n'aurait aucun effet civil à l'égard des Français, ou des biens situés en France (Voy. *Toullier*, tom. 1er, no 579 ; *Delv.*, pag. 380, note 6).

CHAPITRE III.

Des oppositions au mariage (1).

D. A quelles personnes appartient le droit de former opposition à un mariage ?

R. Il appartient, 1º à l'époux de l'individu qui veut contracter un second mariage avant la dissolution du premier (2) (*Art.* 172) ;

2º Aux pères, mères, aïeuls et aïeules ;

3º Aux collatéraux ;

4º Au tuteur et au curateur.

D. Les pères, mères, aïeuls et aïeules ont-ils concurremment le droit de former opposition au mariage ?

R. Le droit n'est donné aux ascendants que graduellement ; le père seul peut l'exercer, et à son défaut, c'est-à-dire s'il est dans l'impossibilité physique ou morale d'agir, la mère seule ; à défaut du père et de la mère, les aïeuls, et à défaut d'aïeuls, les aïeules ; le tout dans l'ordre où leurs consentements sont requis (*Art.* 173).

D. Pourraient-ils former cette opposition, si les contractants étaient majeurs pour le mariage ?

R. Ils le peuvent, quelque âge que puissent avoir atteint les enfants et descendants (*Art.* 173).

---

(1) Il vaut mieux prévenir les contraventions, que d'avoir à les punir ou à les réparer. De là le droit de former opposition aux mariages qui seraient près d'être célébrés contre les prohibitions de la loi (M. *Toullier*).

(2) On ne pouvait refuser à une personne engagée dans un mariage, la faculté de défendre son titre, et de réclamer ses droits. Ainsi, l'époux absent qui, comme on le sait, aurait le droit de demander la nullité du mariage contracté par son conjoint, aurait également celui de former opposition au mariage.

6.

D. Pour quelles causes peuvent-ils former opposition ?

R. Le droit des ascendants est illimité à cet égard ; il n'est point restreint à certaines causes particulières (1).

D. Quels collatéraux ont droit de former opposition ?

R. Ce sont le frère ou la sœur, l'oncle ou la tante, le cousin ou la cousine germains. (*Art.* 174).

D. A quelles conditions est subordonné l'exercice de ce droit ?

R. A deux conditions : 1º il faut que les collatéraux soient majeurs ;

2º Qu'il n'existe pas d'ascendants (*Art.* 174).

D. Pour quelles causes peuvent-ils former opposition ?

R. Pour deux causes seulement : 1º lorsque le consentement du conseil de famille, dans les cas où il est nécessaire, n'a pas été obtenu (2) ;

2º Lorsque l'opposition est fondée sur l'état de démence du futur époux (*Art.* 174).

D. Que doivent faire les collatéraux, pour que l'opposition soit recevable, si elle est fondée sur la démence ?

R. Ils devront se soumettre à provoquer l'interdiction dans le délai qui sera fixé par le jugement.

D. Que fait le tribunal sur cette opposition ?

R. S'il la trouve évidemment mal fondée, il en prononce la main-levée pure et simple (*Art.* 174). S'il pense qu'il soit nécessaire d'examiner plus à fond l'allégation de démence, il fixe, par son juge-

---

(1) La loi s'en rapporte à leur prudence. Le tribunal, d'ailleurs, examinera le mérite de l'opposition ; et en donnera main-levée, si elle est mal fondée.

(2) *Consentement du conseil de famille* (Art. 160).

ment, un délai, dans lequel l'opposant devra faire statuer sur l'interdiction (1).

D. Pour quelles causes, et à quelle condition le tuteur ou curateur pourra-t-il former opposition pendant la durée de la tutelle ou curatelle?

R. Il ne pourra former opposition qu'autant qu'il y aura été autorisé par le conseil de famille, qu'il pourra convoquer, et pour les deux causes seulement pour lesquelles cette faculté est accordée aux collatéraux (*Art.* 175).

D. Que doit énoncer et contenir l'acte d'opposition?

R. Il énoncera la qualité qui donne à l'opposant le droit de la former : il contiendra l'élection de domicile dans le lieu où le mariage devra être célébré (2) : il devra également, à moins qu'il ne soit

---

(1) Ou l'allégation de démence est évidemment mal fondée, ou c'est un fait à examiner.

Dans le premier cas, le juge userait du droit de faire comparaître d'office la personne dont on allègue la démence, de l'examiner, de rejeter l'opposition, s'il la trouve mal fondée, et d'ordonner qu'on passera outre.

C'est pour ne laisser aucune équivoque sur cette faculté qu'ont les tribunaux, qu'on ajoute dans l'article : *Le tribunal pourra prononcer la main-levée pure et simple.*

Dans le second cas, celui où il serait nécessaire d'examiner plus à fond l'allégation de démence, le mariage ne peut pas non plus être indéfiniment différé, puisque l'opposition n'est reçue qu'à la charge de provoquer l'interdiction, *et d'y faire statuer dans un délai qui sera fixé par le jugement* (*Locré*, tom. 3, pag. 151-152).

Ces dispositions ont pour but d'empêcher les abus qui pourraient résulter de l'opposition fondée sur l'allégation de démence.

(2) M. Defermon objecta au conseil d'état, que les opposants pouvaient ignorer le lieu où le mariage sera célébré. On lui répondit que les publications l'énoncent, ce qui n'est pas exact (*Voyez* l'art. 63). M. Delvincourt pense que, dans le cas où les futurs demeureraient, et, par conséquent, où le mariage pourrait être célébré dans des communes différentes, il suffirait d'une élection de domicile dans la

fait à la requête d'un ascendant, contenir les motifs de l'opposition (1) (*Art.* 176).

D. Qu'arriverait-il si l'une de ces formalités avait été omise?

R. L'opposition serait nulle, et l'interdiction de l'officier ministériel (*l'huissier*) qui aurait signé l'acte d'opposition devrait être prononcée (*Art.* 176).

D. Comment et par qui est-il statué sur l'opposition?

R. Par le tribunal de première instance, qui prononcera dans les dix jours, sur la demande en mainlevée (*art.* 177), et, s'il y a appel, il y sera statué dans les dix jours de la citation (*Art.* 178).

D. A quoi pourront être condamnés les opposants, si l'opposition est rejetée?

R. les opposants, autres néanmoins que les ascendants, pourront être condamnés à des dommages-intérêts (2) (*Art.* 179).

CHAPITRE IV.

Des demandes en nullité de mariage (3).

D. Comment le mariage peut-il être prouvé?

R. Il faut distinguer les personnes auxquelles la

------

commune où est domicilié celui à l'occasion duquel est signifiée l'opposition.

(1) *Voyez* page 34 et suivantes, les autres formalités relatives à l'opposition.

L'élection de domicile est attributive de juridiction; elle est prescrite afin que celui au mariage duquel on s'oppose ne soit pas obligé d'aller plaider devant le tribunal du domicile de l'opposant.

(2) *Dommages-intérêts.* C'est en général une indemnité accordée en raison du gain qu'on a manqué à faire, et de la perte qu'on a éprouvée par le fait d'autrui.

(3) Bien que ce chapitre soit intitulé uniquement, *des demandes*

preuve est demandée, car il n'en est pas de même à l'égard des époux ou de l'un d'eux, et à l'égard des enfants.

D. Comment doit être prouvé le mariage de la part des époux ?

R. Il ne peut l'être que par la représentation de l'acte de célébration, inscrit sur le registre de l'état civil, sauf le cas de non existence de registres (*Art.* 195).

La possession d'état (1) même, ne peut dispenser les prétendus époux de représenter l'acte de célébration, non-seulement lorsqu'ils voudraient opposer cette possession à des tiers; mais encore lorsqu'ils voudraient se l'opposer respectivement l'un à l'autre (2) (*Art.* 195).

D. La possession d'état ne peut-elle pas au moins servir à corroborer l'acte de mariage?

R. Lorsqu'il y a possession d'état, et que l'acte de célébration de mariage devant l'officier de l'état civil

---

en *nullité*, il contient aussi *la preuve du mariage*, nous croyons devoir commencer par faire connaître comment on peut établir la preuve de l'existence du mariage; nous verrons ensuite dans quel cas, et par qui la nullité du mariage peut être demandée.

(1) On entend en général par possession d'état, la notoriété qui résulte d'une suite non interrompue de faits tendants à prouver l'état dont une personne a joui dans la société et dans la famille. Ainsi, deux personnes qui ont vécu publiquement comme mari et femme, et qui ont passé pour tels sans contradiction, ont *la possession d'état* de mari et de femme (MM. *Delvincourt et Toullier*).

(2) Elle ne peut être opposée à des tiers; autrement, comme il dépend des époux seuls de se procurer cette possession, il dépendrait également d'eux seuls de se procurer une preuve de leur mariage (M. *Delv.*).

Elle ne peut non plus être opposée par les prétendus époux respectivement l'un à l'autre, c'est-à-dire que si l'un des prétendus époux contestait le mariage, l'autre ne pourrait lui opposer une fin de non-recevoir tirée de ce qu'il l'a laissé jouir du titre et des droits d'époux légitime (*Idem*).

est représenté (1), les époux sont respectivement non-recevables à demander la nullité de cet acte (2) (*Art.* 196).

D. La preuve du mariage ne peut-elle jamais, sauf le cas de non existence de registres, résulter à l'égard des époux que de la représentation de l'acte ?

R. Dans le cas où l'on aurait, par malveillance, supprimé la preuve du mariage, par exemple, en falsifiant ou déchirant la feuille du registre, cette suppression donnerait lieu à une poursuite crimi-nelle ; et, si par le résultat de la procédure, la preuve de la célébration se trouve acquise, l'inscription du jugement sur les registres de l'état civil, assure au mariage, à compter du jour de sa célébration, tous les effets civils, tant à l'égard des époux qu'à l'égard des enfants issus de ce mariage (*Art* 198).

D. Si les époux, ou l'un d'eux, étaient morts, sans avoir découvert la fraude, par qui l'action cri-minelle pourrait-elle être intentée ?

R. Elle peut l'être par tous ceux qui ont intérêt de faire déclarer le mariage valable, et par le procu-reur du roi (*Art.* 199).

D. Comment et contre qui l'action sera-t-elle di-rigée, si l'officier public est décédé lors de la décou-verte de la fraude ?

R. Elle sera dirigée au civil, contre ses héritiers, par le procureur du roi, en présence des parties in-téressées, et sur leur dénonciation (3) (*Art.* 200).

---

(1) Quelque vicieux que puisse être cet acte, quand même il ne serait inscrit que sur une feuille volante (M. *Toullier*).

(2) Elle sert donc ainsi à corroborer l'acte du mariage, qu'elle ne peut remplacer, et à en couvrir les vices, excepté, par exemple, dans le cas d'inceste ou de bigamie.

(3) Et le jugement du tribunal civil aura, dans ce cas, le même

D. Les enfants sont-ils toujours tenus de représenter l'acte de célébration pour prouver leur état d'enfants légitimes ?

R. Ils peuvent être dispensés de représenter cet
acte (1) ; mais il faut, pour qu'ils le soient, la réunion
des trois conditions suivantes :

1 Que les deux époux soient décédés ;

2° Que les père et mère aient vécu publiquement
comme mari et femme ;

3° Enfin, que ces enfants aient une possession d'état
d'enfants légitimes non contredite par l'acte de naissance (2) (*Art.* 197).

D. Combien distingue-t-on d'espèces de nullités
de mariages (3) ?

R. Deux espèces ; les nullités absolues et les nullités relatives ?

D. Qu'entendez-vous par nullités absolues et par
nullités relatives ?

R. Les nullités absolues sont celles qui sont fondées sur des raisons d'ordre public, et qui, par conséquent, peuvent être invoquées, non-seulement

---

effet, relativement à la preuve du mariage, qu'aurait eu le jugement criminel (M. *Delvincourt*).

(1) Et en effet, il est possible qu'ils ignorent où le mariage a été
célébré, et que, par conséquent, ils ne puissent s'en procurer la
preuve, tandis que les époux ne peuvent l'ignorer.

(2) *Il y aurait contradiction*, si l'enfant était qualifié d'enfant naturel par son acte de naissance.

(3) Il eût été inutile de soumettre le mariage à des conditions et à
des formes, si les unes pouvaient être impunément méconnues, les
autres impunément violées.

Dans le chapitre précédent, on avait créé des moyens pour prévenir les unions illégales ; mais si ces moyens étaient négligés, si aucune opposition n'arrêtait des mariages réprouvés par la loi, il ne
resterait plus qu'à les dissoudre ; de là *les nullités* (*Locré*, tom. 3,
pag. 267).

par tous ceux qui y ont intérêt, mais même par les époux et par le ministère public.

Les nullités relatives sont celles qui sont fondées sur des motifs d'intérêt privé ; elles ne peuvent, par conséquent, être invoquées que par les personnes dans l'intérêt desquelles elles sont établies, et dont le silence, pendant un intervalle donné, suffit pour qu'on ne puisse plus attaquer le mariage sous ce rapport (*M. Delvincourt*).

D. Par qui peut être demandée la nullité fondée sur le défaut de consentement libre ou sur l'erreur des deux époux ou de l'un d'eux ?

R. Cette nullité est une nullité relative qui ne peut être proposée que par les époux, ou par celui dont le consentement n'a pas été libre ou qui a été induit en erreur sur la personne (1) (*art.* 180), parce que nul autre que lui ne peut être juge de son erreur ou de sa contrainte.

D. Comment cette nullité peut-elle être couverte ?

R. Cette nullité est couverte, et la demande n'est plus recevable, toutes les fois qu'il y a eu cohabitation continuée pendant six mois, depuis que l'époux a acquis sa pleine liberté, ou que l'erreur a été par lui reconnue (*art.* 181), parce qu'alors la ratification tacite du contrat est censée intervenue.

D. Par qui peut être demandée la nullité du mariage, fondée sur le défaut de consentement des ascendants ou du conseil de famille ?

R. Cette nullité est aussi une nullité relative, qui ne peut être demandée que par ceux dont le consen-

---

(1) Erreur *quant à la personne* ; par exemple, si j'ai intention d'épouser Marie, et que l'on y substitue *Sophie*, que l'on me fait épouser à sa place (M. *Delvincourt*). Il n'y aurait pas nullité si l'erreur ne portait que sur une qualité, qui n'entraînât pas avec elle erreur sur la personne.

tement était requis, ou par celui des deux époux qui avait besoin de ce consentement (*art.* 182), parce que, s'ils n'agissent ni les uns, ni les autres, ils sont censés ou avoir voulu dans le temps, ou avoir ratifié après.

D. Quand cette action en nullité n'est-elle plus recevable?

R. Cette action n'est plus recevable, et toute réclamation est interdite soit aux époux, soit aux parents, si le mariage a été approuvé expressément ou tacitement (1) par ceux dont le consentement était requis, ou si, depuis qu'ils en ont connaissance, il s'est écoulé une année, sans réclamation de leur part.

L'action est interdite encore à l'égard de l'époux, lorsque, sans réclamer, il a laissé écouler une année, depuis l'âge compétent, pour consentir par lui-même au mariage (2) (*Art.* 183).

D. Par qui peut être invoquée la nullité fondée sur le défaut d'âge compétent, le lien d'un premier mariage, la parenté ou l'alliance aux degrés prohibés (3)?

R. Elle peut l'être soit par les époux eux-mêmes (4),

---

(1) *Expressément.* L'approbation est expresse quand elle résulte d'actes publics, ou même privés, qui ont pour objet l'approbation même du mariage.

Tacitement, quand l'approbation résulte d'actions qui doivent la faire supposer. « Par exemple, le père qui reçoit sciemment la » femme de son fils, qui la traite comme sa bru, etc., est censé ap- » prouver le mariage (M. *Delvincourt*). »

(2) Il faut remarquer que l'approbation donnée par les parents, peut être opposée aux époux et les rend non recevables à attaquer le mariage; mais qu'au contraire, la ratification de l'époux, devenu majeur, ne peut être opposée aux parents dont l'autorité a été méprisée.

(3) Art. 144, 147, 161, 162 et 163.

(4) *Par les époux eux-mêmes.* Si la nullité est fondée sur le lien d'un premier mariage, il faut observer que l'action appartient aux

soit par tous ceux qui y ont intérêt, soit par le ministère public (1) (*Art.* 184).

D. Quand la nullité, résultante du défaut d'âge compétent, se trouve-t-elle couverte?

R. Elle se trouve couverte, et, par conséquent, le mariage ne peut plus être attaqué, 1º lorsqu'il s'est écoulé six mois depuis que les époux, ou celui qui n'avait pas l'âge compétent, l'ont atteint ; 2º lorsque la femme, qui n'avait pas l'âge compétent, a conçu avant l'échéance de six mois (2) : et le ministère public serait lui-même non-recevable (3) (*art.* 185-190) ; 3º l'action en nullité est encore non-recevable de la part des ascendants et de la famille, lorsqu'ils ont consenti au mariage (*Art.* 186).

---

deux époux, sauf le cas d'absence ; car nous avons vu que, d'après l'art. 139, l'époux absent, dont le conjoint aura contracté une nouvelle union, est seul recevable à attaquer le mariage ; l'autre époux serait non-recevable ; mais, hors le cas d'absence, l'époux même qui aurait contracté mariage au préjudice d'un premier qui subsiste encore, serait recevable à demander la nullité du second.

(1) Il faut que l'intérêt soit né et actuel, comme on le verra par l'article 187, mais quelle doit être la nature de cet intérêt ? « Dans » les autres affaires, dit M. Locré, la loi n'a égard qu'à l'intérêt pé- » cuniaire ; seul il peut être la base d'une action.

» Dans la matière du mariage, elle a égard à l'intérêt d'affection, » d'honneur et de direction qui se rencontre dans les ascendants et » dans la famille ». Il faut conclure de ces réflexions, que les ascendants et la famille peuvent, aussi bien que les héritiers que des enfants illégitimes privent d'une succession que la loi leur défère, invoquer la nullité dans les trois hypothèses auxquelles se réfère l'article 184.

(*Voyez* toutefois *Toullier*, tom. 1er, nº 633 ; *Locré*, pag. 366 et suiv. ; *Delvincourt*, pag. 324 ; *Proudhon*, pag. 250).

(2) Depuis qu'elle et son mari, s'il était aussi impubère lors du mariage, ont atteint l'âge compétent (*M. Toullier*, tome 1er, nº 620).

(3) Remarquez qu'il ne s'agit ici que de la nullité par suite du défaut d'âge compétent, les deux nullités résultantes de la bigamie et de l'inceste, sont perpétuelles, et ne peuvent être couvertes.

D. Quand les trois espèces de nullités dont vous venez de parler peuvent-elles être invoquées ?

R. Il faut distinguer : le ministère public peut et doit demander la nullité du mariage *du vivant des époux*, et les faire condamner à se séparer (*art.* 190); après leur mort, il serait non-recevable à demander cette nullité.

L'époux au préjudice duquel a été contracté un second mariage, peut en demander la nullité, du vivant même de l'époux qui était engagé avec lui (*art.* 188); mais si les nouveaux époux opposent la nullité du premier mariage, la validité ou la nullité de ce mariage doit être jugée préalablement (*Art.* 189).

Quant aux parents collatéraux, ou aux enfants nés d'un autre mariage, l'action en nullité ne peut être intentée par eux, *du vivant des deux époux*, mais seulement lorsqu'ils y ont un intérêt né et actuel (1) (*Art.* 187).

D. Par qui peut être attaqué tout mariage qui n'a pas été contracté publiquement, et qui n'a point été célébré devant l'officier public compétent?

R. Il peut l'être par les époux eux-mêmes, par les père et mère, par les ascendants, et par tous ceux qui y ont un intérêt né et actuel, ainsi que par le ministère public (*art.* 191) qui, lors même que les contraventions à la publicité et à la compétence de l'officier public (*art.* 165) ne seraient pas suffisantes pour faire prononcer la nullité du mariage (2),

______

(1) L'action est interdite aux enfants, parce qu'étant obligés d'honorer et de respecter leurs père et mère, ils ne peuvent être recevables à les flétrir par une action infamante.

Elle est interdite à tout collatéral successible, parce qu'on ne peut ouvrir une action, en qualité d'héritier, quand il n'y a encore point d'hérédité ouverte (*Proudhon*).

(2) L'article 193 suppose que le mariage n'est pas radicalement

fera prononcer contre l'officier public une amende, qui ne pourra excéder 3oo fr. , et contre les parties contractantes, ou ceux sous la puissance desquels elles ont agi, une amende proportionnée à leur fortune (*Art.* 192-193).

D. Peut-on demander la nullité du mariage lorsqu'il n'a pas été précédé des publications requises, ou si l'on n'a pas obtenu les dispenses permises par la loi, ou si les intervalles prescrits dans les publications et célébrations n'ont pas été observés ?

R. Ces contraventions n'entraînent pas la nullité du mariage; mais le procureur du roi fera prononcer contre l'officier public, les parties contractantes ou ceux sous la puissance desquelles elles ont agi, la même amende que dans le cas de défaut de publicité lors de la célébration, et d'incompétence de l'officier public (*Art.* 192).

D. Le mariage, déclaré nul, produit-il néanmoins quelques effets, soit à l'égard des époux, soit à l'égard des enfants?

R. Le mariage, déclaré nul, produit néanmoins les effets civils, tant à l'égard des époux qu'à l'égard des enfants, lorsqu'il a été contracté de bonne foi (1) (*art.* 201), et si la bonne foi n'a existé que de la part de l'un des époux, le mariage ne produit les ef-

---

nul, par cela seul qu'il n'aura pas été célébré publiquement, ou devant l'officier compétent, et en cela il n'est pas en contradiction avec l'article 191 ; car celui-ci dit seulement que le mariage *peut* être attaqué, etc. ; il peut donc être ou n'être pas déclaré nul ; cela dépend des circonstances, de la bonne foi des parties, du temps que le mariage a duré ; c'est à la prudence du juge que la décision du tout est laissée (M *Malleville*). Voyez M. *Delvincourt.* , tom. 1er, p. 324.

(1) On entend par bonne foi, l'ignorance dans laquelle étaient les parties, ou l'une d'elles, de la cause qui les empêchait de contracter mariage ensemble (M. *Delvincourt*).

fets (1) civils qu'en faveur de cet époux et des enfants issus du mariage (2) (*Art.* 202).

CHAPITRE V.

Des obligations qui naissent du mariage.

D. Quelles sont les obligations qui naissent du mariage ?

R. Ces obligations sont relatives aux époux entre eux (3) ou à leurs enfants, ou à leurs parents et alliés.

D. Quelles sont les obligations que contractent les époux à l'égard des enfants, par le seul fait du mariage ?

R. Ils contractent celle de nourrir, entretenir et élever leurs enfants (*art.* 203) ; mais l'enfant n'a pas

---

(1) Les effets de la bonne foi, relativement aux époux, se rapportent à trois objets : les droits pour la répétition de la dot et des autres conventions matrimoniales, les droits sur la communauté, le droit de succéder aux enfants.

Si les deux époux étaient obligés de se séparer, leurs droits seraient à tous égards les mêmes que si le mariage avait été légitime ; mais si l'un des deux époux était de mauvaise foi, il n'aurait rien à prétendre, en aucun cas, aux avantages stipulés en sa faveur, quand même ils auraient été stipulés réciproques, quoiqu'en ce cas, l'autre époux conservât tous ses droits, parce que le mariage ne produit aucun effet civil à l'égard de l'époux de mauvaise foi.

Quant aux enfants nés de ces mariages, ils sont légitimes à tous les égards ; ils jouissent des mêmes droits que s'ils étaient nés d'un mariage à la légitimité duquel il n'y aurait eu aucun obstacle (M. *Toullier* T. 1er, art. 660 et suivans).

(2) Les jurisconsultes appellent mariage putatif celui que les contractants ont cru légitime.

(3) Le chapitre suivant traite des droits et devoirs respectifs des époux : ce chapitre traite exclusivement des alimens que les parents et les enfants doivent se fournir réciproquement.

d'action contre ses père et mère pour un établissement, par mariage ou autrement (1) (*Art.* 204).

D. Les pères et mères ne doivent-ils des aliments qu'à leurs enfants?

R. Ils en doivent encore à leurs gendres et à leurs brus ou belles-filles (*Art.* 206-207).

D. Cette obligation de fournir des aliments est-elle réciproque?

R. Oui ; les enfants doivent des aliments à leurs pères et mères et autres ascendants, qui sont dans le besoin (*Art.* 205).

Les gendres et belles-filles en doivent également, *et dans les mêmes circonstances*, à leurs beaux-pères et belles-mères (2) (*Art.* 206).

D. En quoi consiste l'obligation de fournir des aliments?

R. Elle consiste à fournir tout ce qui est nécessaire à la vie, c'est-à-dire la nourriture, le logement, le vêtement, et ce, dans la proportion du

---

(1) Dans les pays de droit écrit, la fille qui se mariait avait contre ses père et mère une action pour obtenir une dot (*action en constitution de dot*). Au contraire, dans les pays coutumiers, on tenait pour maxime : que *ne dote qui ne veut*. Il fallait se décider entre ces deux systèmes, et des motifs puissants ont fait adopter le second (Voyez Locré, tom. 3, pag. 457 et suiv.)

(2) *Dans les mêmes circonstances*, c'est-à-dire à leurs beaux-pères et belles-mères, qui sont dans le besoin.

Le gendre, *Gener*, est le mari de notre fille ; la belle-fille ou la bru, *Nurus*, est la femme de notre fils ; le beau-père, *Socer*, est le père de notre épouse ou de notre mari ; la belle-mère, *Socrus*, est la mère de notre épouse ou de notre mari.

On appelle aussi beau-père, le second mari de notre mère ; belle-mère, la seconde femme de notre père ; beaux-fils et belles-filles, les enfants issus du premier mariage de notre femme ou de notre mari ; mais ce n'est pas à eux que s'applique l'article 206 ; c'est entre les premiers seulement qu'existe l'obligation réciproque de se fournir des aliments.

besoin de celui qui réclame les aliments , et de la fortune de celui qui les fournit (1) (*Art.* 208-210).

D. Comment doivent être fournis les aliments ?

R. Ils doivent l'être , ou par une pension alimentaire , ou en nature.

D. Dans que cas les aliments peuvent-ils être fournis en nature ?

R. Si la personne qui doit fournir les aliments , justifie qu'elle ne peut payer *la pension alimentaire* , le tribunal pourra , en connaissance de cause , ordonner qu'elle recevra dans sa demeure , qu'elle nourrira et entretiendra celui à qui elle devra des aliments (*Art.* 210).

Le tribunal jugera également si le père ou la mère , qui offrira de recevoir , nourrir et entretenir dans sa demeure l'enfant à qui il devra des aliments , devra , dans ce cas , être dispensé de payer *la pension alimentaire* (2) (*Art.* 211).

D. Quand cesse l'obligation de fournir des aliments ?

R. Les aliments n'étant accordés que pour les besoins de celui qui les réclame , et en proportion des facultés de celui qui les doit , il s'ensuit que , lorsque

___

(1) *Legatis alimentis , cibaria et vestitus , et habitatio debebitur , quia sine his ali corpus non potest.* L. 6 , ff. *de alim. vel cib. leg.*

(2) remarquez que toute personne indistinctement ne peut se dispenser de payer la *pension alimentaire* , en offrant de recevoir , nourrir et entretenir celui à qui elle doit des aliments ; le tribunal ne peut ordonner cette mesure , qu'autant que la personne justifie de l'impossibilité de fournir la pension.

Dans le cas seulement où c'est le père ou la mère qui doit fournir les aliments , il est laissé à la prudence du tribunal d'examiner si l'offre de recevoir l'enfant doit les dispenser de fournir la pension alimentaire ; mais le père ou la mère ne sont pas tenus de justifier de l'impossibilité de la fournir , et les circonstances seules doivent déterminer le juge pour l'une ou l'autre mesure.

I. EXAMEN. 7

celui qui fournit, ou celui qui reçoit des aliments est replacé dans un état tel, que l'un ne puisse plus en donner, ou que l'autre n'en ait plus besoin, en tout ou en partie, la décharge ou réduction peut en être demandée (*Art.* 209).

D. Dans quels cas particuliers cette obligation peut-elle cesser encore?

R. L'obligation réciproque entre les gendres et belles-filles, d'une part, et les beaux-pères et belles-mères, d'autre part, n'étant attachée qu'au lien d'affinité qui les unit, cesse quand l'affinité elle-même est dissoute, c'est-à-dire, 1° lorsque la belle-mère (1) a convolé en secondes noces; 2° lorsque celui des époux (2) qui produisait l'affinité, et les enfants issus de son union avec l'autre époux, sont décédés (*Art.* 206).

---

(1) L'obligation ne serait pas éteinte si c'était le beau-père qui convolât en secondes noces, si toutefois le mariage de ses enfants du premier lit, ou leurs rejetons, subsistent encore; car le père continue de rester dans la famille ancienne; il en est toujours le chef, quoiqu'il devienne aussi le chef d'une famille nouvelle.

(2) 2o *Lorsque celui des époux, etc.* L'espèce est facile à saisir. Ma femme produisait l'affinité entre ses parents et moi; je devais, de son vivant, des aliments à ses père et mère dans le besoin (mon beau-père et ma belle-mère). Elle meurt, mais il existe des enfants de notre union; je dois encore des aliments à mon beau-père et à ma belle-mère; au contraire, elle meurt, et il n'existe pas d'enfants, ou ils viennent à décéder; tous les liens d'affinité se trouvant détruits, je ne dois pas d'aliments. Il faut donc, pour éteindre l'obligation de fournir des aliments dans ce cas, la réunion de deux circonstances: *décès de l'époux qui produisait l'affinité; décès des enfants issus de son union avec l'autre époux.*

CHAPITRE VI.

Des droits et des devoirs respectifs des époux (1).

D. Quels sont les droits et devoirs réciproques des époux l'un envers l'autre?

R. Les époux se doivent mutuellement fidélité, secours, assistance (*Art.* 212).

Le mari doit protection à sa femme, la femme obéissance à son mari (2) (*Art.* 213).

La femme est obligée d'habiter avec le mari, et de le suivre partout où il juge à propos de résider (3). Le mari est obligé de la recevoir et de lui fournir tout ce qui est nécessaire pour les besoins de la vie, selon ses facultés et son état (*Art.* 214).

La femme ne peut contracter, ni ester en jugement, sans l'autorisation de son mari (4) (*Art.* 1124-215).

D. Qu'est-ce que l'autorisation du mari?

R. L'autorisation du mari est l'approbation qu'il donne aux actes que la femme ne peut faire sans son consentement.

---

(1) *C'est de ce chapitre que l'officier de l'état civil doit donner lecture aux futurs époux, lors de la célébration du mariage.*

(2) *Vir caput est mulieris. Ephes.* 5. 23. *Sub viri potestate erit. Genèse.* 3. 16.

(3) *Où il juge à propos de résider*, même hors du territoire français; cela a été formellement décidé dans la discussion. Le projet contenait une disposition, qui dispensait la femme de cette obligation, lorsque le mari quittait le sol du royaume pour autre cause que pour mission du gouvernement, exigeant résidence. Cette addition a été retranchée, par la raison que l'obligation de la femme de suivre son mari, est générale, et doit s'appliquer à tous les cas (M. *Delvincourt*).

(4) *Ester en jugement, stare in judicio.* Paraître dans un procès, y être partie, soit en demandant, soit en défendant (M. *Delvincourt*).

D. Dans quels cas l'autorisation est-elle nécessaire à la femme?

R. La femme, même non commune, ou séparée de biens, ne peut donner, aliéner, hypothéquer, acquérir, à titre gratuit ou onéreux, sans le concours du mari dans l'acte, ou son consentement par écrit (*Art.* 217).

La femme ne peut ester en jugement sans l'autorisation de son mari, quand même elle serait marchande publique, ou non commune, ou séparée de biens (1) (*Art.* 215).

D. Dans quels cas, l'autorisation n'est-elle pas nécessaire?

R. Cette autorisation n'est pas nécessaire à la femme pour tester (2) (*Art.* 226).

Elle n'est pas nécessaire non plus à la femme, lorsqu'elle est poursuivie en matière criminelle ou de police (3) (*Art.* 216).

La femme, si elle est marchande publique, peut, sans l'autorisation de son mari, s'obliger pour ce qui concerne son commerce ; et audit cas, elle oblige aussi son mari, s'il y a communauté entre eux (4) (*Article* 220).

---

(1) *Voyez* encore les art. 865-878 du *Code de proc. civ;* 776 du *Code civil.*

(2) Parce que le testament n'a son effet qu'après la mort, c'est-à-dire à une époque l'autorité maritale a cessé.

(3) Parce que le mari ne peut arrêter l'action de la loi, et que la nécessité de la défense dispense la femme de toutes formalités (M. *Proudhon*).

Mais si, dans un procès criminel ou correctionnel, la femme voulait se rendre partie civile, c'est-à-dire réclamer des dommages-intérêts contre l'accusé ou le prévenu, elle aurait besoin de l'autorisation, parce qu'il n'y a pas *nécessité* de former cette demande, et que la partie civile qui succombe, est condamnée aux frais.

(4) Le mari, en permettant à sa femme de faire le commerce, l'a autorisée tacitement à faire tous les actes de son commerce.

(101)

D. Quand la femme est-elle réputée marchande publique ?

R. La femme n'est réputée marchande publique que lorsqu'elle fait un commerce séparé, et non quand elle ne fait que détailler les marchandises du commerce de son mari (1) (*Art.* 220).

D. Quelle doit être la nature de l'autorisation ?

R. Elle doit être spéciale, c'est-à-dire particulière pour chaque acte où elle est nécessaire. Toute autorisation générale, même stipulée par contrat de mariage, n'est valable que quant à l'administration des biens de la femme (*Art.* 223).

D. L'autorisation du mari peut-elle être suppléée ?

R. Oui, elle peut l'être par la justice.

D. Quand peut-elle et doit-elle être suppléée ?

R. Quand le mari la refuse, ou est dans l'impossibilité de la donner ; si, par exemple, il est condamné à une peine afflictive ou infamante, fût-elle même prononcée par contumace ; s'il est interdit, absent ou mineur, l'autorisation de la justice est nécessaire à la femme pour contracter ou pour ester en jugement.

D. Dans quelle forme est-elle suppléée, si le mari refuse d'autoriser sa femme à ester en jugement, ou à passer un acte ?

R. Il faut distinguer : s'il s'agit d'autoriser la femme à ester en jugement, lorsque le mari refuse l'autorisation, le juge peut la donner, sans appeler ni entendre le mari.

Mais si le mari refuse d'autoriser sa femme à passer un acte ; la femme doit, après sommation à lui faite, et sur son refus, présenter requête au prési-

---

Voyez encore les articles 940-2139-2194-2155-1096-1449 du *Code civil.*

(1) *Voyez* les articles 4, 5 et 77 du *Code de comm.*

dent du tribunal de première instance du domicile commun, qui permet de citer le mari, à jour indiqué, à la chambre du conseil, pour déduire les motifs de son refus; et, au jour indiqué, il est rendu, sur les conclusions du ministère public, jugement qui statue sur la demande de la femme (*Code de proc. civ.*, art. 861-862).

D. Dans quelle forme l'autorisation est-elle suppléée, si le mari est condamné à une peine infamante, interdit, absent ou mineur?

R. En cas d'absence du mari, la femme présente requête au président, qui commet un juge sur le rapport duquel le tribunal statue, le ministère public entendu.

La même forme est suivie dans le cas d'interdiction du mari, seulement alors il faut joindre à la requête le jugement d'interdiction.

Il doit en être de même dans le cas de minorité ou de condamnation à une peine afflictive ou infamante, encore qu'elle n'ait été prononcée que par contumace, et il suffit de représenter, dans le premier cas, l'acte de naissance du mari, et dans le second, le jugement de condamnation (*Code civ.*, art. 221-222-224; *procéd. civ.*, art. 863-864).

D. Par qui peut être opposée la nullité fondée sur le défaut d'autorisation?

R. Elle ne peut l'être que par la femme, par le mari, ou par leurs héritiers (1) (*Art.* 225).

______

(1) Ainsi, celui qui, étant capable de s'engager, a traité avec une femme non autorisée, ne peut opposer l'incapacité de celle-ci (Art. 1125), pour se décharger lui-même des obligations qu'il a souscrites envers elle, tandis qu'au contraire la femme et le mari, et leurs héritiers, sont maîtres de décider du contrat (M. *Proudhon*).

CHAPITRE VII.

D. Comment se dissout le mariage ?

R. Par la mort naturelle ou civile de l'un des époux (*Art.* 227).

TITRE VI.

Du divorce.

Le divorce est aboli (*Art* 1er, *loi du* 8 *mars* 1816, *Bull. des lois*, 7e série, n° 84 645).

De la séparation de corps.

D. Qu'est-ce que la séparation de corps ?

R. La séparation de corps peut être définie la faculté accordée par le juge, à l'un des époux, d'habiter séparément de l'autre, sans pouvoir être forcé de le recevoir (*M. Delvincourt*).

D. Dans quel cas peut-on demander la séparation de corps ?

R. Elle peut être demandée, 1° pour adultère de la femme, et même pour adultère du mari, mais seulement lorsqu'il aura tenu sa concubine dans la maison commune ;

2° Pour excès, sévices, ou injures graves de l'un des époux envers l'autre (1) ;

---

(1) *Excès.* On entend principalement, par ce mot, les actes qui peuvent mettre en danger la vie de l'époux.

Sévices : mauvais traitements personnels, et surtout continuels.

Injures graves : outrages, diffamation. Mais bien entendu que pour ce qui concerne les sévices ou injures, tout est relatif. Tel acte serait sévice ou injure grave à l'égard d'une personne d'un rang honnête,

3° Pour condamnation de l'un des époux à une peine infamante (*Art.* 306-229-230-231-232).

Mais la séparation de corps ne peut jamais avoir lieu par le consentement mutuel des époux (1) (*Art.* 307).

D. Dans quelle forme doit être intentée, instruite et jugée la demande en séparation de corps?

R. De la même manière que toute autre action civile (2) (*Art.* 307).

D. Quels sont les principaux effets de la séparation de corps?

R. La séparation de corps entraîne toujours la séparation de biens (*Art.* 311).

---

qui ne le serait pas à l'égard d'une personne d'une condition inférieure (M. *Delvincourt*).

(1) Le divorce pouvait avoir lieu par consentement mutuel; mais ce mode était environné d'une foule de formalités et de délais nécessaires pour prévenir les abus qui auraient pu en résulter. La séparation de corps ne pouvait, et ne peut encore avoir lieu par consentement mutuel; voici les raisons qu'en donne M. Delvincourt :

« La première, c'est que la séparation ne dissolvant pas le mariage, » il serait impossible de l'entourer de toutes les entraves dont on » avait hérissé anciennement le divorce par consentement mutuel. » On ne pourrait défendre aux époux de se réunir; on ne pourrait » les forcer d'abandonner une partie de leurs biens à leurs enfants, etc. » (*Ce qui avait lieu dans le cas de divorce*).

» La deuxième raison, c'est que la séparation de corps entraîne la » séparation de biens, qui est le plus souvent un changement aux » conventions matrimoniales. Or, il est de principe que les époux ne » peuvent changer leurs conventions matrimoniales, postérieurement » à leur mariage (Art. 1395) ».

(2) *Voyez* toutefois la procédure particulière, tracée dans les art. 875 et suivants du *Code de procédure civile.*

On peut opposer à la demande en séparation de corps, comme on le pouvait à celle de divorce, une fin de non-recevoir tirée de la réconciliation, survenue soit depuis les faits qui auraient donné lieu à la demande, soit depuis la demande formée.

Voyez les art. 272-273-274 (MM. *Delvincourt*, tom. 1er, pag. 79. *Toullier*, tom. 2, n° 761 et suiv.).

La femme, contre laquelle la séparation de corps sera prononcée pour cause d'adultère, sera condamnée par le même jugement, et sur la réquisition du ministère public, à la réclusion dans une maison de correction pendant un temps déterminé, qui ne pourra être moindre de trois mois ni excéder deux années (*art.* 308); mais le mari restera le maître d'arrêter l'effet de cette condamnation, en consentant à reprendre sa femme (*Art.* 309)(1).

TITRE VII.

De la paternité et de la filiation.

CHAPITRE PREMIER.

De la filiation des enfants légitimes ou nés dans le mariage (2).

D. Qu'entendez-vous par les mots paternité et filiation ?

R. J'entends la qualité de père et celle de fils ou

____

(1) Voyez M. *Delvincourt*, tom. 1, pag. 81. — M. *Toullier*, tom. 2, n° 778.

Comme nous l'avons déjà fait observer, la séparation de corps ne dissout pas le mariage, elle dispense seulement les époux du devoir de cohabiter ensemble, que leur imposait le mariage, et donne à la femme le droit d'avoir un domicile particulier.

Mais le mariage n'étant pas dissous, la présomption *is pater est quem nuptiæ demonstrant,* dont il est parlé dans le titre suivant, subsiste malgré la séparation de corps.

(2) Le législateur distingue entre les enfants légitimes et les enfants nés dans le mariage, parce que le mariage n'établit en faveur des enfants qu'une présomption de légitimité, et qu'ils deviennent illégitimes, quoique nés sous le mariage, s'ils sont valablement désavoués (*Locré*).

d'enfant. La filiation vient de la naissance que nous recevons d'un tel père ou d'une telle mère, et la paternité, de la naissance que nous donnons à nos enfants.

D. Comment connaît-on la mère?

R. La nature l'indique par des signes extérieurs et apparents ; mariée ou non mariée, elle est toujours certaine.

D. En est-il de même du père?

R. Non : rien ne prouve qu'un individu est le père de l'enfant qu'on lui attribue ; mais la loi, ne pouvant laisser la paternité incertaine, à défaut de certitude invariable, a consacré la présomption la plus voisine de la preuve.

D. Quelle est cette présomption?

R. C'est que l'enfant conçu dans le mariage, a pour père le mari (1) (*Art.* 312).

D. Quand cette présomption cesse-t-elle (2)?

R. Elle cesse, lorsqu'il est impossible que le mari soit le père.

Ainsi, il peut désavouer l'enfant, s'il prouve (3) que, pendant le temps qui a couru, depuis le trois centième, jusqu'au cent quatre - vingtième jour, avant la naissance de cet enfant (4), il était, soit par

---

(1) L'enfant né hors mariage n'a pas de père aux yeux de la loi, sauf le cas de reconnaissance, ainsi que nous le verrons ci-après, et encore, sauf le cas exceptionnel du rapt (Art. 340).

(2) Cette présomption est fondée sur deux suppositions, l'une, de la cohabitation antérieure, non-seulement à la naissance, mais encore à la conception de l'enfant; l'autre, que la mère a fidèlement gardé la foi promise à son mari (M. *Toullier*).

(3) C'est au mari à prouver, parce que l'effet d'une présomption légale (art. 1349 et 1352), est de dispenser de toute preuve celui qui peut l'invoquer en sa faveur.

(4) Ce sont les termes extrêmes de la naissance réputée la plus précoce et la plus tardive.

cause d'éloignement, soit par l'effet de quelque accident, autre cependant que l'impuissance naturelle, dans l'impossibilité physique de cohabiter avec sa femme (*Art.* 312, 313).

D. Le mari pourra-t-il désavouer l'enfant pour cause d'adultère de sa femme ?

R. Non : il ne le peut, à moins que la naissance ne lui ait été cachée; auquel cas il sera admis à proposer tous les faits propres à établir qu'il n'est pas le père (1) (*Art.* 313).

D. L'enfant né pendant le mariage, mais conçu auparavant, est-il légitime ?

R. Oui : le fait de sa naissance, pendant le mariage, suffit pour lui donner la qualité d'enfant légitime, sauf le désaveu que peut faire le mari.

D. Quand l'enfant est-il présumé conçu avant le mariage ?

R. Il est présumé conçu avant le mariage lorsqu'il est né avant le cent quatre-vingtième jour du mariage.

D. Le mari peut-il toujours, dans ce cas, le désavouer ?

R. Non, il n'est pas admis à faire le désaveu.

1° S'il a eu connaissance de la grossesse avant le mariage (2).

---

(1) Faut-il que l'adultère soit constaté par jugement ?

MM. Toullier et Merlin étaient de l'avis de l'affirmative ; mais un arrêt de la Cour de cassation du 8 juillet 1812 , a décidé que le recèlement de l'enfant est la seule condition exigée pour rendre l'action admissible, et qu'il n'est pas nécessaire que l'adultère soit préalablement jugé.

(2) On présume que le mari n'a contracté le mariage que dans la vue de réparer sa faute personnelle, et pour légitimer l'enfant dont il connaissait l'existence (M. *Toullier*). C'est au surplus à ceux qui soutiennent la légitimité à prouver que le mari a eu cette connaissance (M. *Delvincourt*).

2° S'il a assisté à l'acte de naissance , et si cet acte est signé de lui , ou contient sa déclaration qu'il ne sait signer (1).

3° Si l'enfant n'est pas déclaré viable (2) (*Art.* 314).

D. Les trois cas ci-dessus indiqués sont-ils les seuls où le désaveu ne soit pas admis ?

R. Non ; toute reconnaissance du mari , consignée dans un acte authentique ou même privé , suffirait pour le rendre non-recevable à contester ensuite l'état de l'enfant (M. *Toullier*).

D. Quel est le terme de la gestion présumée la plus longue ?

R. C'est celui de trois cents jours ; aussi la légitimité de l'enfant né le trois cent unième jour après la dissolution du mariage , pourra être contestée (3) (*Art.* 315).

---

(1) Il ne peut revenir contre sa propre déclaration , donnée dans l'acte même destiné à constater l'état civil de l'enfant (M. *Bigot Préameneu, procès-verbal du* 21 *ventose an* xi).

(2) *Viable,* c'est-à-dire qui peut vivre. Lorsque l'enfant n'est pas déclaré viable, sa non-viabilité prouve qu'il n'a pas encore atteint le septième mois , et que sa conception ne remonte pas à une époque antérieure au mariage (M. *La Hary, tribun*).

D'ailleurs, le mari n'aurait aucun but, en désavouant un enfant qui ne peut vivre, et qui est inhabile à succéder , si ce n'est de porter atteinte à la réputation de sa femme , pour une faute antérieure au mariage. *Les tribunaux ne doivent pas l'écouter dans son aveugle ressentiment.*

(3) La contestation de légitimité est un terme générique, qui , dans sa généralité , comprend le désaveu ; car celui qui désavoue un enfant conteste sa légitimité.

Mais le désaveu est une action spéciale qui a ses règles particulières ; ces deux actions ont cela de commun , qu'elles sont dirigées contre un enfant dont l'identité n'est pas douteuse , et dont la mère est , ou a été engagée dans un mariage valide.

Le desaveu ne s'applique qu'aux enfants nés ou conçus pendant le mariage , et qui sont sous la protection de la règle *pater is estquem.*

D. Dans quel délai le mari doit-il réclamer dans le cas où il est admis à le faire ?

R. Il doit réclamer, dans le mois (1), s'il se trouve sur les lieux de la naissance de l'enfant (2).

Dans les deux mois après son retour (3), si, à la même époque, il est absent.

Dans les deux mois après la découverte de la fraude, si la naissance de l'enfant lui a été cachée (*Art.* 316).

D. L'action en désaveu passe-t-elle aux héritiers du mari ?

R. S'il meurt après l'avoir intentée mais, avant le jugement, ses héritiers ont le droit d'en suivre l'effet ; s'il meurt avant de l'intenter, mais qu'il soit encore dans le délai utile, le droit d'intenter l'action

---

justæ nuptiæ demonstrant. Il a donc pour objet de dépouiller de la qualité de fils ou de fille du mari un enfant qui la tient de la présomption légale.

La contestation de légitimité, au contraire, s'étend aux enfants nés et conçus après la dissolution du mariage, contre lesquels s'élève la règle *pater is est*. Elle a pour objet d'empêcher d'entrer dans la famille, celui qui ne s'y trouve placé ni par sa naissance, ni par sa conception (M. *Toullier*).

(1) On lui accorde le délai d'un mois, pour qu'il ait le temps d'apprendre la naissance.

(2) Que doit-on entendre par les lieux ? On doit entendre la circonférence dans laquelle on ne peut pas manquer d'être instruit de ce qui se passe dans chaque localité, et surtout de faits auxquels on a intérêt (*M. Locré*).

(3) On accorde deux mois au mari, s'il est absent au moment de la naissance, parce qu'il est juste de donner au père, après que le fait est parvenu à sa connaissance, le temps de prendre des renseignements : car il voudra sans doute ne faire d'éclat qu'après s'être parfaitement convaincu (*Le consul Cambacérès*).

Il ne s'agit pas ici seulement de l'absence déclarée ou présumée, mais de l'absence improprement dite, ou de la non présence. Il suffit que le mari ne soit pas sur le lieu de la naissance (M. *Toullier*).

est transmis à ses héritiers qui succèdent à tous ses droits, à toutes ses actions.

D. Dans quel délai cette action doit-elle être formée par les héritiers, dans ce dernier cas?

R. Dans le délai de deux mois, à compter de l'époque où l'enfant se serait mis en possession des biens du mari, ou de l'époque où les héritiers seraient troublés par cet enfant dans cette possession (*Art.* 317).

D. Comment le désaveu, soit du mari, soit de ses héritiers, doit-il être formé?

R. Il doit être formé devant les tribunaux civils, dans les formes ordinaires; il peut se faire par un acte extra-judiciaire (1); mais cet acte est regardé comme non avenu, s'il n'est suivi, dans le délai d'un mois, d'une action en justice, dirigée contre un tuteur *ad hoc* donné à l'enfant, et en présence de la mère (2) (*Art.* 317).

D. Mais si l'acte de désaveu reste sans effet, faute de poursuite dans le mois de l'acte extra-judiciaire, le mari ou ses héritiers peuvent-ils en former un nouveau?

R. Oui, l'acte seul est censé non avenu, mais le mari ou ses héritiers auraient le droit d'en former un nouveau, dans le cas où le délai de deux mois ne serait

---

(1) Il faut entendre par là tout acte qui n'a pas pour but de mener à un jugement, et qui ne fait pas partie d'une procédure, tel qu'une simple protestation. Il suffirait d'une protestation devant notaires, parce que, s'il fallait nécessairement qu'elle fût faite par huissier, il vaudrait autant intenter l'action (**M.** *Delvincourt*).

(2) La mère n'est pas une partie directe dans le procès, puisqu'on ne provoque aucune condamnation contre elle; elle peut y paraître ou faire défaut, mais elle doit y être appelée; la loi veut que ce soit en sa présence que la cause soit discutée, parce qu'elle a son honneur à venger, et qu'elle a intérêt aussi à défendre l'état de son enfant (**M.** *Proudhon*).

pas encore expiré (*La Hary*, *Exposé des motifs*).

D. Vous avez dit que l'action doit être dirigée contre un tuteur *ad hoc* donné à l'enfant , comment ce tuteur doit-il être nommé?

R. Il doit être nommé par le conseil de famille , composé dans la forme ordinaire. Le désaveu du mari n'empêche pas qu'on y doive appeler des parents de sa ligne , puisque la loi ne fait aucune exception pour ce cas particulier ; et que jusqu'à la preuve du contraire, il doit être considéré, malgré son désaveu, comme le père de l'enfant (1) (*M. Toullier*).

CHAPITRE II.

Des preuves de la filiation des enfants légitimes.

D. Comment se prouve la filiation (2) des enfants légitimes (3)?

R. Elle se prouve par les actes de naissance inscrits sur le registre de l'état civil : à défaut d'actes (4),

---

(1) C'est aussi l'opinion de M. Proudhon ; mais M. Delvincourt pense que le tuteur doit être nommé d'office par le tribunal.

(2) Il s'agit ici des preuves de la filiation des enfants légitimes, et non des preuves de la légitimité. En effet, ainsi que nous l'avons vu plus haut, outre leur acte de naissance , les enfants sont tenus, en général , pour prouver leur légitimité, de rapporter l'acte de célébration du mariage de leurs père et mère.

(3) L'acte de naissance , dressé sur la déclaration des personnes que la loi a chargées de la faire, fait preuve de la filiation, même à l'égard du père , parce qu'il fait preuve de l'accouchement , et que quand la mère est mariée, d'après la règle *is pater est*, tout enfant né depuis le mariage est présumé l'enfant du mari; sauf le cas de désaveu (M. *Delvincourt*).

(4) *A défaut d'actes* , c'est-à-dire quand il n'est pas présenté d'actes ds naissance , l'enfant peut ignorer à quelle municipalité il a été présenté au moment de sa naissance; mais si l'acte est produit, et qu'il

la possession constante de l'état d'enfant légitime suffit (*Art.* 319-320).

D. Qu'entendez-vous par possession d'état ?

R. J'entends la notoriété résultante d'une suite non interrompue de faits tendants à constater l'état dont un individu a joui dans la société ou dans la famille (*Art.* 321).

D. Comment la possession d'état s'établit-elle ?

R. Elle s'établit par une réunion suffisante de faits, qui indiquent le rapport de filiation et de parenté entre un individu et la famille à laquelle il prétend appartenir (*Art.* 321).

D. Quels sont les faits principaux qui la caractérisent ?

R. C'est, 1° que l'individu a toujours porté le nom du père auquel il prétend appartenir ;

2° Que le père l'a traité comme son enfant , et a pourvu , en cette qualité, à son éducation , à son entretien, à son établissement ;

3° Qu'il a été reconnu constamment pour tel dans la société ;

4° Qu'il a été reconnu pour tel par la famille (*Art.* 321).

D. Peut-on contester l'état de celui qui a une possession d'état conforme à son acte de naissance ?

R. Non (1) ; et réciproquement, nul ne peut réclamer un état contraire à celui que lui donnent son

---

soit contraire à la possession, elle n'est plus d'aucune importance (M. *Delvincourt*).

(1) Mais remarquez que quand on dit que l'état de celui qui réunit le titre et la possession ne peut être contesté , il faut entendre simplement l'état d'enfant d'un tel ou d'une telle ; mais quant à l'état d'enfant légitime , il faut encore , pour qu'il ne puisse être contesté , qu'il n'y ait aucun doute sur l'existence ou la validité du mariage de ceux que son acte de naissance lui donne pour père et mère , ou au moins qu'il se trouve dans le cas de l'art. 197.

acte de naissance, et la possession conforme à ce titre (*Art.* 322).

D. Si l'enfant n'a ni titre ni possession constante, ou s'il a été inscrit sous de faux noms, ou comme né de père et mère inconnus, comment pourra-t-il prouver sa filiation ?

R. Il peut la prouver par témoins (*Art.* 323.)

D. La preuve testimoniale est-elle toujours admise dans ces cas ?

R. Non ; elle ne l'est que lorsqu'il y a commencement de preuve par écrit, ou lorsque les présomptions ou indices résultants de faits dès lors constants (1), sont assez graves pour en déterminer l'admission (*Art.* 323).

D. Qu'entendez-vous par commencement de preuve par écrit ?

R. J'entends un indice résultant des titres de famille, des registres et papiers domestiques du père ou de la mère, des actes publics et même privés, émanés d'une partie engagée dans la contestation, ou qui y aurait intérêt si elle était vivante (*Art.* 324).

D. Lorsque l'enfant est admis à prouver sa filiation par témoins, les parties intéressées sont-elles admises à faire la preuve contraire ?

R. Oui (2), la preuve contraire pourra être faite par tous les moyens propres à établir que le réclamant n'est pas l'enfant de la mère qu'il prétend

---

(1) Il n'est pas nécessaire que les indices, les faits d'où résulte le commencement de preuve, soient consignés dans des écrits, ni surtout dans des écrits émanés des personnes intéressées, pour faire admettre la preuve testimoniale ; mais il faut que ces faits soient dès lors constants, c'est-à-dire qu'ils soient reconnus par toutes les parties, ou que leur existence soit démontrée aux juges avant l'enquête demandée, autrement que par cette enquête (*M. Toullier*).

(2) La preuve contraire n'a pas besoin d'être ordonnée par jugement; elle est de droit (*Cod. de proc.*, art. 256).

avoir, ou même, la maternité prouvée, qu'il se trouve dans un des cas d'exception à la règle que l'enfant, né d'une femme mariée, a pour père le mari (*Art.* 325).

D. Quels tribunaux sont compétents pour statuer sur les réclamations d'état?

R. Les seuls tribunaux civils, même lorsque l'état de l'enfant a été supprimé par un crime (*Art.* 326-327).

D. Le crime de suppression d'état peut-il être poursuivi devant les tribunaux criminels, avant ou pendant l'instance devant les tribunaux civils?

R. Non, l'action criminelle contre le crime de suppression d'état ne pourra commencer qu'après le jugement définitif sur la question d'état (*Idem*).

D. Quel est le motif de cette disposition, qui forme une exception au droit commun en matière de délits et de crimes (1)?

R. C'est que l'on a craint que pour éluder les dispositions de la loi, relativement à l'admission de la preuve testimoniale en matière de filiation, on ne commençât par la voie criminelle, en formant une plainte en suppression ou en faux, contre l'acte de naissance; et que, par conséquent, on n'établît son état au moyen de la preuve testimoniale, qui est

____

(1) Toute personne lésée par un crime ou par un délit, peut demander la réparation du dommage qu'elle en a souffert, et poursuivre son action en même temps et devant les mêmes juges que l'action criminelle, qui est nécessairement portée devant les tribunaux criminels ou correctionnels.

Elle peut aussi poursuivre son action séparément; mais dans ce cas, l'exercice de l'action civile est suspendu tant qu'il n'a pas été prononcé définitivement sur l'action publique intentée avant ou pendant la poursuite de l'action civile (*Cod. d'instr. crim.*, art. 1 et 3 (*M. Toullier*).

toujours reçue en matière criminelle, sans aucun commencement de preuve par écrit (*M. Toullier*).

D. L'enfant peut-il toujours réclamer son état?

R. Oui, l'action en réclamation d'état est imprescriptible à l'égard de l'enfant (1) (*Art.* 328).

D. Qu'entendez-vous par ces mots que l'action en réclamation d'état est imprescriptible?

R. J'entends que tant que l'enfant existe, il peut toujours réclamer son état, sans qu'on puisse lui opposer une fin de non-recevoir, tirée de ce qu'il n'a pas agi avant l'expiration du temps nécessaire pour opérer la prescription (2).

D. L'imprescriptibilité de l'action en réclamation établie en faveur de l'enfant passe-t-elle à ses héritiers?

R. Non : c'est un privilége personnel à l'enfant qui ne passe pas à ses héritiers, fussent-ils même ses enfants, quoique leur état dépende en partie de celui de leurs père et mère, puisqu'ils ne peuvent avoir d'autre famille que celle des auteurs de leur naissance (*M. Toullier*).

D. L'action en réclamation d'état passe-t-elle aux héritiers de l'enfant, quand il ne l'a pas exercée lui-même?

R. Oui ; mais seulement quand l'enfant est dé-

----

(1) L'état de fils légitime n'est autre chose que la qualité de fils de telle mère, de tel père ; or, il est évident qu'une telle qualité ne peut être dans le commerce. Elle ne peut être ni acquise, ni aliénée, ni par conséquent s'acquérir ou se perdre par la prescription. Elle est essentiellement inhérente à la personne, et ne peut finir qu'avec elle (*M. Toullier*).

(2) Mais remarquez bien qu'il n'y a que l'action en réclamation qui soit imprescriptible. Les droits pécuniaires qui pourraient résulter, en faveur de l'enfant, de l'état qu'il réclame, sont prescriptibles à son égard, comme à l'égard des autres (*M. Delvincourt*).

8.

cédé mineur (1), ou dans les cinq années de sa majorité (2) (*Art.* 329).

D. Les héritiers peuvent-ils suivre cette action lorsqu'elle a été commencée par l'enfant ?

R. Oui : quand l'action a été intentée par l'enfant, ses héritiers la trouvent dans sa succession au nombre des droits qu'ils ont à exercer, pourvu que l'enfant ne s'en fût pas désisté formellement, ou qu'il n'eût pas laissé passer trois ans depuis le dernier acte de procédure (3) (*Art.* 330);

CHAPITRE III.

Des enfants naturels.

D. Qu'entend-on par enfants naturels?

R. On entend les enfants qui sont conçus hors mariage (4).

D. Comment divise-t-on les enfants naturels?

R. Ils se divisent en trois classes :

---

(1) Parce qu'il était incapable d'exercer ses droits en justice.

(2) C'est l'espace de temps que la loi a jugé nécessaire, pour qu'il n'ait pu rester dans l'ignorance de ses droits (*M. Toullier*).

(3) C'est ce que l'on appelle, en procédure, péremption d'instance (Voyez *Code de procédure*, art. 397 et suiv.); avec cette différence qu'en thèse générale, la péremption d'une instance ne s'acquiert pas de plein droit et doit être demandée, tandis qu'il paraît résulter de l'art. 330, que la seule expiration du laps de trois ans fait périmer l'instance, sans même qu'il faille demander cette péremption.

(4) C'est l'époque de la conception, et non celle de la naissance, qui peut servir à déterminer l'état de l'enfant, puisque l'enfant né moins de cent quatre-vingts jours depuis l'union des époux, peut être désavoué comme illégitime, quoique sa naissance soit arrivée dans le mariage, tandis que celui qui est né moins de trois cents jours, depuis la mort du mari est légitime, quoique né hors du mariage (*M. Proudhon*).

1° Les enfants naturels proprement dits;

2° Les enfants adultérins ;

3° Les enfants incestueux.

D. Qu'entendez-vous par *enfant naturel proprement dit ?*

R. J'entends celui qui est né de deux personnes, qui ne sont mariées ni l'une ni l'autre, et qui ne sont ni parentes ni alliées aux degrés prohibés (1) (*M. Proudhon*).

D. Qu'est-ce que l'enfant adultérin ?

R. C'est celui dont les père et mère ou l'un d'eux étaient, au temps de sa conception, engagés dans les liens du mariage, non entre eux, mais avec d'autres personnes (*Idem*).

D. Qu'est-ce que l'enfant incestueux ?

R. C'est celui dont les père et mère sont parents ou alliés à un degré qui emporte la prohibition de mariage entre eux (*Id.*).

SECTION PREMIÈRE.

De la légitimation des enfants naturels.

D. Qu'est-ce que la légitimation des enfants naturels ?

R. C'est une fiction attachée par la loi au mariage des père et mère, qui efface le vice de la naissance des enfants qu'ils ont eus précédemment ensemble, et les élève au rang d'enfants légitimes (*M. Proudhon*).

D. La légitimation peut-elle avoir lieu en faveur des enfants naturels décédés ?

———

(1) M. Toullier définit les enfants naturels : ceux dont le père et la mère pouvaient, sans nul empêchement, contracter un mariage légitime au moment de la conception.

R. Oui, pourvu qu'ils aient laissé des descendants, et, dans ce cas, elle profite à ces descendants (*Art.* 332).

D. Quels droits auront les enfants légitimés?

R. Ils auront les mêmes droits que s'ils étaient nés du mariage qui les a légitimés (*Art.* 333).

D. Tous les enfants naturels peuvent-ils être indistinctement légitimés?

R. Non, il n'y a que ceux qui ont été légalement reconnus avant le mariage, ou dans l'acte de célébration; et la loi prohibant la reconnaissance des enfants adultérins et incestueux, il en résulte qu'ils ne peuvent jamais être légitimés (*Art.* 331-335).

SECTION II.

[De la reconnaissance des enfants naturels.

D. Quels enfants naturels peuvent être reconnus?

R. Les seuls enfants naturels proprement dits; la reconnaissance ne peut avoir lieu au profit des enfants nés d'un commerce adultérin ou incestueux (*Art.* 335).

D. Comment la reconnaissance d'un enfant naturel doit-elle être faite?

R. Elle doit être faite par acte authentique, c'est-à-dire reçu par un notaire ou un officier public (1), lorsqu'elle ne l'aura pas été dans son acte de naissance (*Art.* 334).

-----

(1) Ce titre donne à l'enfant un nom et un état qu'il n'avait pas; et comme l'état des personnes est, de toutes les choses, celle qui doit être la plus assurée, parce que c'est ce qu'il y a de plus immuable dans la société, vu qu'il n'est permis à aucun individu de l'aliéner ni d'en changer, voilà pourquoi l'acte de reconnaissance doit être authentique pour produire ses effets, parce qu'il y aurait de l'inconséquence à laisser reposer les droits de la paternité et de la filiation sur la frêle garantie d'une écriture privée (*M. Proudhon*).

D. La reconnaissance du père peut-elle avoir lieu sans l'indication de la mère?

R. Oui; et alors elle ne produit d'effet qu'à l'égard du père; lors même que la mère est indiquée, cette indication ne produit aucun effet contre elle sans son aveu (*Art.* 336).

D. Un des époux peut-il, pendant le mariage, reconnaître un enfant naturel qu'il aurait eu avant le mariage (1), d'un autre que son époux (2)?

R. Oui; et la reconnaissancce sera valable, mais elle ne pourra nuire (3), ni à l'autre époux, ni aux enfants nés du mariage.

Néanmoins, elle produira son effet après la dissolution du mariage, s'il ne reste pas d'enfants (4) (*Art.* 337).

D. Quels sont les effets de la reconnaissance, relativement à l'enfant?

------

(1) Il faut que l'enfant soit né avant le mariage, autrement il serait adultérin, et ne pourrait être reconnu.

(2) Si l'enfant reconnu provient du commerce que les deux époux ont eu ensemble avant le mariage, cette reconnaissance ne le légitimera pas (article 331); car elle eût dû pour cela être faite au plus tard au moment de la célébration. Mais si elle a lieu de la part des deux époux, elle lui donnera du moins les droits d'enfant naturel (*M. Delvincourt*).

(3) En effet, il ne peut pas dépendre de l'un des époux de changer, après son mariage, le sort de sa famille légitime, en appelant des enfants qui demanderaient une part dans les biens. Ce serait violer la foi sur laquelle le mariage aurait été contracté (*M. Bigot Préameneu, Exposé des motifs*).

(4) Il pourrait arriver que, même dans ce cas, la reconnaissance ne produisît aucun effet. Si, par exemple, c'était l'époux innocent qui eût survécu, et qu'il y eût donation universelle en sa faveur, l'enfant ne pourrait rien prétendre, puisque sa reconnaissance ne peut nuire à cet époux; elle ne peut donc avoir d'effet qu'autant que la part de l'enfant dans la succession ne préjudicie *en rien* aux droits assurés par le contrat de mariage à l'époux survivant (*M. Delvincourt*).

R. La reconnaissance ne peut, il est vrai, conférer à l'enfant naturel les mêmes avantages que s'il était légitime ; mais elle lui donne sur la succession de ses père et mère qui l'ont reconnu, des droits qui seront déterminés au titre des successions (*Art.* 338) (*Voyez art.* 756 *et suiv.*).

Elle lui donne le droit de porter le nom de sa mère, si la mère seule l'a reconnu ; s'il a été reconnu par son père, il en prend le nom comme s'il l'avait reçu dans son acte de naissance. Il passe sous la puissance de ses père et mère, quant à son mariage, qu'il ne peut contracter sans leur consentement (*Art.* 158).

D. La reconnaissance d'un enfant naturel peut-elle être contestée ?

R. Oui, toute reconnaissance de la part du père ou de la mère, de même que toute réclamation de la part de l'enfant pourra être contestée par tous ceux qui y auront intérêt (1) (*Art.* 339).

D. Le père naturel peut-il quelquefois être forcé de reconnaître son enfant ?

R. Oui ; mais dans le cas seulement où il a enlevé la mère à une époque qui se rapproche de celle de

____

(1) Mais il faut avoir un intérêt né et actuel. Ainsi l'enfant peut bien combattre l'acte de sa propre reconnaissance, parce qu'il y est le premier intéressé.

L'un des deux époux peut contredire celle qui serait faite par l'autre, surtout si l'enfant était déclaré leur être commun à tous deux.

Les héritiers de celui qui a fait la reconnaissance, peuvent également la combattre, mais seulement lors de l'ouverture de la succession.

Nous croyons aussi qu'une mère qui a reconnu, nourri et élevé son enfant, serait recevable à contester la reconnaissance faite par celui qui, par la suite, s'en prétendrait le père, parce que l'enfant naturel suit le sort de la mère qui l'a nourri ; il lui appartient véritablement ; elle aurait donc intérêt à agir pour démontrer la fausse paternité, que l'intrigue tenterait d'usurper sur lui (*M. Proudhon*).

la conception ; dans ce cas , le ravisseur , sur la demande des parties intéressées , *peut* être déclaré (1) père de l'enfant. Hors ce cas , la recherche de la paternité est rigoureusement interdite (2) (*Art.* 340).

D. Nous avons vu que la recherche de la paternité est interdite; en est-il de même , de la recherche de la maternité ?

R. Non ; la recherche de la maternité est permise.

Mais l'enfant qui réclamera sa mère , sera tenu de prouver qu'il est identiquement le même que l'enfant dont elle est accouchée (3) (*Art.* 341).

D. Comment cette preuve sera-t-elle faite ?

---

(1) Cette déclaration , prononcée par la justice , a la même force et les mêmes effets qu'une reconnaissance volontaire.

Mais il faut bien remarquer que ni la preuve de l'enlèvement , ni la coïncidence de l'époque où il a eu lieu avec celle de la conception , ne suffisent pour constater la paternité. Elles suffisent seulement pour autoriser le juge à chercher sa conviction dans les circonstances qui ont précédé et suivi l'enlèvement. Ainsi , le ravisseur peut proposer tous les moyens qui peuvent tendre à prouver qu'il n'est pas le père de l'enfant (*M. Toullier*).

(2) M. Toullier pense qu'il en serait de même en cas de viol : « Le viol dit-il, est une sorte d'enlèvement momentané ; c'est le but que se propose souvent le ravisseur ; ce cas fut toujours comparé à celui de l'enlèvement dans les conférences du Conseil d'état , la raison de décider est même plus forte que dans le cas d'enlèvement , où la cohabitation n'est que présumée » (tom. 2 , n° 941).

(3) La maternité résulte de deux faits qui sont à prouver : l'accouchement de la mère , et l'identité entre le réclamant et l'enfant qui est né à telle époque. C'est l'identité que l'art. 341 permet de prouver par témoins, lorsqu'il y a un commencement de preuves par écrit. Mais comment la preuve de l'accouchement doit-elle être faite ? L'article garde le silence sur ce point ; elle doit donc être faite par écrit ; car , en matière d'état , la preuve par témoins n'est reçue que dans les cas où la loi le permet par une disposition expresse (*M. Toullier* , tom. 2 , n° 942).

R. Elle le sera par témoins , mais seulement lorsqu'il y aura un commencement de preuve par écrit (*Idem.*).

D. Est-il des cas particuliers où la recherche de la paternité et de la maternité , est prohibée ?

R. Oui , lorsque , par exemple , un enfant adultérin ou incestueux recherche son état dans la preuve du délit de ceux qu'il prétend être ses père et mère. Alors son action n'est pas admissible ; ses père et mère ne pourraient le reconnaître quand ils le voudraient , et lui-même ne peut faire résulter sa reconnaissance de poursuites judiciaires (1) (*Art.* 342).

---

(1) La reconnaissance ne peut avoir lieu au profit des enfants adultérins ou incestueux , parce qu'il serait contraire aux bonnes mœurs d'être admis à consigner dans un acte public et authentique , la déclaration de l'inceste et de l'adultère. Par la même raison , si , dans la recherche de la paternité ou de la maternité , les enfants naturels viennent à découvrir qu'ils sont nés d'un commerce adultérin ou incestueux , toute poursuite ultérieure leur est interdite , parce qu'il ne peut leur être permis de révéler à la justice le crime de leurs père et mère (*M. Proudhon*).

Néanmoins, on n'entend parler ici que de la reconnaissance expresse, soit volontaire , soit forcée ; car il peut arriver que la reconnaissance d'enfants adultérins, ou même incestueux , résulte implicitement de la force même des choses ; par exemple, dans le cas où le mari de la mère aurait fait admettre le désaveu , il restera bien constant que l'enfant désavoué est le fruit de l'adultère , et cependant sa filiation maternelle restera certaine. Si deux parents ou alliés au degré prohibé , après s'être mariés tous deux de mauvaise foi , avaient été condamnés à se séparer , la filiation de leurs enfants n'en serait pas moins constante , mais elle serait incestueuse. C'est même à ces deux cas, ou autres analogues, que se rapporte la disposition de l'art. 762 , qui n'accorde aux enfants adultérins ou incestueux que des aliments sur la succession de leurs père et mère , disposition qui paraît d'abord sans objet en présence du principe général, que les enfants adultérins ou incestueux ne peuvent être reconnus.

TITRE VIII.

De l'adoption et de la tutelle officieuse.

CHAPITRE PREMIER.

De l'adoption.

SECTION PREMIÈRE.

De l'adoption et de ses effets.

D. Qu'est-ce que l'adoption ?

R. L'adoption en général est un acte civil qui établit entre deux personnes des rapports de paternité et de filiation qui n'existaient pas auparavant.

M. DELVINCOURT.

R. L'adoption est un acte solennel qui, sans faire changer de famille à l'adopté, établit entre lui et l'adoptant plusieurs des droits et des devoirs attachés à la paternité et à la filiation.

M. TOULLIER.

D. Combien y-t-il de sortes d'adoptions ?

R. Il y en a deux : l'adoption entre vifs, et l'adoption testamentaire.

D. Qu'est-ce que l'adoption entre vifs ?

R. C'est celle qui est faite par déclaration reçue par le juge de paix, et avec certaines formalités (*Les voir aux formes de l'adoption*).

D. Qu'est-ce que l'adoption testamentaire ?

R. C'est celle que le tuteur officieux (1) peut faire en faveur de son pupille, par acte de dernière volonté (*Voir les formalités à la tutelle officieuse*).

—————

(1) Cette forme d'adoption n'est permise qu'au tuteur officieux.

D. Quelles sont les conditions nécessaires pour pouvoir adopter (1)?

R. Elles sont au nombre de quatre :

1º Avoir au moins cinquante ans, et quinze ans de plus que l'adopté (*Art.* 343) ;

2º Avoir fourni des secours, et donné des soins non interrompus à l'individu qu'on veut adopter, durant sa minorité, et pendant six ans au moins (*Art.* 345) ;

3º N'avoir, à l'époque de l'adoption, ni enfants, ni descendants légitimes ;

4º Enfin, si l'on est marié, avoir le consentement de son conjoint (*Art.* 344).

D. Le consentement du conjoint est-il toujours nécessaire ?

R. Il ne l'est pas dans le cas de l'adoption testamentaire (*Art.* 343-366).

D. Les quatre conditions imposées à l'adoptant, pour l'adoption entre-vifs, sont-elles toujours exigées ?

R. Dans le cas où cette adoption serait un acte rémunératoire, il suffit que l'adoptant soit majeur ; plus âgé que l'adopté, et qu'en outre, s'il est marié, il ait le consentement de son conjoint (2) (*Art.* 345).

D. Dans quels cas l'adoption peut-elle être considérée comme un acte rémunératoire ?

R. Elle ne peut être considérée ainsi qu'à l'égard de celui qui *a sauvé la vie* à l'adoptant, et seulement dans l'un des trois cas suivants :

------

(1) Il ne s'agit pas ici de l'adoption testamentaire, mais seulement de l'adoption entre-vifs.

(2) Ainsi, comme l'observe M. Toullier, l'adoption qui, dans ce cas, est soumise à toutes les autres conditions, est dispensée : 1º de la nécessité que l'adoptant ait cinquante ans ; 2º de la nécessité qu'il ait quinze ans de plus que l'adopté ; 3º de la nécessité d'avoir donné des soins et des secours à l'adopté, pendant six ans au moins.

1° Soit dans un combat ;

2° Soit en le retirant des eaux ;

3° Soit en le retirant des flammes (*Art.* 345).

D. Quelles sont les conditions voulues par la loi pour pouvoir être adopté?.

R. Trois conditions sont exigées :

1° La majorité (*Art.* 346);

2° Le consentement des père et mère ou du survivant d'eux, si l'adopté n'a pas atteint sa vingt-cinquième année ; s'il est majeur de vingt-cinq ans, il doit requérir leur conseil (1).

3° N'avoir point été adopté par une autre personne, si ce n'est par le conjoint de l'adoptant (*Art.* 344).

D. Quels sont les effets de l'adoption relativement à l'adopté, à l'égard de sa famille naturelle?

R. L'adoption ne produit aucun effet à cet égard.

1° L'adopté reste dans sa famille naturelle (*Art.* 348);

2° Il y conserve tous ses droits ;

3° Il y est soumis aux mêmes obligations que s'il n'eût point été adopté (*Art.* 349).

D. Quels sont les effets de l'adoption relativement à l'adoptant et à l'adopté ?

R. Ils sont au nombre de quatre :

1° Elle confère le nom de l'adoptant à l'adopté, qui l'ajoute à son nom propre (*Art.* 347);

2° Elle produit entre l'adoptant et l'adopté l'obligation réciproque de se fournir des aliments ;

3° Elle établit une prohibition de mariage ;

4° Elle donne à l'adopté des droits sur la succession de l'adoptant.

---

(1) Par un acte respectueux comme pour le mariage ; mais il suffit d'un seul acte, quand même le fils aurait moins de trente ans.

D. Dans quels cas l'adoptant et l'adopté sont-ils tenus de se fournir des aliments ?

R. Dans les cas où cette obligation a lieu entre les père et mère naturels (1) et leurs enfants (*Art.* 203 et suiv.).

D. Quelle est la prohibition de mariage résultant de l'adoption ?

R. Le mariage est prohibé :

1.° Entre l'adoptant, l'adopté et ses descendants ;

2° Entre les enfants adoptifs du même individu ;

3. Entre l'adopté et les enfants qui pourraient survenir à l'adoptant ;

4° Entre l'adopté et le conjoint de l'adoptant, et réciproquement entre l'adoptant et le conjoint de l'adopté (*Art.* 348).

D. Quels droits acquiert l'adopté sur la succession de l'adoptant ?

R. Ces droits sont les mêmes que ceux qu'y aurait l'enfant né en mariage, même quand il y aurait d'autres enfants de cette dernière qualité nés depuis l'adoption (*Art.* 350).

D. L'adopté a-t-il quelques droits sur la succession des parents de l'adoptant ?

R. Non ; ses droits sont bornés à la succession de l'adoptant (2).

D. L'adoptant acquiert-il quelques droits de successibilité sur les biens de l'adopté ?

R. Non ; il n'acquiert aucun droit de successi-

---

(1) *Voyez* ce que nous avons dit, à la page 76, sur la signification des mots *enfants naturels*, dans ce cas.

(2) De même les enfants naturels, légalement reconnus, n'ont aucun droit sur les biens des parents de leurs père et mère (*Code civil*, art. 756).

bilité, mais seulement un droit de retour (1) sur les choses par lui données (*Art.* 351).

D. Que faut-il, pour qu'il y ait lieu à l'exercice de ce droit?

R. Il faut : 1° que l'adopté meure sans descendants légitimes (2);

2° Que les choses données existent *en nature, lors du décès* de l'adopté (3) (*Art.* 351).

D. Sous quelle condition ce droit peut-il être exercé?

R. A la charge de contribuer aux dettes, et sans préjudice des droits des tiers (4).

D. Les héritiers de l'adoptant auraient-ils le droit de reprendre, lors du décès de l'adopté, les choses données par l'adoptant, ou recueillies dans sa succession?

R. Oui, mais seulement les descendants, et non d'autres héritiers, et ce, aux mêmes charges que l'adoptant lui-même.

D. A qui appartient le surplus des biens de l'adopté?

R. Il appartient à ses propres parents (*Art.* 351).

D. Dans quel cas les parents de l'adopté succéderaient-ils même aux choses données par l'adoptant, et qui se trouveraient en nature?

---

(1) C'est-à-dire le droit de reprendre les choses par lui données (*Voyez* les articles 747 et 951). En observant cependant que dans le cas des art. 351 et 747, il s'agit plutôt d'un droit d'hérédité que d'un droit de retour proprement dit.

(2) Si cependant après le décès de l'adopté, les enfants mouraient eux-mêmes sans postérité, l'adoptant, comme on va le voir, pourrait encore exercer son droit sur les choses par lui données, et qui se trouveraient en nature dans la succession des descendants du fils adoptif.

(3) Il n'aurait pas lieu sur le prix des objets vendus.

(4) Ainsi, si un immeuble avait été grevé d'hypothèque, il ne rentrerait entre les mains de l'adoptant, qu'à la charge de cette hypothèque.

R. Dans le cas où l'adoptant serait mort, et ne laisserait pas de descendants ; car les parents de l'adopté excluront toujours, même pour les objets soumis au droit de retour, tous héritiers de l'adoptant, autres que ses descendants (*Art.* 351).

D. Les héritiers de l'adoptant, même en ligne descendante, ont-ils toujours le même droit de retour que l'adoptant ?

R. Non ; il n'ont ce droit qu'autant que l'adopté meurt sans laisser ni enfants, ni descendants légitimes ; et, si depuis le décès de l'adopté, les enfants ou descendants qu'aurait laissés celui-ci, mouraient eux-mêmes sans postérité, les héritiers de l'adoptant, même en ligne descendante, n'auraient aucun droit de reprendre les choses données par lui, ou recueillies dans sa succession.

Dans ce cas, le droit de retour est inhérent à la personne de l'adoptant, et non transmissible à ses héritiers, même en ligne descendante (1) (*Art.* 352).

SECTION II.

Des formes de l'adoption.

D. Quel est le premier acte pour parvenir à l'adoption ?

R. C'est une déclaration contenant les consentements respectifs de la personne qui se propose d'adopter, et de celle qui veut être adoptée (*Art.* 353).

D. Devant qui doit être faite cette déclaration ?

R. Devant le juge de paix du domicile de l'adoptant (*Idem*).

---

(1) Au lieu, comme on le voit, que si les choses sujettes au droit de retour, se trouvaient dans la succession même de l'adopté, et non dans celle de ses descendants, les héritiers de l'adoptant, en ligne descendante, auraient droit de les reprendre.

D. Cet acte passé devant le juge de paix suffit-il pour constituer l'adoption?

R. Non, il faut qu'il soit revêtu de l'homologation du tribunal (1) (*Art.* 354).

D. Que faut-il faire pour parvenir à cette homologation ?

R. Dans les dix jours (2) qui suivront la déclaration passée devant le juge de paix, la partie la plus diligente remettra une expédition de cet acte au procureur du roi près le tribunal de première instance dans le ressort duquel se trouvera le domicile de l'adoptant (*Art.* 354).

D. Que devra faire le tribunal?

R. Le tribunal réuni en la chambre du conseil, et après s'être procuré les renseignements convenables, vérifiera, 1° si toutes les conditions de la loi sont remplies ; 2° si la personne qui veut adopter, jouit d'une bonne réputation (*Art.* 355).

D. Comment le tribunal prononcera-t-il?

R. Le tribunal, *toujours réuni en la chambre du conseil* (3), après avoir entendu le procureur du roi, et sans autre forme de procédure, prononcera sans énoncer de motifs, en ces termes : *il y a lieu à l'adoption*, ou *il n'y a pas lieu à l'adoption* (Art. 356).

---

(1) *Voyez* page 58, note 2.

(2) M. Toullier pense que ce délai, ainsi que celui d'un mois dont parle l'article 357, sont de rigueur.

M. Delvincourt pense le contraire.

(3) Ce jugement ne doit pas avoir de publicité, soit dans le cas d'admission, soit dans le cas de rejet, parce que, dans le premier cas, il n'est pas définitif, et peut, comme on va le voir, être réformé sur l'appel; dans le second, la publicité ne pourrait que préjudicier à l'adoptant.

Il ne doit pas non plus énoncer de motifs, parce que leur énonciation pourrait gêner la liberté des juges, ou nuire à la réputation de l'adoptant, si le rejet était fondé sur son inconduite (*M. Toullier*).

(130)

D. L'adoption est-elle rendue définitive par le jugement de première instance qui l'aura admise?

R. Non, il faut encore que ce jugement soit confirmé par arrêt de la Cour royale (*Art*. 357).

D. Dans quel délai , et par qui ce jugement sera-
t-il soumis à la Cour royale?

R. Dans le mois qui suivra le jugement de première instance , et par la partie la plus diligente.
(*Idem*).

D. Comment instruira la Cour royale?

R. Dans les mêmes formes que le tribunal de
première instance (*Idem*).

D. Comment prononcera-t-elle?

R. Sans énoncer de motifs, et en ces termes : *Le
jugement est confirmé; en conséquence , il y a lieu à
l'adoption; ou le jugement est infirmé ; en conséquence , il n'y a pas lieu à l'adoption* (*Art*. 357).

D. L'arrêt de la Cour royale sera-t-il prononcé à
l'audience?

R. Il devra être prononcé à l'audience , en cas
d'admission (1) , et sera affiché en tels lieux , et à
tel nombre d'exemplaires que ce tribunal jugera
convenables.

Il sera prononcé en la chambre du conseil , dans
le cas de rejet (2).

D. Si le tribunal de première instance avait rejeté
l'adoption , faudrait-il aussi que le jugement fût soumis à la Cour royale , pour produire son effet?

R. Dans ce cas , l'appel est facultatif , et si aucune partie ne l'interjette , on sera censé avoir renoncé à l'adoption , et le rejet sera définitif.

______

(1) Cet arrêt étant définitif , il n'y a plus le même motif qu'en
première instance.

(2) C'est du moins ce qui paraît résulter des termes de l'article
358 , qui n'ordonne le prononcé à l'audience qu'en cas d'admission ,
et d'ailleurs , il y a même motif qu'en première instance.

D. L'arrêt de la Cour royale, qui admet l'adoption, suffit-il pour la rendre parfaite?

R. Il faut encore que, dans les trois mois qui suivront l'arrêt d'admission, l'une ou l'autre des parties fasse inscrire l'adoption sur le registre de l'état civil du lieu où l'adoptant sera domicilié (*Art.* 359).

D. Ce délai de trois mois est-il de rigueur?

R. Oui, et faute d'inscription dans ledit délai, l'adoption demeure sans effet (*Id.*).

D. Que faudra-t-il représenter pour que cette inscription ait lieu?

R. Une expédition en forme de l'arrêt de la Cour royale, et l'inscription n'aura lieu que sur le vû de cette expédition (*Art.* 359).

D. L'adoption projetée sera-t-elle anéantie, si l'adoptant vient à mourir, après que l'acte a été passé devant le juge de paix et présenté aux tribunaux, mais avant qu'il ait encore été définitivement admis par eux?

R. Dans ce cas, l'instruction sera continuée, nonobstant le décès de celui qui voulait adopter, et l'adoption admise, s'il y a lieu (*Art.* 360).

D. Que pourront faire, dans ce cas, les héritiers de l'adoptant?

R. Ils pourront, s'ils croient l'adoption inadmissible, remettre au procureur du roi, tous mémoires et observations à ce sujet (1).

____

(1) Les héritiers de l'adoptant pourraient-ils attaquer une adoption définitivement admise?

Voyez *M. Toullier*, tom. 2, n° 1019; *M. Grenier, Traité de l'adoption*, pag. 527; *M. Delvincourt*, tom. 1, note 7 de la page 105.

CHAPITRE II.

De la tutelle officieuse (1).

D. Qu'est-ce que la tutelle officieuse ?

R. La tutelle officieuse peut être définie : l'obligation contractée volontairement d'élever un mineur, et d'administrer sa personne et ses biens.

M. DELVINCOURT.

R. La tutelle officieuse est un contrat de bienfaisance, par lequel on s'oblige de nourrir et élever gratuitement un mineur, de le mettre en état de gagner sa vie, et d'administrer aussi gratuitement sa personne et ses biens.

M. TOULLIER.

D. Quelles sont les conditions requises de la part de celui qui veut être tuteur officieux ?

R. Trois conditions sont requises : 1° qu'il ait plus de cinquante ans ; 2° qu'il n'ait, au moment de la tutelle, ni enfants, ni descendants légitimes ; 3° qu'il ait le consentement de son conjoint, s'il est marié (*Art.* 361-362).

D. Quelle condition est requise de la part du pupille ?

R. Qu'il soit mineur de quinze ans (*Art.* 364).

D. Que faut-il encore pour parvenir à la tutelle officieuse ?

R. Il faut obtenir le consentement des père et mère du mineur, ou du survivant d'eux.

A leur défaut, celui du conseil de famille.

Enfin, à défaut de parents connus, celui des administrateurs de l'hospice où le mineur aura été recueilli, ou de la municipalité du lieu de sa résidence (*Art.* 361).

---

(1) Ce contrat n'est que très rarement usité, et s'il en existe des exemples, ils sont bien peu nombreux.

D. Quel acte est nécessaire pour constituer la tutelle officieuse ?

R. Il suffit qu'un acte, contenant les demandes et consentements relatifs à la tutelle officieuse, ait été rédigé par le juge de paix du domicile de l'enfant (*Art.* 363).

D. Quels sont les effets de la tutelle officieuse, relativement au tuteur ?

R. Ces effets sont, 1° d'imposer au tuteur officieux, sans préjudice de toutes stipulations particulières, l'obligation de nourrir le pupille, de l'élever, et de le mettre en état de gagner sa vie (*Art.* 364) ;

2° Si le pupille possède quelques biens, et s'il était antérieurement en tutelle, de faire passer l'administration de ses biens, comme celle de sa personne, entre les mains du tuteur officieux, qui ne pourra néanmoins imputer les dépenses de l'éducation sur les revenus du pupille, et devra compte de sa gestion comme un tuteur ordinaire (*Art.* 365-370) ;

3° De donner au tuteur officieux la faculté, après cinq années révolues depuis la tutelle, et dans la prévoyance de son décès avant la majorité du pupille, de lui conférer l'adoption par acte testamentaire (*Art.* 366).

D. Que faudra-t-il pour la validité de cette adoption testamentaire ?

R. Il suffit, 1° qu'elle n'ait lieu que cinq années après la tutelle commencée ; 2° que l'acte qui la contient soit fait dans les formes voulues pour la validité des actes de dernière volonté (*art.* 969 *et suiv.*) ; 3° que le tuteur officieux ne laisse pas d'enfants légitimes (*Art.* 366).

D. Quels sont ses effets relativement au pupille ?

R. 1° Le pupille peut dans les trois mois (1) qui suivront sa majorité, requérir l'adoption de la part du tuteur officieux.

Si cette adoption a lieu, elle sera faite suivant les formes [voulues pour l'adoption, et produira les mêmes effets (*Art.* 368-369).

2° Si les réquisitions faites par le pupille, dans le délai fixé, sont demeurées sans effet, et que le pupille ne se trouve pas en état de gagner sa vie, il pourra demander des indemnités (2), et le tuteur pourra (3) être condamné à l'indemniser de l'incapacité où se trouve le pupille de pourvoir à sa subsistance (*Art.* 369).

3° Si le tuteur vient à mourir avant les cinq ans (4), ou après ce temps, sans avoir adopté le pupille (5), il sera fourni à celui-ci, durant sa minorité, des moyens de subsistance dont la quotité et l'espèce, à moins de conventions formelles à cet

______

(1) Si le pupille, devenu majeur, laisse passer trois mois sans réclamation, il sera censé avoir renoncé, et n'aura pas droit à l'*indemnité*.

(2) Cette indemnité se résout en secours propres à lui procurer un métier; ainsi, le tuteur officieux, au lieu de fournir au pupille une somme déterminée, peut le mettre en apprentissage et en payer les frais.

(3) L'art. disant *pourra être condamné*, on voit que le législateur abandonne à la prudence du juge le soin d'apprécier s'il y a lieu ou non à indemnité. Si, par exemple, le mineur se trouvait, par sa faute, hors *d'état de gagner sa vie, il n'y aurait lieu à aucune indemnité.*

(4) On se rappelle que le tuteur officieux ne peut adopter le pupille par acte testamentaire, qu'après que la tutelle a duré cinq années, qui remplacent les six années de soins exigées pour l'adoption entre vifs.

(5) Par acte testamentaire; car il s'agit ici du pupille encore mineur, et l'adoption entre vifs ne peut toujours avoir lieu qu'après sa majorité.

égard, seront réglées, soit amiablement, soit en justice (*Art.* 367).

TITRE IX.

De la puissance paternelle (1).

D. Qu'est-ce que la puissance paternelle ?

R. La puissance paternelle peut être définie : un droit accordé aux pères et mères par la nature et par la loi, sur la personne et sur les biens de leurs enfants.

M. DELVINCOURT.

R. La puissance paternelle est un droit fondé sur la nature et confirmé par la loi, qui donne au père, et à son défaut à la mère, avec un droit de correction sur les enfants, la surveillance de leur personnes, l'administration et la jouissance de leurs biens.

— M. TOULLIER.

D. A qui appartient l'exercice de la puissance paternelle ?

R. Au père seul (2), durant le mariage (*Art.* 373).

D. Quels sont les devoirs généraux des enfants envers leurs pères et mères ?

R. Ils leur doivent, à tout âge, honneur et respect (*Art.* 371).

---

(1) Voyez *Exposé des motifs*, tom. 3, pag. 183. *Édition de Firmin Didot*, 1808.

(2) La puissance paternelle est donnée par la nature au père et à la mère ; mais il est facile de reconnaître que la raison exige que le père seul puisse l'exercer, et que la mère ne commence à en jouir réellement qu'à l'instant où elle devient veuve (*Exposé des motifs*, *Réal*). Ainsi le droit existe en faveur de la mère ; mais l'exercice de ce droit n'a lieu qu'après la mort du mari ; cependant, en cas de mariage, il faut le consentement du père et de la mère ; il est vrai qu'en cas de dissentiment, le consentement du père suffit (Art. 148).

Ils restent sous leur autorité jusqu'à la majorité ou l'émancipation (*Art.* 372).

Ils ne peuvent quitter la maison paternelle sans la permission de leur père (*Art.* 374).

D. N'y a-t-il pas un cas où ils pourraient quitter la maison paternelle, sans cette permission?

R. Dans le cas où, ayant plus de dix-huit ans, le fils la quitterait pour un enrôlement volontaire (1) (*Art.* 374).

D. Quel est le droit de correction attaché à la puissance paternelle?

R. Ce droit est de faire détenir, pendant un temps limité, l'enfant contre lequel on aurait des sujets très graves de mécontement (2) (*Art.* 375).

D. Par qui peut être exercé ce droit de correction?

R. Par le père seul pendant le mariage; après la mort du père, par la mère survivante, enfin par le tuteur.

D. Que faut-il pour que la mère survivante puisse exercer ce droit?

R. Deux conditions : 1° qu'elle ne soit pas remariée; 2° qu'elle le fasse avec le consentement des deux plus proches parents paternels de l'enfant.

D. De quelle manière peut être exercé ce droit de correction?

R. De deux manières de la part du père : par voie d'autorité ou par voie de réquisition; quand il est exercé par la mère, il ne peut l'être que par voie de réquisition.

---

(1) On sent assez le motif de cette exception. « Le père ou la mère, dit M. Toullier, pourraient réclamer leur fils qui se serait enrôlé volontairement avant dix-huit ans révolus.

(2) Les pères et mères peuvent être privés de ce droit. *Voyez* l'art. 335 du *Code pénal.*

D. Quelle différence existe-t-il entre la voie d'autorité et la voie de réquisition ?

R. Quand le droit de correction s'exerce par voie d'autorité, le magistrat est tenu de déférer à la demande du père, et ne peut refuser de délivrer l'ordre d'arrestation.

Quand au contraire c'est par voie de réquisition, le magistrat peut refuser l'ordre d'arrestation, ou abréger le temps de la détention requise, et devra en conférer avec le procureur du roi (*Art.* 377).

D. Quelles formalités aura-t-on à remplir ?

R. La demande ou la réquisition devront être adressées au président du tribunal civil du domicile de la partie requérante, sans qu'en aucun cas il y ait lieu à écritures ou formalités judiciaires, si ce n'est l'ordre même d'arrestation, dans lequel les motifs n'en seront pas énoncés (*Art.* 378).

La partie requérante sera seulement tenue de faire sa soumission, de payer tous les frais et de fournir les aliments convenables (*Id.*).

D. Pourquoi l'intervention du magistrat est-elle nécessaire dans le cas même où il ne peut refuser l'ordre d'arrestation ?

R. Parce qu'aucun ordre d'arrestation ne peut émaner que de l'autorité publique ;

Que l'officier ministériel, chargé de l'exécuter, ne peut agir qu'en vertu d'un mandat légal ;

Qu'enfin aucun concierge ne peut recevoir ni détenir un individu, sans l'exhibition d'un mandat ou jugement, sous peine d'emprisonnement et d'amende (*Art* 120 *du Code pén.*).

D. Quand la détention peut-elle avoir lieu par voie d'autorité ?

R. Dans le cas ou l'enfant a moins de seize ans, et que c'est le père qui la demande (1).

D. Bien que l'enfant ait moins de seize ans, la voie d'autorité est-elle toujours admise?

R. Non, elle ne l'est pas dans les quatre cas suivants :

1° Si le père est remarié (*Art.* 380);

2° Si l'enfant a des biens personnels (*Art.* 382);

3° S'il exerce un état (*Id.*);

4° Si c'est la mère veuve qui demande la détention (*Art.* 381).

D. Quand la détention doit-elle être demandée par voie de réquisition ?

R. Dans les quatre cas sus-énoncés, et, de plus toutes les fois que l'enfant a seize ans commencés.

D. Que pourra faire l'enfant détenu par voie de réquisition, s'il croit avoir sujet de réclamer contre cette mesure ?

R. Il pourra adresser un mémoire au procureur-général, qui se fera rendre compte par le procureur du roi, et fera son rapport au président de la Cour royale. Ce magistrat, après en avoir donné avis au père, et après avoir recueilli tous les renseignements, pourra révoquer ou modifier l'ordre délivré par le président du tribunal de première instance.

D. Combien peut durer la détention ?

R. Six mois au plus, quand l'enfant a seize ans commencés, un mois au plus s'il a moins de seize ans (*Art.* 377-376).

---

(1) Cette voie de correction n'est jamais ouverte qu'au père, et jamais à la mère ; pendant le mariage, le mari seul exerce la puissance paternelle, par conséquent le droit de correction ; après la dissolution du mariage, la mère ne peut, comme on va le voir, agir que par voie de réquisition.

D. Cette détention pourra-t-elle être abrégée?

R. Le père (1) qui a ordonné ou requis la détention sera toujours maître d'en abréger la durée. Si, après sa sortie, l'enfant tombe dans de nouveaux écarts, la détention pourra être de nouveau ordonnée (*Art.* 379).

D. Jusqu'à quel âge l'enfant est-il soumis à ce droit de correction?

R. Jusqu'à la majorité ou l'émancipation (*Art.* 377).

D. Ce droit de correction n'a-t-il lieu qu'à l'égard des enfants légitimes?

R. Il peut également être exercé par les père et mère à l'égard des enfants naturels légalement reconnus (2) (*Art.* 383).

D. Quels droits ont les père et mère sur les biens de leurs enfants (3)?

R. Ils ont sur leurs biens un droit de jouissance qui a beaucoup de rapports avec celui d'usufruit (*Art.* 384).

D. A qui appartient ce droit pendant le mariage?

R. Il appartient au père (*Id.*).

D. A qui après la dissolution du mariage?

R. Au survivant des époux (*Id.*).

D. Quelles sont les charges de cette jouissance?

R. Ces charges sont:

1° Celles auxquelles sont tenus les usufruitiers (*Voyez art.* 600-601 *et suivants*);

---

(1) *Le père* ; M. Proudhon pense, conformément à la lettre de l'art. 379, que le père seul peut abréger la détention, M. Delvincourt est au contraire d'avis que ce droit appartient aussi à la mère, assistée des deux plus proches parents paternels ; au tuteur, en un mot, à tous ceux qui ont droit de demander la détention.

(2) Bien que le père fût vivant, la mère pourrait exercer ce droit, parce qu'il n'y a pas de mariage.

(3) *Légitimes seulement.* Ils n'ont aucun droit d'usufruit sur les biens des enfants naturels même reconnus.

2º La nourriture, l'entretien et l'éducation des enfants, selon leur fortune;

3º Le paiement des arrérages ou intérêts des capitaux;

4º Les frais funéraires et ceux de dernière maladie (*Art.* 385).

D. Quand cessera cette jouissance?

R. Elle cessera :

1º A l'égard du père ou de la mère, quand l'enfant aura atteint l'âge de dix-huit ans, ou qu'il aura été émancipé (*Art.* 384);

2º A l'égard de la mère, dans le cas d'un second mariage (*Art.* 386).

D. Cette jouissance a-t-elle lieu indistinctement sur tous les biens de l'enfant?

R. Non, elle ne s'étend pas :

1º Aux biens que l'enfant peut acquérir par un travail ou une industrie séparés;

2º A ceux qui lui seront échus ou légués sous la condition expresse que les père et mère n'en jouiront pas (*Art.* 387).

3º A ceux recueillis par lui dans une succession dont le père ou la mère ont été déclarés indignes (*Art.* 730).

D. Dans quels cas les pères ou mères sont-ils privés de cette jouissance?

R. L'époux survivant perd cette jouissance:

1º Quand, à l'époque de la mort naturelle ou civile de l'autre époux, il n'a pas fait inventaire des biens dépendants de la communauté (*Art.* 1442).

2º En sont encore privés les pères ou mères qui auraient excité, favorisé ou facilité la prostitution ou corruption de leurs enfants (*Art.* 335 *du Code pén.*).

TITRE X.

De la minorité, de la tutelle et de l'émancipation.

CHAPITRE PREMIER.

De la minorité (1).

D. Comment se divisent les personnes considé-
rées par rapport à l'âge?

R. En majeurs et en mineurs.

D. Qu'est-ce que le mineur?

R. C'est l'individu, de l'un ou de l'autre sexe,
qui n'a point encore atteint l'âge de vingt-un ans accomplis (*Art.* 388).

D. Qu'est-ce que le majeur?

R. C'est l'individu, de l'un ou de l'autre sexe,
qui a atteint cet âge (2) (*Art.* 488).

______

(1) Le Code ne s'occupe ici de la minorité, que considérée dans
ses rapports avec la tutelle ; ses effets relativement aux divers
contrats, à la prescription, etc. , sont expliqués dans des titres
particuliers.

(2) Il s'agit ici de la majorité nécessaire pour tous les contrats ordinaires ; mais nous avons vu qu'il existe, pour le mariage et pour
l'adoption, une majorité spéciale avant laquelle on ne peut valablement consentir seul aucun de ces actes.

CHAPITRE II.

De la tutelle.

D. Qu'est-ce que la tutelle ?

R. La tutelle est une charge imposée à une personne par la loi, ou par la volonté de l'homme, d'administrer gratuitement la personne et les biens d'un mineur.

M. DELVINCOURT.

R. La tutelle est une charge de famille fondée sur la nature et confirmée par le droit civil, qui donne à celui qui en est pourvu, le pouvoir de gouverner la personne et les biens des individus incapables de se défendre, et de se gouverner eux-mêmes ; c'est un mandat légal de les représenter dans toutes leurs affaires.

M. TOULLIER.

D. Combien le Code reconnait-il d'espèces de tutelles ?

R. Quatre :

1° La tutelle des père et mère ;

2° La tutelle déférée par le père ou la mère ;

3° La tutelle légitime des ascendants ;

4° La tutelle dative déférée par le conseil de famille (1).

D. Que faut-il pour que l'enfant soit soumis à l'une de ces tutelles ?

D. Il faut en tout cas :

1° Qu'il soit mineur et non émancipé ;

2° Que le mariage soit dissous (2).

___

(1) Nous avons vu qu'en cas d'absence, il y a lieu à une tutelle provisoire, pag. 66.

(2) La tutelle commence au décès du père ou de la mère; car alors, en perdant un de ses protecteurs naturels, le mineur réclame déjà une protection plus spéciale de la loi (*Motifs*, pag. 220).

SECTION PREMIÈRE.

De la tutelle des père et mère.

D. Quand a lieu la tutelle des pères et mères ?

R. Elle n'a lieu qu'après la dissolution du mariage, arrivée par la mort naturelle ou civile de l'un des époux., et elle est alors déférée au survivant d'eux (*Art.* 390).

D. Pourquoi cette tutelle n'a-t-elle lieu qu'après la dissolution du mariage ?

R. Parce que, durant le mariage, le père a l'administration des biens personnels de ses enfants mineurs, laquelle le rend comptable, quant à la propriété et à la jouissance, des biens dont il n'a pas l'usufruit ; et quant à la propriété seulement ; de ceux dont la loi lui donne l'usufruit (1) (*Art.* 389).

D. Le père peut-il, par un acte quelconque, ôter la tutelle à la mère ?

R. Il ne peut la lui ôter, mais seulement la limiter.

D. Comment peut-il la limiter ?

R. En nommant à la mère survivante et tutrice, un conseil spécial (*Art.* 391).

D. Quel sera l'effet de cette nomination ?

R. Si le père n'a pas spécifié les actes pour lesquels l'avis de ce conseil est nécessaire, la mère ne

---

(1) Ainsi, la tutelle du père n'est autre que la continuation de la puissance paternelle, qui prend alors le nom de *tutelle*, et la tutelle de la mère est l'exercice de cette puissance ; exercice qu'elle n'avait pas durant le mariage. Mais il y a cette différence essentielle entre la puissance paternelle et la tutelle, que le père tuteur doit faire nommer un subrogé tuteur, dont on connaîtra bientôt les fonctions, et destiné, dans la tutelle du père, à remplacer l'influence, au moins morale, que la présence de la mère devait avoir sur l'administration de celui-ci.

pourra faire , sans avoir son avis , aucun acte quelconque de tutelle (*Art.* 391).

Si , au contraire , le père les a spécifiés , elle sera habile à faire , sans l'assistance du conseil , tous les actes non spécifiés (*Idem*).

D. Par quel acte pourra se faire cette nomination ?

R. Elle ne pourra être faite que de l'une des manières suivantes :

1° Par acte de dernière volonté ;

2° Par une déclaration faite ou devant le juge de paix , assisté de son greffier , ou devant notaires (*Art* 392).

D. Que devra-t-on faire, si, lors du décès du mari, la mère se trouve enceinte ?

R. Le conseil de famille devra nommer un curateur au ventre , qui , à la naissance de l'enfant , en sera de plein droit le subrogé tuteur , et la mère en sera tutrice (*Art.* 393).

D. La mère survivante est-elle forcée d'accepter la tutelle ?

R. Non : elle (1) peut la refuser ; mais , dans ce cas , elle doit en remplir les devoirs jusqu'à ce qu'elle ait fait nommer un tuteur (*Art.* 394).

D. Que devra faire la mère tutrice, si elle veut se remarier ?

R. Elle devra convoquer le conseil de famille , qui décidera si la tutelle doit lui être conservée (2) (*Art.* 395).

---

(1) Il n'en est pas ainsi du père ; il est forcé d'accepter la tutelle , à moins qu'il ne se trouve dans un des cas d'excuse que nous verrons plus tard.

(2) Il n'en est pas ainsi à l'égard du père qui se remarie, par la raison que le père remarié reste toujours chef de la famille , au lieu que la femme remariée *passe dans une nouvelle société , dont le chef est étranger à ses enfants* (*Motifs* , pag. 221).

D. Qu'arrivera-t-il si la mère néglige de faire cette convocation?

R. Elle perdra de plein droit la tutelle, et son nouveau mari sera solidairement (1) responsable de toutes les suites de la tutelle (2) qu'elle aura induement conservée (*Art.* 395).

D. Que fera le conseil de famille, lorsqu'il conservera la tutelle à la mère?

R. Il lui donnera nécessairement pour co-tuteur le second mari (3) (*Art.* 396).

D. Quel sera l'effet de la nomination de co-tuteur?

R. Ce sera : 1º de le rendre solidairement avec la mère, responsable de la gestion postérieure au mariage;

2º De soumettre ses biens à l'hypothèque légale, que tout pupille a sur ceux du tuteur (4) (*Art.* 2121).

SECTION II.

De la tutelle déférée par le père et la mère (5).

D. Qu'est-ce que la tutelle déférée par le père ou la mère?

---

(1) Il y a solidarité de la part des débiteurs, lorsqu'ils sont obligés à une même chose, de manière que chacun puisse être contraint pour la totalité, et que le paiement fait par un seul, libère les autres envers les créanciers (*Code civil*, art. 1200).

(2) Ainsi, il serait solidairement tenu de payer le reliquat dû par la mère, et les intérêts de ce reliquat.

(3) Observez qu'il n'est pas tuteur, mais *co-tuteur*. Ce sera cependant lui qui, le plus souvent, gérera de fait la tutelle. Mais on a voulu faire entendre par là, d'abord, que les actes de la tutelle devaient être faits par les deux époux conjointement; et de plus, que le mari ne peut être tuteur qu'autant que la mère sera tutrice, de manière que, si elle vient à cesser de l'être par mort, destitution, etc., il cessera également, et de plein droit, d'être tuteur (Argument tiré de l'article 400 et de la discussion sur cet article (*M. Delvincourt*).

(4) Voy. *Persil*, régime hypothécaire, tom. 1, pag. 285, deuxième édition.

(5) On a donné a cette tutelle le nom de *testamentaire*, qui ne paraît

R. C'est celle que le dernier mourant des époux a le droit de déférer sur ses enfants mineurs à un individu, parent ou étranger à la famille (*Art.* 397).

D. De quelle manière doit avoir lieu l'exercice de ce droit ?

R. Ce droit ne peut être exercé que de l'une des manières suivantes : 1° par acte de dernière volonté; 2° par déclaration faite devant le juge de paix, assisté de son greffier, ou devant notaires (*Art.* 392-398).

D. La mère survivante, a-t-elle toujours le droit de choisir un tuteur ?

R. Non, elle ne le peut, dans le cas où étant remariée, elle n'a pas été maintenue dans la tutelle des enfants de son premier mariage (1) (*Art.* 399).

D. Le choix d'un tuteur aux enfants du premier mariage, fait par la mère remariée et maintenue dans la tutelle, est-il valable *de plano* ?

R. Non, il ne sera valable qu'autant qu'il sera confirmé par le conseil de famille (*Art.* 400).

D. Le tuteur élu par le père ou la mère est-il tenu d'accepter la tutelle ?

R. Il peut la refuser dans tous les cas où il eût pu le faire, s'il eût été nommé par le conseil de famille (*Art.* 401) (2).

---

pas lui convenir, et que le Code a évité de lui donner, quoique cette dénomination eût été plus concise (*M. Toullier*). En effet, comme on va le voir, elle peut être déférée autrement que par testament.

(1) M. Delvincourt prétend que la mère qui a refusé la tutelle, conformément à l'art. 394, n'a pas non plus le droit de choisir un tuteur ; nulle part la loi ne prononce cette incapacité; et comme les prohibitions sont de droit étroit, il semble que cette exclusion ne peut être adoptée.

(2) *Voyez* les causes qui dispensent de la tutelle.

SECTION III.

De la tutelle des ascendants.

D. Qu'est-ce que la tutelle des ascendants ?

R. C'est une tutelle qui est déférée de plein droit par la loi aux ascendants mâles.

D. Que faut-il pour qu'il y ait lieu à cette tutelle ?

R. Il faut que les père et mère soient décédés, et qu'il n'ait pas été choisi de tuteur par le survivant d'eux (*Art.* 402).

D. A qui appartient cette tutelle ?

R. A l'aïeul paternel du mineur ; à défaut d'aïeul paternel, à l'aïeul maternel, et ainsi, en remontant, de manière que l'aïeul paternel soit toujours préféré à l'aïeul maternel du même degré (1) (*Art.* 402.)

D. A qui appartiendra la tutelle, si, à défaut d'aïeul paternel et maternel, la concurrence se trouve établie, par exemple, entre des bisaïeuls qui appartiennent tous deux à la ligne paternelle du mineur ?

R. Elle passe alors de droit à celui des deux qui se trouve être l'aïeul paternel du père du mineur (*Art.* 403).

D. Qu'arrivera-t-il si la même concurrence a lieu entre deux bisaïeuls de la ligne maternelle ?

R. Dans ce cas, la nomination sera faite par le conseil de famille, qui ne pourra néanmoins choisir que l'un de ces ascendants (*Art.* 404).

SECTION IV.

De la tutelle déférée par le conseil de famille.

D. Quand y a-t-il lieu à la tutelle dative, déférée par le conseil de famille ?

---

(1) Mais, à degrés inégaux, l'ascendant maternel plus proche en degré, serait préféré à l'ascendant paternel plus éloigné. Ainsi, l'aïeul maternel exclurait le bisaïeul paternel.

R. Quand un enfant mineur et non émancipé, restera sans père ni mère, ni tuteur élu par eux, ni ascendants mâles, ou que le tuteur de l'une de ces qualités, se trouvera dans un cas d'excuse ou d'exclusion (1) *(Art.* 405).

D. Qu'est-ce que le conseil de famille ?

R. C'est une assemblée de parents, alliés ou amis du mineur, présidée par le juge paix.

D. Par qui peut-il être convoqué ?

R. Il peut l'être à la diligence, soit des parents du mineur, soit de ses créanciers, soit de toute autre partie intéressée (2), soit même d'office, et à la poursuite du juge de paix du domicile du mineur; toute personne (3) enfin peut lui dénoncer le fait qui donne lieu à la nomination du tuteur, afin qu'il y pourvoie *(Art.* 406).

D. Comment sera composé le conseil?

R. Il sera composé du juge de paix, et de six parents ou alliés, dont moitié sera prise dans la ligne paternelle du mineur, moitié dans la ligne maternelle, en suivant l'ordre de proximité dans chaque ligne *(Art.* 407).

---

(1) Ainsi, comme on le voit, cette tutelle ne peut avoir lieu qu'à défaut de père et mère, qui sont tuteurs naturels, et préférés à tous autres, de tuteur élu par les père et mère, lequel est préféré aux ascendants, et d'ascendants mâles qui sont tuteurs légitimes, à défaut de père et mère ou de tuteur élu par eux.

(2) Ainsi, le conseil peut être convoqué par un débiteur du mineur, qui veut se libérer ; par un co-propriétaire, qui veut faire liciter l'immeuble commun (*M. Delvincourt*).

(3) Toute personne peut faire connaître au juge de paix le fait qui donne lieu à la nomination du tuteur ; mais les parents, créanciers ou autres parties intéressées, et le juge de paix, ont seuls le droit de demander et de poursuivre la convocation, en ce sens que le juge de paix ne peut la leur refuser.

D. Cet ordre de proximité est-il toujours nécessairement suivi?

R. Si les parents ou alliés, plus proches en degrés, demeurent à une distance plus éloignée que deux myriamètres du lieu où la tutelle sera ouverte, ils pourront être remplacés par des parents d'un degré plus éloigné (*Art.* 407).

D. Si, dans une même ligne, il se trouve des parents et des alliés au même degré, lesquels seront préférés?

R. Le parent sera préféré à l'allié du même degré (*Art.* 407).

D. *Quid*, si ce sont deux parents qui se trouvent au même degré?

R. Dans ce cas, le plus âgé sera préféré au plus jeune (*Idem*).

D. Le conseil de famille doit-il toujours n'être composé que de six personnes ?

R. Les ascendants valablement excusés de la tutelle, les veuves d'ascendants (1), les frères germains, les maris des sœurs germaines, en quelque nombre qu'ils soient, font nécessairement partie du conseil de famille (*Art.* 408).

D. S'ils sont six ou au-delà, sera-t-il nécessaire d'appeler d'autres parents?

R. Non, dans ce cas, ils composeront seuls le conseil de famille (*Art.* 408).

D. Que devra-t-on faire, s'ils sont en nombre inférieur à six ?

R. Dans ce cas, on appellera d'autres parents pour compléter ce nombre (*Idem*).

D. Que devra faire le juge de paix, si les parents ou alliés de l'une ou l'autre ligne, se trouvent en

---

(1) Il faut lire *ascendantes veuves*, et non *veuves d'ascendants*; car cette dernière expression, dont le législateur se sert, donne à penser qu'il a voulu admettre au conseil de famille les secondes femmes des ascendants décédés ; ce qui n'est pas vraisemblable.

nombre insuffisant sur les lieux ou dans la distance de deux myriamètres ?

R. Il appellera, soit des parents ou alliés, domiciliés à de plus grandes distances, soit des citoyens de la commune même, connus pour avoir eu des relations habituelles d'amitié avec le père ou la mère du mineur (*Art.* 409).

D. S'il se trouve sur les lieux, ou dans la distance de deux myriamètres, un nombre suffisant de parents ou alliés, le juge de paix pourra-t-il permettre d'en citer d'autres à une distance plus éloignée ?

R. Si le juge de paix le croit de l'intérêt du mineur, il pourra permettre de citer, à quelque distance qu'ils soient domiciliés, des parents ou alliés plus proches en degrés, ou de même degré que les parents présents (*Art.* 410).

D. Le nombre de six pourra-t-il alors être excédé ?

R. Non, et il faudra, dans ce cas, retrancher du nombre des parents présents, un nombre égal à celui des autres parents cités, en opérant de manière que le nombre ci dessus fixé ne se trouve point dépassé.

D. Quel sera le mode de convocation ?

R. Le juge de paix fixera le jour et le lieu de l'assemblée, et les parents s'y rendront volontairement ou sur une citation.

D. Quels seront les délais de cette citation ?

R. Si toutes les parties citées résident dans la commune, ou dans la distance de deux myriamètres, il y aura toujours, entre la citation notifiée et le jour indiqué pour la réunion, un intervalle de trois jours au moins.

Si parmi les personnes citées, il s'en trouve de domiciliées au-delà de cette distance, ce délai sera augmenté d'un jour par trois myriamètres (*Art.* 411).

D. Les parents, amis ou alliés, ainsi convoqués, sont-ils tenus de s'y rendre en personnes?

R. Ils pourront se faire représenter par un fondé de procuration spéciale, qui ne pourra jamais représenter qu'une seule personne (1 (*Art.* 412).

D. Quelle peine encourra toute personne convoquée qui ne comparaîtra pas?

R. Elle sera condamnée sans appel, par le juge de paix, à une amende qui ne pourra excéder cinquante francs (*Art.* 413).

D. Que pourra faire le juge de paix, s'il y a excuse suffisante, et qu'il convienne, soit d'attendre, soit de remplacer le membre absent?.

R. En ce cas, comme en tout autre où l'intérêt du mineur semblera l'exiger, le juge de paix pourra ajourner l'assemblée ou la proroger (2) (*Art.* 414).

D. Où se tiendra cette assemblée?

R. Elle se tiendra de plein droit chez le juge de paix, à moins qu'il ne désigne lui-même un autre local. (*Art.* 415).

D. Qui présidera l'assemblée?

R. Le juge de paix, qui y aura voix délibérative et prépondérante en cas de partage (*Art.* 416) (3).

D. Que faut-il pour que le conseil puisse délibérer?

---

(1) Sans quoi, le conseil de famille, au lieu d'être composé de six votants, pourrait être réduit à un seul.

(2) *Ajourner ou proroger. Ajourner,* quand la remise a lieu sans indication de jour; si, par exemple, le membre absent est malade, et qu'on veuille l'entendre. *Proroger,* quand la remise est faite à jour indiqué (*M. Delvincourt*).

(3) Ainsi, en supposant que le conseil soit composé seulement de six membres, y compris le juge de paix, et que trois membres votent dans un sens et trois dans un autre, l'avis de la fraction dans laquelle se trouve le juge de paix, devra l'emporter.

R. La présence des trois quarts au moins des membres convoqués (1) (*Art.* 415) (2).

D. Peut-il être nommé plusieurs tuteurs au mineur ?

R. Quelle qu'importante que soit la fortune du mineur, il ne peut être nommé qu'un seul tuteur ; seulement, le conseil de famille pourra autoriser le tuteur à se faire aider, dans sa gestion, d'un ou plusieurs administrateurs salariés, et gérants sous sa responsabilité (*Art.* 454).

D. Est-il cependant un cas où l'on pourrait nommer plus d'un tuteur ?

R. Dans le cas où le mineur, domicilié en France, posséderait des biens dans les colonies, ou *vice versâ*, alors, il lui serait nommé un protuteur (3) (*Art.* 417).

D. Quelles sont les fonctions de ce protuteur ?

R. Elles se bornent à l'administration des biens situés hors du pays du domicile du mineur (*Id.*).

D. Devra-t-il compte de sa gestion au tuteur ?

R. Le tuteur et le protuteur sont indépendants, et non reponsables, l'un envers l'autre, de leur gestion respective (*Id.*).

D. De quel jour le tuteur entrera-t-il en fonctions ?

---

(1) L'article 415 eût sans doute reçu une autre rédaction, si le conseil de famille n'eût jamais dû être composé que de six parents ou amis ; car sur ce nombre, ce n'est plus la présence des trois quarts, mais celle des cinq sixièmes, qui devient indispensable ; mais on a eu en vue le cas où, conformément à l'article 408, l'introduction des frères et beaux-frères du mineur porterait le nombre des votants au-delà de celui de six (*M. Locré*, tom. 6, pag. 119).

(2) *Vid.*, sur la forme des délibérations, le *Code de procédure*, art. 882 et suivants.

(3) Le tuteur étant donné principalement à la personne, il est juste que cette qualité appartienne à celui du domicile du mineur, c'est pour cela que l'autre est nommé *protuteur* (*M. Delvincourt*).

R. Du jour de sa nomination, si elle a été faite en sa présence ; sinon du jour qu'elle lui aura été notifiée (*Art.* 418).

D. Comment, et dans quel délai sera faite cette notification ?

R. L'assemblée désignera un de ses membres, à la diligence duquel cette notification devra être faite dans les trois jours de la délibération, outre un jour par trois myriamètres de distance, entre le lieu où s'est tenue l'assemblée, et le domicile du tuteur (*Cod. de proc.*, 882).

D. La tutelle passe-t-elle aux héritiers du tuteur ?

R. Non, la tutelle est une charge personnelle qui ne passe pas aux héritiers ; mais ils sont responsables de la gestion de leur auteur, et s'ils sont majeurs, ils sont, en cas de décès de leur auteur, tenus de la continuer, jusqu'à la nomination d'un nouveau tuteur (*Art.* 419).

SECTION V.

Du subrogé tuteur.

D. Qu'est-ce que le subrogé tuteur ?

R. C'est un contradicteur légitime et nécessaire, chargé dans toute espèce de tutelle d'agir pour les intérêts du mineur, lorsqu'ils se trouvent en opposition avec ceux du tuteur (*Art.* 420).

D. Par qui sera nommé le subrogé tuteur ?

R. Dans toute tutelle, il y aura un subrogé tuteur, qui sera nommé par le conseil de famille, et en aucun cas, le tuteur ne votera pour sa nomination (*Art.* 420-423).

D. A quelle époque doit être faite la nomination du subrogé tuteur ?

R. Il faut distinguer : si c'est dans une tutelle déférée par le conseil de famille, la nomination aura lieu immédiatement après celle du tuteur (*Art.* 422).

Si c'est dans la tutelle *des père et mère , ou déférée par eux, ou dans la tutelle des ascendants*, le tuteur devra , avant d'entrer en fonctions, faire convoquer un conseil de famille, pour la nomination du subrogé tuteur (*Art.* 421).

D. A quoi s'exposerait le tuteur de l'une de ces trois qualités , s'il s'ingérait dans la tutelle sans avoir fait cette convocation ?

R. Il s'exposerait, en cas de dol de sa part, à la destitution, qui pourrait être prononcée par le conseil de famille , sans préjudice des indemnités dues au mineur (*Art.* 421).

D. Dans quelle ligne doit être pris le subrogé tuteur ?

R. Dans celle des lignes à laquelle le tuteur n'appartiendra pas, hors le cas de frères germains (1) (*Art.* 423).

D. Lorsque la tutelle deviendra vacante , ou qu'elle sera abandonnée par absence , le subrogé tuteur remplacera-t-il de plein droit le tuteur ?

R. Non , et dans ce cas, il devra , sous peine de dommages-intérêts qui pourraient en résulter pour le mineur , provoquer la nomination d'un nouveau tuteur (*Art.* 424).

---

(1) On sent aisément le motif de cette disposition, c'est afin d'éviter la connivence qui pourrait exister entre un tuteur et un subrogé tuteur choisis dans la même ligne.

L'exclusion particulière des parents de la ligne où le tuteur est pris, ne pouvait concerner les frères germains , puisqu'ils appartiennent également aux deux lignes. En effet, les frères *germains* sont ceux qui sont nés du même père et de la même mère. On appelle frères *consanguins* , ceux qui sont nés du même père et non de la même mère; *utérins*, ceux nés de la même mère et non du même père.

(155)

D. A quelle époque cesseront les fonctions du subrogé tuteur ?

R. A la même époque que la tutelle (*Art.* 425).

D. Quelles sont les causes de dispense, d'incapacité ou de destitution, relativement au subrogé tuteur ?

R. Elles sont les mêmes que celles relatives au tuteur (*On va les voir dans la section suivante.*) (*Art.* 426).

D. Le tuteur pourra-t-il provoquer la destitution du subrogé tuteur ?

R. Non, il ne pourra la provoquer, ni même voter dans les conseils de famille qui seront convoqués pour cet objet (*Art.* 426.).

SECTION VI.

Des causes qui dispensent de la tutelle (1).

D. Sur quels motifs sont fondées les causes qui dispensent de ta tutelle ?

R. Sur trois motifs : l'intérêt général, la justice, l'intérêt du mineur (2).

D. Quelles sont les excuses fondées sur des motifs d'intérêt général ?

---

(1) Les jurisconsultes romains comprenaient, sous le nom général d'excuses, les causes qui excusent de la tutelle, et celles qui en excluent ou en rendent incapables, et les distinguaient en excuses volontaires et excuses nécessaires.

Notre Code, avec plus de raison, a séparé ces deux choses absolument différentes. Il traite, dans cette section, des causes qui dispensent de la tutelle, ou *des excuses* proprement dites ; dans la section suivante, des incapacités, des exclusions et destitutions de la tutelle.

Les dispenses que la loi admet n'ôtent pas à celui qui est nommé la capacité de gérer la tutelle ; elles n'ont d'effet qu'autant qu'il veut s'en servir (*M. Toullier*).

(2) *M. Locré*, tom. 6, pag. 149.

R. Ce sont celles admises en faveur de certaines personnes revêtues de fonctions éminentes qui exigent que tout leur temps soit consacré à la chose publique.

D. Quelles personnes sont dispensées pour ce motif?

R. Ce sont les princes du sang, les grands amiraux, maréchaux de France, inspecteurs et colonels-généraux, les grands-officiers de la couronne, les pairs, les députés, les conseillers d'état, les membres de la cour de cassation et de la cour des comptes, les préfets (1).

Sont encore dispensés de la tutelle, tous citoyens exerçant une fonction publique dans un département autre que celui où la tutelle s'établit (*Art.* 427).

Les militaires en activité de service, et tous autres citoyens qui remplissent, hors du territoire français, une mission du gouvernement (*art.* 428); mais si la mission était non authentique ou contestée, la dispense ne serait prononcée qu'après la représentation faite par le réclamant d'un certificat du ministre, dans le département duquel le place la mission alléguée pour excuse (*Art.* 429).

D. Ces différentes qualités, fonctions ou missions, rendent-elles incapable de gérer la tutelle?

R. Non, elles donnent seulement le droit de se faire dispenser de la tutelle; mais, si l'on a accepté la tutelle postérieurement aux fonctions, services ou missions, on ne sera plus admis à s'en faire décharger pour cette cause (*Art.* 430).

D. Si, au contraire, les fonctions, services ou missions n'ont été conférés que postérieurement à la

______

(1) *Vid. M. Delvincourt,* tom. 1er, pag. 112; édition 1819.

tutelle , pourra-t-on s'en faire décharger pour cette cause ?

R. Oui , et dans ce cas, on devra faire convoquer , dans le mois , un conseil de famille, pour y être procédé au remplacement (*Art.* 431).

D. Après l'expiration des fonctions, services ou missions , la tutelle pourra-t-elle être rendue à l'ancien tuteur ?

R. Elle pourra lui être rendue par le conseil de famille , s'il la réclame , ou que le nouveau tuteur demande à être déchargé de la tutelle (*Idem*).

D. Quelle est la dispense fondée sur des motifs de justice ?

R. C'est celle qui a lieu à l'égard de tout citoyen qui n'est ni parent ni allié du mineur , lorsque , dans la distance de quatre myriamètres , il existe des parents ou alliés en état de gérer la tutelle (1) (*Art.* 432).

D. Quelles sont les dispenses fondées sur l'intérêt du mineur ?

R. 1° Tout individu âgé de soixante - cinq ans accomplis peut refuser d'être tuteur. Celui qui aura été nommé avant cet âge pourra, à soixante-dix ans, se faire décharger de la tutelle (*Art.* 433) ;

2° Tout individu atteint d'une infirmité grave et dûment justifiée, est dispensé de la tutelle. Il pourra même s'en faire décharger , si cette infirmité est survenue depuis sa nomination (*Art.* 434) ;

3° Deux tutelles sont, pour toutes personnes, une dispense d'en accepter une troisième.

---

(1) On voit , par cet article , que tout citoyen non parent ni allié du mineur , est forcé d'accepter la tutelle, s'il n'existe pas de parents capables de la gérer dans la distance de quatre myriamètres.

Si la tutelle est une charge publique, c'est principalement une charge de famille , et il est juste d'en dispenser un citoyen étranger à la famille , quand il existe dans une distance assez rapprochée, des parents ou alliés capables de la gérer.

Une seule tutelle dispense celui qui est époux ou père d'en accepter une seconde , excepté celle de ses enfants (*Art.* 435);

4° Ceux qui ont cinq enfans légitimes sont dispensés de toute tutelle autre que celle desdits enfants (*Art.* 436).

D. Faut-il que ces cinq enfants soient actuellement existants , pour opérer la dispense ?

R. Il faut qu'ils soient actuellement existants , ou, s'ils sont morts, qu'ils aient eux-mêmes laissé des enfants actuellement existants.

Ils seront toujours comptés pour opérer cette dispense , si , lors même qu'ils n'auraient point laissé d'enfants , ils sont morts en activité de service dans les armées françaises (*Art.* 436) (1) . Mais la survenance d'enfants pendant la tutelle , ne pourra autoriser à l'abdiquer (*Art.* 437).

D. Si le tuteur nommé a des excuses à proposer , quand doit-il le faire?

R. Il faut distinguer : si le tuteur nommé est présent à la délibération qui lui défère la tutelle, il devra les proposer sur-le-champ au conseil de famille , sous peine d'être déclaré non recevable dans toute réclamation ultérieure (*Art.* 438).

S'il n'était pas présent, il doit faire convoquer le conseil de famille , pour délibérer sur ses excuses, et faire ses diligences à ce sujet, dans le délai de trois jours , à partir de la notification qui lui aura été faite de sa nomination ; ce délai doit être augmenté d'un jour par trois myriamètres de distance, du lieu de son domicile à celui de l'ouverture de la

---

(1) *Hi qui pro republicâ ceciderunt , in perpetuum per gloriam vivere intelliguntur !* Mais remarquez qu'à Rome , il fallait qu'ils fussent morts en combattant, *in acie ;* tandis que d'après l'article 436, il suffit qu'ils soient morts *en activité de service ,* fût-ce même en temps de paix et à l'hôpital. C'est qu'en effet , souvent les fatigues du service sont aussi meurtrières que les coups de l'ennemi.

tutelle : passé ce délai, il sera non recevable (*Art.* 439).

D. Que doit faire le tuteur, si ses excuses sont rejetées ?

R. Il doit, pendant le litige, administrer provisoirement la tutelle ; mais il peut se pourvoir devant le tribunal de première instance, pour faire admettre ses excuses (*Art.* 440).

D. Contre qui doit être dirigée sa demande ?

R. Elle devra l'être contre les membres qui ont été d'avis de la délibération (*Code de procéd.*, art. 883).

D. Qui supportera les dépens de l'instance ?

R. Si l'excuse est jugée valable, ceux qui l'auront rejetée (1) peuvent (2) être condamnés aux dépens ; si le tuteur succombe, il y sera condamné lui-même (3) (*Art.* 441).

SECTION VII.

De l'incapacité, des exclusions et destitutions de la tutelle.

D. Quelle différence existe-t-il entre les causes d'exclusion et de destitution, et les causes d'incapacité ?

R. Les causes d'exclusion et de destitution diffèrent

---

(1) *Ceux qui l'auront rejetée.* Si donc la délibération n'a pas été unanime, ceux-là seuls pourront être poursuivis et condamnés aux dépens, qui auront été d'avis du rejet (*M. Delvincourt*).

(2) *Peuvent*, et non pas *doivent*. La condamnation aux dépens n'aura lieu, à leur égard, qu'autant que le juge estimera que le rejet a été dicté par un esprit de chicane ; dans le cas contraire, les frais seront à la charge du mineur, comme frais de tutelle. Il n'en est pas de même à l'égard du tuteur, qui doit toujours, lorsqu'il succombe, être condamné aux dépens (*M. Delvincourt*).

(3) Quel que soit le jugement du tribunal, il est susceptible d'appel (*Code de proc.*, art. 889).

des incapacités , en ce que ceux qui se trouvent dans le cas d'être exclus ou destitués , sont habiles à gérer la tutelle , comme ceux qui en sont dispensés , mais ils se sont rendus suspects par leur conduite (*M. Toullier*) ?

D. Quelle différence y-a-t il entre l'exclusion et la destitution ?

R. L'exclusion diffère de la destitution, en ce qu'on exclut le tuteur qui n'est pas encore entré en fonctions, et qu'on destitue celui qui a commencé à administrer (*M. Delvincourt*).

D. Quelles personnes sont incapables d'être nommées aux fonctions d'être tuteurs, ou d'être membres des conseils de familles ?

R. Ce sont : 1º les mineurs, excepté le père ou la mère ;

2º les interdits ;.

3º les femmes, autres que la mère et les ascendantes ;

4º Tous ceux qui ont, ou dont les père ou mère ont avec le mineur un procès dans lequel l'état de ce mineur, sa fortune ou une partie notable de ses biens sont compromis (1) (*Art.* 442).

D. Quelles personnes sont exclues de la tutelle, et même destituées, si elles sont en exercice ?

R. Ce sont : 1º les personnes condamnées à une peine afflictive ou infamante 2) (*Art.* 443);

---

(1) Il eût été dangereux de donner au pupille un tuteur qui, à raison de circonstances particulières, se fût trouvé placé entre son devoir et ses affections ou ses intérêts ; on eût réduit le tuteur lui-même à un état trop violent (*M. Locré*).

(2) La condamnation à une peine afflictive ou infamante emporte l'exclusion ou la destitution de plein droit, et sans qu'il soit nécessaire de la faire juger. Il suffit de convoquer un conseil de famille pour nommer un autre tuteur.

Toutefois, le condamné peut, après avoir subi sa peine, être tu-

2º Les gens d'une inconduite notoire (1) ;

3º Ceux dont la gestion attesterait l'incapacité ou l'infidélité (2) (*Art.* 444) ;

4º Ceux à qui un jugement en matière correction-nelle a interdit d'être tuteurs ou curateurs (3) (*Code pén. art.* 42).

D. Quels sont les effets des exclusions et destitu-tions ?

R. C'est de priver la personne qui en a été frap-pée, du droit d'être membre d'un conseil de fa-mille (4) (*Art.* 445).

D. Par qui sera prononcée la destitution ou l'ex-clusion de la tutelle ?

---

teur de ses enfants, et sur l'avis seulement de la famille (*Cod. pén.,* art. 28).

(1) *Inconduite notoire.* Il faut entendre par là, non-seulement le défaut d'ordre dans les affaires, mais encore le déréglement des mœurs (*M. Delvincourt*).

(2) Tel serait le tuteur qui se serait emparé des biens sans in-ventaire.

Si l'incapacité, qui résulte du défaut de connaissance des affaires, n'a rien de répréhensible en elle-même, celui qui a la connaissance de son incapacité a dû faire gérer et administrer par un mandataire capable. Ses fautes graves, dans l'administration de la tutelle, appro-chent du dol (*M. Toullier*).

Il faut observer que les causes d'exclusion et de destitution, tirées de l'inconduite notoire, de l'infidélité et de l'incapacité, s'appliquent à tous les tuteurs indistinctement. « Aussi, dit M. Locré, le père, la mère, l'ascendant s'y trouvent compris, par cela seul qu'ils n'en sont pas exceptés.

(3) Si ce n'est de ses propres enfants, et de l'avis seulement de la famille §.6, art. 42 du *Code pén.*).

(4) Cette exclusion ne s'applique pas seulement au conseil de famille du mineur de la tutelle duquel on a été exclu ou destitué, elle s'applique à tout autre conseil de famille ; mais remarquez que cette exclusion des conseils de famille, n'est attachée *qu'aux exclu-sions* et *destitutions,* lesquelles ont pour base une cause absolue, l'infamie et l'indignité, et non aux *incapacités,* lesquelles ne résul-tent que d'une cause temporaire ou relative.

I. EXAMEN.   11

R. Elle le sera, toutes les fois qu'il y aura lieu, par le conseil de famille, convoqué à la diligence du subrogé tuteur, ou d'office par le juge de paix.

Celui-ci ne pourra se dispenser de faire cette convocation quand elle sera formellement requise par un ou plusieurs parents ou alliés du mineur, au degré de cousin-germain, ou à des degrés plus proches, (*art.* 446), quand même les requérants ne seraient pas appelés à être membres du conseil de famille.

D. Quelles sont les formalités relatives à la délibération du conseil de famille ?

R. Toute délibération du conseil de famille qui prononcera l'exclusion ou la destitution du tuteur, ne pourra être prise qu'après avoir entendu ou appelé le tuteur ; elle sera motivée, (*art.* 447), et si elle n'est pas unanime, l'avis de chacun des membres doit être mentionné dans le procès-verbal (*Code de proc.*, *art.* 883).

D. Que doit-il être fait si le tuteur adhère à la délibération qui prononce l'exclusion ou la destitution ?

R. Dans ce cas, il doit être fait mention de son adhésion dans le procès-verbal, et l'on procède à la nomination du nouveau tuteur, qui entre de suite en fonctions (*Art.* 448).

D. Que doit-il être fait, si le tuteur n'adhère pas à la délibération ?

R. Dans ce cas, la délibération est soumise à l'homologation qui est poursuivie devant le tribunal de première instance (1), lequel prononce sauf l'appel ; et en cas d'inaction de la personne chargée de poursuivre l'homologation, le tuteur exclu ou destitué peut lui-même l'assigner, pour se faire déclarer maintenu dans la tutelle (*Art.* 448 ; *Code de proc.*, *art.* 882).

---

(1) Dans le ressort duquel s'est assemblé le conseil de famille.

Les parents ou alliés qui auront requis la convocation, pourront intervenir dans la cause, qui sera jugée comme affaire urgente (*Art.* 449).

SECTION VIII.

De l'administration du tuteur.

D. En quoi consistent les fonctions de tuteur?

R. Elles consistent à administrer la personne et les biens du mineur.

D. En quoi consistent les fonctions du tuteur, relativement à la personne?

R. Les fonctions du tuteur, sous ce rapport, se réduisent à trois points :

Prendre soin de la personne du mineur (1);

Exercer à son égard le droit de correction ;

Le représenter dans les actes civils.

D. Comment le tuteur peut-il exercer le droit de correction ?

R. Le tuteur qui aura des sujets de mécontentement graves sur la conduite du mineur, pourra porter ses plaintes à un conseil de famille, et, s'il

______

(1) *Prendre soin de la personne du mineur.* C'est-à-dire, diriger le mineur dans sa conduite, et pourvoir à son éducation ; mais le conseil de famille aurait-il le droit de régler ce qui concerne l'éducation du mineur, d'assigner le lieu où il doit être élevé, ou la personne, autre que le tuteur, à laquelle il sera confié? MM. Delvincourt et Toullier pensent que ce droit appartient au conseil de famille, et la Cour de cassation l'a ainsi jugé, par un arrêt du 8 août 1815.

Toutefois, M. Locré est d'un avis opposé: « Ce serait, dit-il, partager l'administration entre le tuteur et la famille. Or, *une administration partagée est toujours mal conduite ; une volonté unique peut seule bien gouverner ; rien de plus ridicule et de plus dangereux qu'une autorité qui gouverne par délibérations, et à la majorité des voix.* »

Je pense que M. Locré n'a pas voulu généraliser le principe qu'il émet; admettons le, s'il le veut, pour la tutelle ; dans ce cas au moins, le mal ne sera pas sans remède, car on peut, comme nous l'avons vu, exclure ou destituer le tuteur.

y est autorisé par ce conseil, provoquer la réclusion du mineur (*Art.* 468) (1).

D. Qu'entendez-vous par représenter le mineur dans les actes civils?

R. C'est-à-dire que le tuteur agit au nom du mineur, et sans son concours, dans les contrats civils et les procès qui peuvent intéresser l'état ou la fortune du mineur (2).

D. Quelles sont les fonctions du tuteur, relativement aux biens ?

R. La loi impose au tuteur diverses obligations à cet égard ; les unes, au moment de l'établissement de la tutelle, les autres, pendant sa durée.

D. Quelle est la première obligation du tuteur, au moment de l'établissement de la tutelle?

R. Dans les dix jours qui suivront celui de sa nomination, dûment connue de lui, le tuteur doit requérir la levée des scellés (3), s'ils ont été apposés, et faire procéder immédiatement à l'inventaire des biens du mineur, en présence du subrogé tuteur.

— S'il lui est dû quelque chose par le mineur, il

---

(1) Dans la forme tracée au titre de la puissance paternelle, *et par voie de réquisition* (*M. Locré*).

(2) Mais le pupille comparaît en personne lorsqu'il est appelé comme témoin en justice, et à l'acte de son mariage, où il n'a besoin que du consentement des personnes sous l'autorité desquelles il se trouve placé quant au mariage, et même, dans le cas où le tuteur ne serait pas un ascendant, s'il existait des ascendans excusés, le mineur pourrait sans le concours de son tuteur, consentir toutes les conventions relatives à son contrat de mariage, avec l'assistance des ascendants dont le consentement est nécessaire pour la validité du mariage. (Art. 1398.)

(3) *Scellés.* C'est l'apposition d'un sceau sur les effets de quelqu'un, pour la conservation de ces mêmes effets, et pour l'intérêt des tiers (*Répertoire de Merlin*). Voyez les art. 907 et suivants du *Code de procédure civile.*

devra le déclarer dans l'inventaire, à peine de déchéance, et ce, sur la réquisition que l'officier public sera tenu de lui en faire, et dont mention sera faite au procès-verbal (*Art.* 451).

D. Que doit faire le tuteur dans le mois qui suivra la clôture de l'inventaire?

R. Il doit faire vendre, en présence du subrogé tuteur, aux enchères reçues par un officier public, et après des affiches ou publications, dont le procès-verbal fera mention, tous les meubles, autres que ceux que le conseil de famille l'aurait autorisé à conserver en nature (*Art.* 452) (1).

D. Tous les tuteurs indistinctement sont-ils tenus de faire procéder à cette vente, s'ils ne sont autorisés par le conseil de famille à conserver les meubles?

R. Les père et mère, tant qu'ils ont la jouissance légale des biens du mineur, sont dispensésde vendre les meubles, s'ils préfèrent les garder pour les remettre en nature (*Art.* 453).

D. Que doivent-ils faire, dans le cas où ils préfèrent conserver les meubles?

R. Dans ce cas, ils en feront faire, à leurs frais, une estimation à juste valeur par un expert, qui sera nommé par le subrogé tuteur, et prêtera serment devant le juge de paix. Ils rendront la valeur estimative de ceux des meubles qu'ils ne pourraient représenter en nature (*Art.* 453).

D. Quelles formalités doit remplir le tuteur relativement à l'administration des biens, lors de son entrée en exercice de la tutelle?

R. Le tuteur, autre néanmoins que le père ou la mère, doit faire régler par le conseil de famille, par aperçu et selon l'importance des biens, la somme à laquelle pourront s'élever la dépense annuelle du

---

(1) *Voyez*, pour les formalités de cette vente, les articles 945 à 951 et 617 à 625 du *Code de procédure civile.*

mineur , et les frais de l'administration de ses biens (1).

Il devra faire spécifier dans le même acte, s'il est autorisé à s'aider, dans sa gestion, d'un ou plusieurs administrateurs particuliers, salariés et gérant sous sa responsabilité (*Art.* 454).

D. Que doit-il faire déterminer par le conseil relativement à l'emploi des revenus ?

R. Il doit faire déterminer positivement la somme à laquelle commencera pour lui l'obligation d'employer l'excédant des revenus sur la dépense. Cet emploi devra être fait dans le délai de six mois (2), passé lequel le tuteur devra les intérêts à défaut d'emploi (*Art.* 455).

D. Quel résultat aurait, pour le tuteur, sa négligence à faire déterminer par le conseil, la somme à laquelle doit commencer l'emploi ?

R. Il devra, dans ce cas, après le délai de six mois, les intérêts de toute somme non employée, quelque modique qu'elle soit (*Art.* 456).

D. Quelles sont, pendant la durée de la tutelle, les obligations générales du tuteur, relativement aux biens ?

R. Les obligations générales du tuteur sont d'administrer les biens du pupille en bon père de famille (3), et il répondra des dommages-intérêts qui pourraient résulter d'une mauvaise gestion (*Art.*450).

---

(1) Si la dépense annuelle du mineur a été réglée par le conseil de famille, le tuteur ne peut lui faire dépenser au-delà. Ce réglement est une loi qu'il ne peut excéder, sauf à convoquer le conseil pour délibérer sur une augmentation, en cas qu'elle devienne nécessaire (*M. Toullier*).

(2) *Dans le délai de six mois*, à compter du jour où aura été complétée la somme à laquelle commence l'obligation de faire emploi.

(3) *En bon père de famille.* C'est-à-dire qu'il doit avoir pour les affaires du pupille, le même soin et la même vigilance qu'un père de famille, exact et économe, a pour ses propres affaires (*M. Delvincourt*).

(167)

D. Le tuteur peut-il , en cette qualité , faire de son chef et sans le concours du conseil de famille, tous les actes quelconque qui peuvent intéresser le pupille ?

R. Non, il est des actes qui sont même entièrement interdits au tuteur ; d'autres, qu'il ne peut faire sans l'autorisation du conseil de famille.

D. Quels sont les actes interdits au tuteur ?

R. Le tuteur ne peut, à peine de nullité (1), acheter les biens de son pupille , même en adjudication publique (*Art.* 450-1596).

Il ne peut accepter la cession d'aucun droit ni d'aucune créance contre lui (*Art.* 450).

Il ne peut donner à bail les biens de son pupille , pour un temps excédant neuf années (*Voyez Art.* 1718-1429-1430).

D. Quels sont les actes que le tuteur à la vérité peut faire mais seulement avec l'autorisation du conseil de famille ?

R. Il ne peut, sans cette autorisation :

Prendre à ferme les biens de son pupille ; et dans le cas d'autorisation , c'est le subrogé tuteur qui doit lui passer bail (*Art.* 450).

Accepter ou répudier une succession échue au mineur. Le tuteur , même autorisé , ne pourra accepter que sous bénéfice d'inventaire (*Art.* 461) (2).

Accepter une donation faite au mineur. La donation acceptée par le mineur autorisé, a le même

____

(1) La nullité est relative ; et ne peut être invoquée que par le pupille ou ses ayant-cause, et jamais par le tuteur (*M. Delv.*).

(2) Le bénéfice d'inventaire est la faculté accordée à l'héritier présumé , d'accepter la succession sans être tenu des charges au-delà de l'émolument. L'acceptation pure et simple rend , au contraire, l'héritier passible des charges, au-delà même de ce qu'il peut avoir recueilli.

effet, à l'égard du mineur, qu'à l'égard du majeur (*Art.* 463) (1).

Introduire en justice une action relative aux droits immobiliers du mineur, ni acquiescer à une demande relative aux mêmes droits (*Art.* 464) (2).

Provoquer un partage (3) ; mais il peut, sans autorisation, répondre à une demande en partage dirigée contre le pupille (*Art.* 465).

D. Lorsqu'une succession a été répudiée (4) par le tuteur, dûment autorisé à cet effet, peut-elle être reprise, si elle n'a pas été acceptée par un autre?

R. Oui, dans ce cas, elle peut être reprise, soit par le tuteur, autorisé à cet effet par une nouvelle délibération du conseil de famille, soit par le mineur devenu majeur ; mais dans l'état où elle se trouvera lors de la reprise, et sans pouvoir attaquer les ventes et autres actes qui auraient été légalement faits durant la vacance (*Art.* 462).

D. N'est-il pas des actes pour la validité desquels l'autorisation du conseil de famille ne suffit pas?

R. Il en est pour lesquels il faut encore l'autorité de la justice.

D. Pour quels actes faut-il l'intervention de la justice?

R. Le tuteur, même le père ou la mère, ne peut emprunter pour le mineur, ni aliéner ou hypothéquer ses biens immeubles, sans y être autorisé par

______

(1) C'est-à-dire que si la donation, par la suite, lui devenait onéreuse, il ne pourrait se faire restituer (*M. Delvincourt*).

(2) *Une action relative aux droits immobiliers.* C'est-à-dire une action tendant à revendiquer un immeuble, ou un droit inhérent à un immeuble, comme un usufruit, une servitude. *Voy.* art. 526.

(3) *On verra la forme du partage au titre des successions.*

(4) On peut, en thèse générale, accepter une succession ou y renoncer : *n'est héritier qui ne veut.*

(169)

le conseil de famille ; et les délibérations de ce conseil, relatives à cet objet, ne seront exécutées qu'après que le tuteur en aura demandé et obtenu l'homologation devant le tribunal de première instance, qui y statuera en la chambre du conseil , et après avoir entendu le procureur du roi. (*Art.* 457-458).

D. Quelles causes devront déterminer le conseil de famille à accorder au tuteur l'autorisation d'emprunter, aliéner ou hypothéquer ?

R. Le conseil de famille ne devra accorder l'autorisation que pour cause d'un avantage évident ou d'une nécessité absolue ; et dans ce dernier cas, le conseil de famille n'accordera son autorisation qu'autant qu'il aura été constaté par un compte sommaire présenté par le tuteur , que les deniers , effets mobiliers et revenus du mineur sont insuffisants.

Le conseil de famille indiquera, dans tous les cas, les immeubles qui devront être vendus de préférence, et toutes les conditions qu'il jugera utiles (*Art.* 457) (1).

D. Quelles sont les formalités particulières exigées pour les transactions qui intéressent un mineur (2)?

R. Le tuteur ne pourra transiger au nom du mineur qu'après y avoir été autorisé par le conseil de famille , et de l'avis de trois jurisconsultes désignés par le procureur du roi.

La transaction ne sera valable qu'autant qu'elle

---

(1) *Voyez* les articles 2206-2207,827 du *Code civil.*

Voyez encore, pour les formalités particulières à la vente des biens des mineurs , les art. 955 et suiv. du *Code de proc. civ.*

(2) La transaction est un contrat par lequel les parties terminent une contestation née , ou préviennent une contestation à naître (*Code civil*, art. 2044), en sacrifiant ou modifiant respectivement , ou seulement par une d'elles , tout ou partie de leurs prétentions sur un objet dont elles peuvent disposer (*Pigeau , Proc. civ.*).

aura été homologuée par le tribunal de première instance , après avoir entendu le procureur du roi (*Art.* 467).

SECTION IX.

Des comptes de la tutelle.

D. A quelle époque le tuteur doit-il rendre le compte de la tutelle?

R. A la fin de la tutelle (*Art.* 469).

D. Comment finit la tutelle ?

R. Elle finit de la part du mineur : 1.° par sa mort naturelle ou civile ; 2° par sa majorité ; 3° par son émancipation.

Elle finit de la part du tuteur : 1° par sa mort naturelle ou civile ; 2° par la démission du tuteur dûment acceptée ; 3° par sa destitution.

D. Aux frais de qui est rendu le compte de la tutelle ?

R. Il est rendu aux frais du mineur ; mais ces frais sont avancés par le tuteur (*Art.* 471).

D. Quelles dépenses doit-on allouer au rendant compte ?

R. Toutes celles suffisamment justifiées , et dont l'objet sera utile (*Id.*).

D. Si ce compte donne lieu à des contestations , comment seront-elles poursuivies et jugées ?

R. Elles seront portées devant les juges du lieu où la tutelle a été déférée ou ouverte, et jugées comme les autres contestations en matière civile (*Code civ.*, art. 473 ; *Procédure civ.*, art. 527).

D. Que faut-il distinguer à l'égard des intérêts que produit le reliquat de compte?

R. Si c'est le tuteur qui est débiteur de ce reliquat, la somme à laquelle il s'élèvera portera intérêt, sans demande, à compter de la clôture du compte.

Si c'est au contraire le mineur qui est débiteur, les intérêts de ce qui sera dû au tuteur ne courront qu'à compter du jour de la sommation de payer, faite après la clôture du compte (*Art.* 474).

D. Quel serait le sort du traité qui pourrait intervenir entre le tuteur et le mineur devenu majeur, avant la reddition du compte?

R. Tout traité semblable sera nul, s'il n'a été précédé de la reddition d'un compte détaillé et de la remise des pièces justificatives; le tout constaté par un récépissé de l'oyant compte, dix jours au moins avant le traité (1) (*Art.* 472),

D. Combien dure l'action du mineur contre son tuteur relativement aux faits de la tutelle?

R. Elle dure pendant dix années, à compter de la majorité, et par conséquent serait prescrite, si elle n'avait pas été intentée pendant ce délai (*Art.* 475).

D. Indépendamment du compte définitif que tout tuteur doit rendre à la fin de sa tutelle, ne peut-il pas être astreint à donner, durant sa tutelle, des états de situation?

R. Oui, tout tuteur, autre que le père et la mère, peut être tenu, même durant la tutelle, de remettre au subrogé tuteur des états de situation de sa gestion aux époques que le conseil de famille aura jugé à propos de fixer, sans néanmoins que le tuteur puisse

____

(1) Ainsi, le mineur devenu majeur ne pourra transiger valablement sur le compte de tutelle, qu'en connaissance de cause, c'est-à-dire qu'après la reddition d'un compte détaillé, appuyé de la remise des pièces justificatives.

L'oyant compte. C'est-à-dire celui à qui on rend le compte.

être astreint à en fournir plus d'un chaque anneé (1) (*Art.* 470).

D. Dans quelle forme seront dressés ces états de situation ?

R. Ces états de situation seront rédigés et remis, sans frais, sur papier non timbré, et sans aucune formalité de justice.

CHAPITRE III.

De l'émancipation.

D. Qu'est-ce que l'émancipation ?

R. L'émancipation est l'acte par lequel le mineur acquiert le droit de se gouverner lui-même, et d'administrer lui-même ses biens.

M. DELVINCOURT.

R. L'émancipation est l'acte par lequel un mineur sort de la tutelle, est dégagé de la puissance paternelle, et acquiert, avant la majorité, le droit de se gouverner lui-même, ainsi que d'administrer librement ses biens.

M. TOULLIER.

D. Combien y a-t-il de sortes d'émancipation ?

R. Il y en a deux : l'émancipation tacite, et l'émancipation expresse.

D. Qu'est-ce que l'émancipation tacite ?

R. C'est celle qui s'opère de plein droit par le mariage ; elle en est une conséquence nécessaire, et n'est soumise à aucune formalité (*Art.* 476).

______

(1) L'objet de cette disposition est de mettre le subrogé tuteur en état d'exercer sur la gestion du tuteur, une surveillance dont la loi le charge, et de provoquer sa destitution, s'il aperçoit de l'infidélité ou de l'ineptie (*M. Locré*).

Mais il résulte de l'article 470, qu'il ne peut exiger ces états lorsque le conseil de famille n'a pas imposé au tuteur l'obligation d'en remettre à des époques fixées.

D. Qu'est-ce que l'émancipation expresse ?

R. L'émancipation expresse est celle qui s'opère par la volonté déclarée du père, de la mère, ou du conseil de famille.

D. N'existe-t-il aucune différence entre l'émancipation conférée par les père et mère, et celle conférée par le conseil de famille ?

R. Le mineur, même non marié, pourra être émancipé par le père, à défaut de père, par la mère, lorsqu'il aura atteint l'âge de quinze ans révolus.

Dans ce cas, l'émancipation s'opérera par la seule déclaration du père ou de la mère, reçue par le juge de paix, assisté de son greffier (*Art.* 477).

Si, au contraire, le mineur n'a plus ni père ni mère, il ne pourra être émancipé qu'à l'âge de dix-huit ans accomplis :

Dans ce cas, l'émancipation résultera de la délibération qui l'aura autorisée, et de la déclaration que le juge de paix, comme président du conseil de famille, aura faite dans le même acte, *que le mineur est émancipé* (1) (*Art.* 478).

D. Si le tuteur ne fait aucune diligence pour l'émancipation du mineur resté sans père ni mère, les parents pourront-ils provoquer son émancipation ?

R. Dans ce cas, si un ou plusieurs parents ou alliés du mineur, au degré de cousin germain, ou à des degrés plus proches, le jugent capable d'être émancipé, ils pourront requérir le juge de paix de con-

---

(1) Remarquez que si le père existe, lui seul a droit d'émanciper son fils ; si la mère survit, ce droit est également inhérent à sa personne, et ne peut être exercé que par elle.

Ce n'est qu'à défaut de père et mère, que le conseil de famille peut conférer l'émancipation, et c'est à ce cas seulement que s'applique l'art. 479 ; mais le père ou la mère vivant, aucun parent n'aurait droit de la provoquer.

voquer le conseil de famille pour délibérer à ce sujet. Le juge de paix devra déférer à cette réquisition
(*Art.* 479).

D. Le mineur acquiert-il, par l'émancipation, le
droit de faire seul tous les actes dont le majeur serait
capable ?

R. Non, il est des actes que le mineur émancipé
peut faire seul, d'autres qu'il ne peut faire sans être
assisté d'un curateur qui lui est nommé par le conseil
de famille (1), d'autres pour lesquels l'autorisation
du conseil de famille, et même quelquefois l'homologation lui sont nécessaires.

D. Quels sont les actes que le mineur émancipé
peut faire seul ?

R. Le mineur émancipé peut passer les baux
dont la durée n'excède pas neuf ans, recevoir ses
revenus, en donner décharge, et faire tous les actes
qui ne sont que de pure administrtaion, sans être
restituable contre ces actes dans tous les cas où le
majeur ne le serait pas lui-même (2) (*Art.* 481).

Il peut également intenter seul toutes les actions
mobilières.

D. Quels sont les actes que le mineur émancipé
ne peut faire qu'avec l'assistance de son curateur ?

R. Le mineur émancipé doit être assisté de
son curateur, pour recevoir le compte de tutelle
(*Art.* 480).

Pour intenter une action immobilière et y défendre.

---

(1) Le mari est, de plein droit, curateur de sa femme mineure ;
argument de l'art. 2208 du Code civil.

Voy. *Delvincourt*, t. 1, p. 337.

(2) *Dans tous les cas où le majeur ne le serait pas lui-même.* Ainsi,
il pourra être restitué contre ses actes, pour erreur, dol ou violence,
mais non pour simple lésion. Art. 1305 et 1313 (*M. Delvincourt*).

Pour recevoir un capital mobilier et en donner décharge, et le curateur devra surveiller l'emploi du capital reçu (*Art.* 482).

D. Quels sont les actes que le mineur émancipé ne peut faire sans l'assistance du conseil de famille?

R. Le mineur émancipé ne pourra faire d'emprunt, sous aucun prétexte, sans une délibération du conseil de famille, homologuée par le tribunal de première instance, le procureur du roi entendu (*Art.* 483).

Il ne pourra non plus vendre ni aliéner ses immeubles, ni faire aucun autre acte que ceux de pure administration, sans observer les formes prescrites pour le mineur non émancipé (1) (*Art.* 483).

D. Les obligations que le mineur émancipé aurait contractées par voie d'achat ou autrement, ne sontelles pas réductibles en certains cas?

R. Nous avons vu, *art.* 481, que le mineur émancipé n'est restituable contre les actes de pure administration qu'il est autorisé à faire seul, que dans le cas où le majeur le serait lui-même, c'est-à-dire pour dol, erreur, violence, etc., mais jamais pour lésion.

A l'égard des obligations qu'il aurait contractées pour ses besoins, par voie d'achats ou autrement, elles seront réductibles en cas d'excès; les tribunaux prendront, à ce sujet, en considération, la fortune du mineur, la bonne ou mauvaise foi des personnes qui auront contracté avec lui, l'utilité ou l'inutilité des dépenses (*Art.* 484).

D. Quelle mesure pourra être prise à l'égard du

---

(1) *Aucun autre acte que ceux*, etc. Ainsi, il ne peut, sans l'autorisation du conseil de famille, répudier une succession, ni l'accepter autrement que sous bénéfice d'inventaire, ni accepter une donation, ni provoquer un partage, ni transiger (*M. Toullier*).

mineur émancipé dont les engagements auraient été réduits comme excessifs?

R. Il pourra être privé du bénéfice de l'émancipation, laquelle lui sera retirée en suivant les mêmes formes que celles qui auront eu lieu pour la lui conférer (*Art.* 485).

D. Quel sera l'effet de la révocation de l'émancipation ?

R. Dès le jour où l'émancipation sera révoquée, le mineur rentrera en tutelle, et y restera jusqu'à sa majorité accomplie (*Art.* 486).

D. L'émancipation n'a-t-elle pas des effets plus étendus à l'égard du mineur commerçant ?

R. Le mineur émancipé est réputé majeur pour tous les faits relatifs à son commerce, à son négoce ou à sa profession (1) (*Art.* 487 et 1308).

Il peut engager et hypothéquer ses immeubles, il peut même les aliéner, mais seulement en observant les formalités requises pour le mineur non émancipé (*Code de commerce*, *art.* 6).

D. Que faut-il pour que l'émancipation produise cet effet à l'égard du mineur commerçant?

R. Il faut 1° qu'il ait dix-huit ans révolus

2° Qu'il ait été autorisé à faire le commerce par son père, ou, à défaut de père, par sa mère, et, à défaut du père et de la mère, par une délibération du conseil de famille, homologuée par le tribunal civil ;

3° Que l'acte d'autorisation ait été enregistré et affiché au tribunal de commerce du lieu où il veut établir son domicile (*Code de comm,* , *art.* 2).

______

(1) Du reste, le mineur commerçant n'étant réputé majeur que pour les faits de son commerce, reste dans la classe des mineurs ordinaires, pour tous les actes qui n'y sont pas relatifs.

TITRE XI.

De la majorité, de l'interdiction et du conseil judiciaire.

CHAPITRE PREMIER.

De la majorité.

D. A quel âge la majorité est-elle fixée ?

R. A l'âge de vingt-un ans, pour les personnes des deux sexes : à cet âge, on est capable de tous les actes de la vie civile, sauf les restrictions portées aux titres du mariage et de l'adoption (*Art.* 488).

CHAPITRE II.

De l'interdiction.

D. Qu'entendez-vous par interdiction ?

R. J'entends l'acte par lequel la justice déclare un individu devenu majeur, incapable des actes de la vie civile, et le prive de l'administration de sa personne et de ses biens (*M. Proudhon*).

D. Quels individus peuvent être interdits ?

R. Ceux qui sont dans un état habituel d'imbécillité (1), de démence ou de fureur, même lorsque

---

(1) L'imbécillité est l'état de l'individu atteint de cette faiblesse d'esprit, qui, sans aller jusqu'à faire perdre la raison, rend incapable de gouverner sa personne et ses biens.

La démence est l'état de celui qui est habituellement privé de l'usage de la raison.

La fureur est l'état de démence portée au plus haut degré : c'est

cet état présente des intervalles lucides (*Art.* 489).

D. Quelles personnes peuvent provoquer l'interdiction ?

R. Tout parent peut provoquer l'interdiction de son parent. Il en est de même de l'un des époux à l'égard de l'autre (*Art.* 490).

D. N'est-il pas un cas où l'interdiction peut être provoquée d'office par le procureur du roi ?

R. Oui, dans le cas de fureur ; si l'interdiction n'est provoquée ni par l'époux, ni par les parents, elle doit l'être par le procureur du roi, qui, dans le cas d'imbécillité ou de démence, peut aussi la provoquer contre un individu qui n'a ni époux, ni épouse, ni parents connus (*Art.* 491).

D. Devant quel tribunal la demande en interdiction doit-elle être portée ?

R. Devant le tribunal de première instance du domicile de la personne dont l'interdiction est demandée (*Art.* 492).

D. Comment procède-t-on pour arriver à l'interdiction ?

R. Les faits d'imbécillité, de démence ou de fureur doivent être énoncés dans une requête à laquelle sont jointes les pièces à l'appui, avec indication des témoins qu'on se propose de faire entendre. Cette requête et les pièces y jointes sont présentées au président du tribunal, qui ordonne la communication au procureur du roi, et nomme un juge pour faire son rapport, à jour indiqué, en la chambre du conseil (*Art.* 493 *Code de proc. art.* 890 *et* 891).

D. Sur ce rapport que fait-on ?

R. Le procureur du roi est entendu en ses con-

---

l'état où le furieux est involontairement poussé à des actions dangereuses pour lui, et même pour les autres (*M. Toullier*)

clusions, et, s'il y a lieu de passer outre, le tribunal ordonne la convocation du conseil de famille, formé selon le mode déterminé pour la délation d'une tutelle (*voyez art. 405 et suivants*), afin qu'il donne son avis sur l'état de la personne dont l'interdiction est demandée (*Art.* 494 ; *Code de proc.* , *àrt.* 892).

D. Ceux qui ont provoqué l'interdiction pourront-ils faire partie du conseil de famille ?

R. Non, ils ne le pourront pas, cependant l'époux ou l'épouse et les enfants de la personne dont l'interdiction sera provoquée, pourront, même dans ce cas, y être admis mais sans y avoir voix délibérative (1). (*Art.* 495).

D. Après avoir reçu l'avis du conseil de famille, que fait le tribunal ?

R. Il interroge le défendeur en la chambre du conseil : s'il ne peut s'y présenter, il est interrogé dans sa demeure ou dans la maison de santé où il est placé, par un des juges commis à cet effet, assisté du greffier. Dans tous les cas, le procureur du roi est présent à l'interrogatoire (2) (*Art.* 496).

---

(1) L'époux, l'épouse et les enfants, lors même qu'ils ne sont pas demandeurs en interdiction, n'ont pas voix délibérative : ils peuvent assister au conseil de famille, mais ils n'en font pas partie. Il eût été peu convenable et peu moral de les mettre dans la cruelle obligation de prononcer sur l'état d'un père ou d'un époux malheureux et humilié, qu'ils doivent constamment entourer de soins, de respect et de tendresse (*M. Toullier*).

MM. Delvincourt et Proudhon pensent, au contraire, que l'époux, l'épouse et les enfants, peuvent assister au conseil de famille avec voix délibérative, lorsqu'il n'ont pas provoqué l'interdiction.

(2) Le défendeur doit être interrogé, mais non pas inopinément ; la requête introductive de l'instance, et l'avis du conseil de famille, doivent lui être signifiés avant qu'il soit procédé à son interrogatoire (Art. 893 du *Code de proc.*), afin que, par cet avertissement, il puisse, s'il en est capable, être mis à même de réfléchir sur sa position, et les défenses qu'il aura à opposer (*M. Proudhon*).

12.

D. Le tribunal peut-il faire plusieurs interrogatoires ?

R. Oui, s'il le juge convenable (1) ; mais après le premier interrogatoire, il commettra, s'il y a lieu, un admistrateur provisoire pour prendre soin de la personne et des biens du défendeur (2) (*Art.* 497).

D. Comment le jugement sur une demande en interdiction est-il rendu ?

R. Il doit être rendu à l'audience publique, sur les conclusions du procureur du roi, les parties présentes ou dûment appelées (*Art.* 498 *et* 515).

D. Peut-on appeler d'un jugement statuant sur une demande en interdiction ?

R. Oui, on peut en appeler dans tous les cas; mais relativement à la personne qui a le droit d'interjeter appel, il faut distinguer :

Ou l'interdiction a été prononcée, et alors l'appel n'est accordé qu'au défendeur ; il est dirigé contre le provoquant.

Ou bien l'interdiction est refusée, et alors le droit d'appeler appartient non-seulement au provoquant, mais encore à tout membre du conseil de famille. L'appel est dirigé contre le défendeur (*Cod. de procéd. art.* 894).

D. Le tribunal doit-il admettre purement et simplement, ou rejeter la demande en interdiction ?

R. Non, il peut, si les circonstances l'exigent,

---

(1) C'est la conséquence de ce qu'on peut demander l'interdiction d'une personne qui aurait des intervalles lucides, parce qu'un seul examen momentané, pourrait être insuffisant pour s'assurer de son état habituel (*M. Proudhon*).

(2) Cet administrateur ne pourra conséquemment faire que les actes d'administration provisoire, et non ceux d'aliénation, même des choses périssables, à moins, dans ce dernier cas, qu'il ne s'y jasse autoriser par justice (*M. Delvincourt*).

(181)

tout en rejetant la demande en interdiction , ordonner que le défendeur ne pourra désormais plaider , transiger, emprunter, recevoir un capital mobilier , ni en donner décharge , aliéner , ni gréver ses biens d'hypothèques, sans l'assistance d'un conseil qui lui est nommé par le jugement (*Art.* 499).

D. En cas d'appel, la cour est-elle tenue d'interroger de nouveau la personne dont on demande l'interdiction ?

R. La cour peut , si elle le juge nécessaire , interroger de nouveau ou faire interroger par un commissaire la personne dont l'interdiction est demandée; mais cela est purement facultatif , tandis que l'interrogatoire est de rigueur devant le tribunal de première instance (*Art.* 500).

D. Lorsque l'interdiction est prononcée, le demandeur n'est-il pas tenu de faire connaître au public que le défendeur est devenu incapable de contracter?

R. Tout jugement (1) portant interdiction , doit être, à la diligence du demandeur, levé, signifié à partie, inscrit dans les dix jours , sur un tableau affiché dans la salle de l'auditoire du tribunal et dans les études des notaires de l'arrondissement (*Art.* 501).

D. Quels sont les effets de l'interdiction ?

R. L'interdiction produit deux effets principaux, auxquels on peut rapporter tous les autres.

____

(1) De ces expressions : *tout jugement portant interdiction, doit être inscrit sur les tableaux* , etc. , il suit que cette formalité doit être remplie , même à l'égard du jugement de première instance , dont il y aurait appel ; et cela est fondé sur ce que , par l'arrêt confirmatif qui peut intervenir , la sentence des premiers juges devant avoir son effet dès le jour où elle aura été prononcée, il est juste que le public soit aussi averti , dès lors , que l'on conteste l'état de celui dont l'interdiction est demandée (*M. Proudhon*).

L'un, de placer la personne et les biens de l'interdit sous l'administration d'un tuteur ;

L'autre, d'imposer à l'interdit les mêmes incapacités qu'au mineur non émancipé (*Art.* 509).

D. Quand et comment doit-on nommer un tuteur à l'interdit ?

R. S'il n'y a point d'appel du jugement d'interdiction rendu en première instance, on doit nommer à l'interdit un tuteur et un subrogé-tuteur, suivant les règles prescrites au titre de la minorité et de la tutelle (1).

L'administrateur provisoire, s'il en a été nommé un, cessera ses fonctions et rendra compte au tuteur, s'il ne l'est pas lui-même (*Art.* 505).

D. La tutelle des interdits est-elle toujours dative ?

R. Oui, telle est la règle générale ; elle ne reçoit qu'une seule exception, c'est que le mari est de droit tuteur de sa femme interdite. (*Art.* 506.).

D. La femme peut-elle être nommée tutrice de son mari interdit ?

R. Oui, elle le peut (2) : et alors le conseil de fa-

______

(1) Mais s'il y a appel, il faut attendre que le jugement soit confirmé sur l'appel, avant de nommer ce tuteur et ce subrogé tuteur. En ce point, l'appel du jugement est suspensif, quoiqu'il ne le soit pas relativement aux incapacités imprimées à l'interdit.

La nomination du tuteur et du subrogé tuteur serait nulle, si elle était faite avant la signification du jugement d'interdiction, parce que le délai pour en relever appel, ne commence à courir que du jour de la signification.

Elle serait également nulle, si elle était faite après la déclaration d'appel.

Mais elle serait valable, si elle avait été faite après la signification du jugement, mais avant la déclaration d'appel (*M. Toullier*).

(2) Plusieurs raisons ont porté le législateur à faire fléchir la règle qui écarte les femmes de la tutelle, dans les cas ordinaires : il a présumé que l'affection d'une épouse pour son mari, devait souvent lui mériter la préférence sur toute autre personne : la tutelle n'est,

mille réglera la forme et les conditions de l'administration, sauf le recours de la part de la femme qui se croirait lésée par l'arrêté de la famille (*Art.* 507).

D. Combien de temps dure la tutelle de l'interdit ?

R. Elle dure, quant à lui, autant que les causes qui y ont donné lieu ; mais comme il eût été injuste de prolonger indéfiniment, relativement au tuteur, une charge dont on n'aperçoit pas le terme, comme dans le cas de la tutelle d'un mineur, la loi a voulu que nul, à l'exception des époux, des ascendants et descendants, ne fût tenu de conserver la tutelle d'un interdit au-delà de dix ans : à l'expiration de ce délai, le tuteur peut demander et doit obtenir son remplacement (*Art.* 508).

D. A partir de quelle époque l'interdiction a-t-elle son effet ?

R. L'interdiction a son effet du jour du jugement qui la prononce. Tous les actes passés postérieurement par l'interdit, sont nuls de droit (*Art.* 502) (1).

---

pour ainsi dire, ici, que l'exécution des devoirs d'assistance réciproque, que la loi impose à ceux qui sont unis par le mariage : et d'ailleurs, dans cette position particulière, l'association pécuniaire qui existe entre le mari et la femme, place celle-ci hors de la condition d'un tuteur étranger, qui n'a aucune communion d'intérêt avec l'interdit (*M. Proudhon*).

(1) Les nullités de droit sont, en général, celles qui n'ont pas besoin d'être prononcées ; telle est celle portée par l'art. 692 du *Code de procédure*. Ce n'est point de cette espèce de nullité qu'il s'agit ici. L'acte passé par l'interdit est si peu nul dans ce sens, que la nullité doit, à peine de déchéance, en être demandée dans les dix ans, à compter de la main-levée de l'interdiction (Art. 1304). Je crois donc, qu'il faut entendre ces mots : *nuls de droit*, dans ce sens, que l'interdit n'a rien à prouver pour faire prononcer la nullité : il lui suffit de justifier qu'il était interdit quand l'acte a été passé : à la différence du mineur, qui, outre sa minorité, doit encore prouver qu'il a été lésé par l'acte dont il demande la nullité, suivant cette maxime : *minor restituitur non tanquàm minor, sed tanquàm læsus* (*M. Delv.*)

D. Les actes antérieurs à l'interdiction peuvent-ils être attaqués?

R. Oui, ils pourront être annulés, si la cause de l'interdiction existait notoirement à l'époque où ces actes ont été faits (*Art.* 503).

D. Après la mort d'un individu, peut-on attaquer, pour cause de démence, les actes faits par lui?

R. Non, on ne le peut (1), à moins que l'interdiction n'ait été prononcée ou provoquée (2) avant son décès, ou encore, à moins que la preuve de la démence ne résulte de l'acte même qui est attaqué (3) (*Art.* 504).

D. Comment doit-on employer les revenus de l'interdit?

R. On doit les employer essentiellement à adou-

---

(1) Si la personne morte dans la paisible possession de son état, était néanmoins en démence, la loi punit la négligence de ses héritiers, qui n'ont pas agi dans le temps que leur action pouvait lui être utile : elle repousse, par une fin de non-recevoir équitable, une demande tardive dont la légitimité ne peut plus être constatée par la preuve la plus naturelle, la seule non équivoque en pareil cas, par l'examen de la personne prétendue en démence : la loi présume avec justice, qu'elle a joui jusqu'au dernier moment, de la plénitude de sa raison, puisqu'on n'a pas osé, pendant sa vie, intenter contre elle une action en interdiction : la preuve contraire à cette présomption légale n'est pas admise (*M. Toullier*).

(2) En effet, la mort de l'individu à interdire, survenue pendant l'instance en interdiction dirigée contre lui, ne peut priver ses héritiers de leurs droits : leur action est conservée ; ils peuvent alors attaquer les actes faits par le défunt, tant avant que depuis la demande en interdiction, comme ils l'auraient pu faire, si l'interdiction avait été prononcée : bien entendu que ces actes peuvent être maintenus ou annulés, suivant les circonstances ; la décision est abandonnée à la prudence des tribunaux (*M. Toullier*).

(3) Alors la preuve de l'incapacité résulte du propre fait du défunt : elle est indépendante du témoignage des hommes ; il est impossible de maintenir des dispositions qui appartiennent évidemment à la démence, au lieu d'être le fruit de la raison (*M. Toullier*).

cir son sort et à accélérer sa guérison. Selon le caractère de sa maladie et l'état de sa fortune, le conseil de famille pourra arrêter qu'il sera traité dans une maison de santé et même dans un hospice (*Art.* 510).

D. En cas de mariage de l'enfant de l'interdit, par qui sont réglés la dot, l'avancement d'hoirie (1), et les autres conventions matrimoniales ?

R. Ils le sont par un avis du conseil de famille, homologué par le tribunal, sur les conclusions du ministère public (*Art.* 511).

D. Quand finit l'interdiction ?

R. Elle cesse avec les causes qui l'ont déterminée; néanmoins la main-levée ne sera prononcée qu'en observant les formalités prescrites pour parvenir à l'interdiction : l'interdit ne pourra reprendre l'exercice de ses droits qu'après le jugement de main-levée (*Art.* 512).

CHAPITRE III.

Du conseil judiciaire.

D. Qu'est-ce que le conseil judiciaire ?

R. C'est un surveillant nommé par la justice, sans l'assistance duquel l'homme qui l'a reçu, ne peut plaider, tant en demandant qu'en défendant, en matière civile, ni transiger, ni emprunter, ni recevoir un capital mobilier et en donner décharge, ni aliéner, ni hypothèquer ses biens (*Art.* 513).

---

(1) *Hoirie* est un vieux mot, qui signifie succession.

Avancement d'hoirie, est donc ce qu'un père ou une mère donnent à leurs enfants, par anticipation sur leur succession future (*M. Delvincourt.*)

D. Par qui la défense de procéder sans l'assistance d'un conseil peut-elle être provoquée?

R. Elle peut l'être par ceux qui ont droit de demander l'interdiction ; leur demande est instruite et jugée de la même manière. Cette défense ne peut être levée qu'en observant les mêmes formalités (1) (*Art.* 514).

D. A partir de quelle époque, la nomination doit-elle avoir son effet?

R. Elle a son effet du jour du jugement : tous les actes passés postérieurement sans l'assistance du conseil, sont nuls de droit.

D. Comment est rendu le jugement portant nomination de conseil?

R. Il est rendu à l'audience publique, le procureur du roi entendu en ses conclusions ; il doit être publié comme le jugement d'interdiction (2). (*Art.* 515 ; *Code de proc.*, art. 897).

---

(1) Elle doit l'être, quand le conseil de famille pense que les circonstances ou le caractère de la personne ont tellement changé, qu'il n'y a plus de danger à la laisser agir sans conseil (*M. Toullier*).

(2) Il y a une grande différence dans les effets de l'un et de l'autre jugement, en ce que, comme nous l'avons vu, les actes antérieurs à l'interdiction peuvent être attaqués en prouvant que la démence existait déjà notoirement à l'époque où ils ont eu lieu ; mais la loi n'accorde pas la même faculté, quand il s'agit simplement du conseil judiciaire (Art. 503) (*M. Proudhon*).

LIVRE DEUXIÈME.

DES BIENS, ET DES DIFFÉRENTES MODIFICATIONS DE LA PROPRIÉTÉ.

TITRE PREMIER.

De la distinction des biens.

D. Qu'est-ce qu'on entend par le mot *biens* ?

R. On comprend sous le nom de *biens*, toutes les choses qui peuvent être l'objet d'une propriété publique ou particulière.

M. Delvincourt.

R. On entend par *biens* toutes les choses que l'on possède, et par *choses* tout ce que l'on peut posséder.

M. Toullier.

D. De combien de manières le code considère-t-il les biens ?

R. De deux manières : il les considère en eux-mêmes, et par rapport à ceux qui les possèdent.

D. Comment divise-t-on les biens considérés en eux-mêmes ?

R. On les divise en immeubles et en meubles (1) (*Art.* 516).

D. Est-il important de savoir distinguer les meubles des immeubles ?

R. Oui, parce qu'il existe entr'eux de nombreuses

___

(1) La division la plus générale des biens est en biens corporels et en biens incorporels ; tous les auteurs l'ont reconnue ; *M. Delvincourt* l'a même suivie.

différences dans le droit : ainsi, ils ne peuvent point être saisis dans les mêmes formes ; il ne sont pas également susceptibles d'être hypothéqués ; les meubles et les immeubles qui appartiennent aux époux ne tombent pas également dans la communauté (1).

———

CHAPITRE PREMIER.

Des immeubles.

D. Comment divise-t-on les immeubles ?

R. On les divise en : 1° immeubles par leur nature ;

2° Immeubles par destination ;

3° Immeubles par l'objet auquel ils s'appliquent.

D. Qu'est-ce qu'on entend par immeubles par leur nature ?

R. Ceux qui, par leur nature, ne peuvent être transportés d'un lieu à un autre (M. *Delvincourt*).

Tels sont : les fonds de terre et les bâtiments ;

Les moulins quelconques fixés sur pilliers et faisant partie du bâtiment (*Art.* 519) ;

Les récoltes pendantes par les racines et les fruits des arbres non recueillis (2) (*Art.* 520) ;

Les mines et travaux faits pour leur exploitation (*Loi du* 21 *avril* 1810, *concernant les mines*).

———

(1) *Voyez M. Toullier*, tom. III, pag. 6, n° 10.

(2) Remarquez que les grains, dès qu'ils sont coupés, les fruits, dès qu'ils sont détachés, quoique non enlevés, deviennent meubles. Si une partie de la récolte seulement est coupée, cette partie seule est meuble.

Les récoltes et fruits quelconques vendus, quoique non coupés, deviennent meubles, dans la main de l'acheteur.

D. Quels sont les biens immeubles par destination ?

R. Ce sont : 1º les objets que le propriétaire d'un fonds y a placés pour le service et l'exploitation de ce fond.

Tels sont : les animaux que le propriétaire du fonds livre au fermier ou métayer (1) pour servir à la culture, estimés ou non, tant que l'effet de la convention attache ces animaux au fonds (*Art.* 522) ;

Les tuyaux servant à la conduite des eaux dans une maison ou dans un héritage (*Art.* 523) ;

Les ustensiles aratoires ;

Les semences données aux fermiers ou colons partiaires (2) ;

Les pigeons des colombiers ;

Les lapins des garennes ;

Les ruches à miel ;

Les poissons des étangs (3) ;

Les pressoirs, chaudières, alambics, cuves et tonnes ;

Les ustensiles nécessaires à l'exploitation des forges, papeteries et autres usines ;

Les pailles et engrais (*Art.* 524).

2º Les effets mobiliers que le propriétaire a attachés au fonds à perpétuelle demeure, c'est-à-dire

---

(1) Le mot *métayer* désigne ici le cultivateur à moitié fruit, nommé ailleurs *granger*, *bordier*, etc. (*M. Locré, Esprit du Code civil*).

(2) Le colon partiaire est celui qui cultive moyennant une portion des fruits.

(3) A l'égard des pigeons, poissons et lapins, il faut bien faire attention aux qualités que cet article leur donne ; en effet, les pigeons des volières, les lapins privés, les poissons en réservoir, ne sont pas censés immeubles (*M. Malleville*).

ceux qui y sont scellés à plâtre, à chaux ou à ciment;

Ceux qu'on ne peut enlever sans les briser et détériorer, ou sans briser et détériorer la partie du fonds où ils sont attachés;

Les glaces, les tableaux et autres ornements attachés à un parquet faisant corps avec la boiserie;

Les statues placées dans des niches pratiquées exprès (1) (*Art.* 524 et 525).

D. Quels sont les biens immeubles par l'objet auquel ils s'appliquent?

R. Ce sont les biens qui, sans existence réelle et effective, ne pouvant avoir d'autre nature que celle des objets auxquels ils se rattachent, s'appliquent à des immeubles; tels sont:

L'usufruit des choses immobilières;

Les droits de servitude;

Les actions qui tendent à revendiquer un immeuble (*Art.* 526).

—

CHAPITRE II.

Des meubles.

D. Comment divise-t-on les meubles?

R. En biens meubles par leur nature, et biens meubles par la détermination de la loi (*Art.* 527).

D. Quels sont les biens meubles par leur nature?

R. Ce sont les corps qui peuvent se transporter

---

(1) Il suit de là que les statues placées sur bases dans les cours et les bâtiments, ou sur des piédestaux dans les jardins, conservent leur qualité de meubles: c'est en effet ainsi que l'ont jugé quelques arrêts. Il semblait plus naturel de faire suivre à ces statues le sort du bâtiment ou du jardin (*M. Malleville*).

d'un lieu à un autre, soit qu'ils se meuvent par eux-mêmes, comme les animaux, soit qu'ils ne puissent changer de place que par l'effet d'une force étrangère, comme les choses inanimées (*Art.* 528).

Tels sont :

Les bateaux, bacs, navires, moulins et bains sur bateaux, et généralement toutes les usines non fixées par des piliers et ne faisant point partie de la maison (1) (*Art.* 531);

Les grains coupés et les fruits détachés (*Art.* 520);

Les coupes ordinaires des bois taillis et des futaies mises en coupes réglées, au fur et à mesure que les arbres sont abattus ;

Les lapins de clapier, les pigeons de volière, les poissons mis dans un vivier ou un réservoir ;

Les matériaux provenant de la démolition (2) d'un édifice, ceux assemblés pour en construire un nouveau, jusqu'à ce qu'il soient employés par l'ouvrier dans une construction (*Art.* 532).

D. Quels sont les biens meubles par la détermination de la loi ?

R. Ce sont les obligations ou actions qui ont pour objet des meubles ;

Les actions dans des compagnies pendant, la durée de ces compagnies, mais à l'égard de chaque actionnaire seulement (3) ;

---

(1) A raison de l'importance de ces objets, quoique meubles, la saisie en est soumise à des formes particulières (Art. 531). *Voyez* au Code de procédure, art. 620 et suiv.

(2) Je pense qu'il faut que la démolition soit entière, et que, conformément au droit romain, les matériaux détachés d'un édifice pour y être replacés, sont immeubles (*L.* 17, *D. de Act. Empt.*).

(3) Les mots *actions* et *intérêts* ne sont point synonymes ; l'intérêt rend associé et co-propriétaire ; l'action ne rend que commanditaire, et ne donne aucun droit à la propriété. Mais, il n'est pas impossible que l'action et l'intérêt se réunissent dans la même personne (*M. Malleville*). *Voyez* cet auteur, tom. 2, pag. 15.

Les rentes perpétuelles ou viagères (*Art.* 529).

D. En était-il de même dans l'ancien droit?

R. Non ; les rentes foncières étaient autrefois immeubles, parce qu'elles étaient non rachetables et représentaient la chose baillée à rente (1).

D. Ces rentes sont-elles aujourd'hui rachetables?

R. Toute rente établie à perpétuité comme condition de la vente ou de la cession d'un fond immobilier, est essentiellement rachetable, nonobstant toute clause contraire. Cependant le créancier peut stipuler avec les conditions du rachat, que la rente ne lui sera pas remboursée avant un temps fixe ; mais ce temps ne peut excéder trente ans (*Art.* 530).

D. Quel est le sens attaché par la loi aux termes *biens meubles*, *mobilier* ou *effets mobiliers* ?

R. Ils comprennent généralement tout ce qui est considéré comme meuble par la loi.

D. Quelle est l'étendue du mot *meuble* employé isolément (2)?

R. Il ne comprend point l'argent comptant, les pierreries, les dettes actives, les livres, les médailles, les instruments des sciences, des arts et des métiers, le linge de corps, les chevaux, équipages, armes, grains, vins, foins, les autres denrées, et

____

(1) *Voyez M. Locré*, tom. 7, pag. 46. Ce ne fut qu'après une très longue discussion, que le conseil d'état décida que ces rentes seraient rachetables. Les dispositions de l'article 530 ne furent même promulguées que par la loi du 30 ventose an xii, qui ordonna de les insérer au Code civil sous ce numéro.

(2) Quoique ces divers mots, *meubles*, *mobilier*, comprennent en général tout ce qui n'a point le caractère d'immeuble, on distingue dans l'usage entre ces expressions. C'est pourquoi le Code a voulu en fixer le sens précis, par des dispositions positives (*M. Toullier*).

tout ce qui fait l'objet d'un commerce (1) (*Art.* 533).

D. Quelle est l'étendue de l'expression *meuble meublants ?*

R. Ces mots ne comprennent que les meubles destinés à l'usage et à l'ornement des appartements, comme tapisseries, lits, siéges, glaces (2), pendules, tables, porcelaines, tableaux, statues et autres objets de cette nature : mais ils ne comprennent point les collections de tableaux ni de porcelaines qui pourraient se trouver dans des galeries ou pièces particulières (*Art.* 534).

D. Quels sont les objets qui, lorsqu'il n'y a rien d'expliqué à cet égard, sont compris dans la vente ou le don : 1º d'une maison meublée ; 2º d'une maison avec tout ce qui s'y trouve ?

R. Le don ou la vente ne comprend, dans le premier cas, que les meubles meublants : dans le second cas, au contraire, sont compris dans la disposition tous les effets mobiliers, excepté seulement l'argent comptant, les dettes actives et autres droits dont les titres peuvent être déposés dans la maison (*Art.* 535 et 536) (3).

---

(1) Tout ce qui n'est point excepté dans l'énumération des objets indiqués par cet article, est compris sous l'expression de meubles, seule et sans addition : tels sont l'argenterie, le linge autre que le linge de corps (*M. Toullier*).

(2) Il faut en excepter celles dont le parquet fait corps avec la boiserie, qui sont immeubles.

(3) Le titre n'est pas la créance, il n'en est que la preuve; la créance est un droit inhérent à la personne du créancier (*M. Delvincourt*).

Voyez, sur les art. 533, 534, 535 et 536, *MM. Malleville*, tom. II, pag. 18, et *Toullier*, tom. III, nᵒˢ 23 à 27.

CHAPITRE III.

Des biens dans leurs rapports avec ceux qui les possèdent.

D. Quelle est la division des biens considérés dans leurs rapports avec ceux qui les possèdent?

R. On les divise en biens nationaux, communaux et patrimoniaux.

D. Quels sont les biens nationaux, et comment les divise-t-on?

R. Les biens nationaux sont ceux qui appartiennent à l'état (1); les uns ne sont pas susceptibles d'une propriété privée, les autres, au contraire, en sont susceptibles.

D. Quels sont les biens nationaux non susceptibles d'une propriété privée?

R. Ce sont les chemins, routes et rues à la charge de l'état, les fleuves et rivières navigables ou flottables, les rivages, lais et relais de la mer, les ports, les hâvres, les rades (2) (*Art.* 538), les portes, murs, fossés et remparts des forteresses et places de guerre (*Art.* 540).

---

(1) Il ne faut pas confondre le domaine public ou de l'état avec le domaine privé du roi. *Voyez M. Portalis*, Exposé des motifs, tom. I, pag. 15, et tom. IV, pag. 31, édition de Didot; *Wolff.*, *Instit. jur. nat.*, § 1065; *Jus gentium*, § 102 et seq.

Voyez aussi les art. 18 et suiv., de la loi du 8 novembre 1814, relative à la liste civile et à la dotation de la couronne.

(2) Le fleuve diffère de la rivière, en ce que le premier conserve son cours et son nom jusqu'à la mer.

Le *rivage de la mer* est le terrain qu'elle couvre dans ses plus hautes marées, les *lais* et les *relais* de la mer sont les portions de terrain qu'elle abandonne insensiblement en se retirant, le *hâvre* est un port qui ne peut recevoir que des bâtiments d'une moindre grandeur; la *rade* est une partie de la mer où les bâtiments peuvent mouiller en sûreté, en attendant le moment favorable pour entrer dans le port.

D. Quels sont les biens nationaux susceptibles d'une propriété privée ?

R. Ce sont les biens vacants et sans maîtres ; ceux des personnes qui décèdent sans héritiers, ou dont les successions sont abandonnées, les terrains, fortifications et remparts des places qui ne sont plus places de guerre (1) (*Art.* 539, 541). Il faut y ajouter les îles, îlots et attérissements qui se forment dans les rivières flottables ou navigables (*Art.* 560).

D. Quels sont les biens communaux ?

R. Ce sont ceux à la propriété ou au produit desquels les habitants d'une ou de plusieurs communes ont un droit acquis (*Art.* 542).

D. Comment les biens nationaux et communaux sont-ils administrés et aliénés ?

R. Ils ne peuvent l'être que dans les formes et suivant les règles qui leur sont particulières (2) (*Art.* 537).

D. Quels sont les biens patrimoniaux ?

R. Ce sont ceux qui appartiennent à des particuliers qui en ont la libre disposition, sous les modifications établies par lois (*Art.* 537).

D. Quels sont les droits qu'on peut avoir sur des biens ?

---

(1) Il faut bien remarquer la différence que les art. 540 et 541 mettent entre les murs et remparts des anciennes places de guerre depuis abandonnées, et ceux des places de guerre actuellement existantes : les premiers sont prescriptibles ; les seconds ne le sont pas (*M. Malleville*).

(2) Il a été rendu sur les biens communaux, depuis la révolution, plusieurs lois importantes qu'il serait trop long d'analyser, mais qu'il est nécessaire de connaître ; car elles font naître de fréquentes contestations et sont aujourd'hui l'une des sources les plus fertiles en procès (*Toullier*).

R. On peut avoir droit de propriété, un droit de jouissance, ou des services fonciers à prétendre (*Art.* 543).

TITRE II.

De la propriété (1).

D. Qu'est-ce que la propriété?

R. La propriété est le droit de jouir et de disposer des choses de la manière la plus absolue, pourvu qu'on n'en fasse pas un usage prohibé par les lois ou par les réglements (2) (*Art.* 544).

D. Peut-on forcer un propriétaire à céder sa propriété ?

R. On ne le peut que pour cause d'utilité publique, et moyennant une juste et préalable indemnité (*Art.* 545) (3).

D. Comment le motif d'utilité publique est-il constaté ?

---

(1) Les meilleurs prolégomènes que l'on puisse choisir sur ce titre, se trouvent dans le discours de *M. Portalis* au corps-législatif, en le lui présentant. Il prouve parfaitement, contre *J.-J. Rousseau* et ses disciples, que la propriété et le partage du sol ont créé l'ordre dans les société; que les hommes sans propriétés, et par conséquent sans agriculture, se battraient pour la chasse dans les forêts et les terres incultes, comme les hommes civilisés le font pour la propriété des champs et des villes; il prouve également le danger et la fausseté du système qui donne aux souverains une sorte de co-propriété sur les biens situés dans le territoire qu'ils régissent, etc.

Voyez M. Toullier, tom. III, n° 63 à 74, pag. 39, et suiv.; *M. Malleville*, tom. II, pag. 27.

(2) On a souvent défini la propriété *jus abutendi*, par opposition au simple usage, *jus utendi ;* par *jus abutendi*, il faut comprendre le droit de consumer la substance en en jouissant, et non pas le droit d'abuser (*M. Toullier*).

(3) Il suffit pourtant quelquefois d'utilité particulière. *Voyez* articles 661, 662 et 682.

R. Par l'ordonnance du roi, prescrivant l'achat des terrains, ou les travaux quelconques, fixés ensuite sur le terrain par arrêté du préfet (*Loi du 8 mars 1810*).

D. Quels droits donne la propriété?

R. La propriété d'une chose mobilière ou immobilière donne droit sur tout ce qu'elle produit et sur ce qui s'y unit accessoirement, soit naturellement, soit artificiellement (*Art.* 546).

D. Comment appelle-t-on ce droit?

R. Droit d'accession (*Art.* 546).

CHAPITRE PREMIER.

Du droit d'accession sur ce qui est produit par la chose.

D. Quelles sont les choses qui appartiennent au propriétaire de l'objet principal par droit d'accession?

R. Ce sont les fruits naturels et industriels de la terre, les fruits civils, et le croît des animaux (1) (*Art.* 547).

D. Cette disposition ne reçoit-elle aucune modification lorsque des tiers ont fait les frais des travaux, semences ou labours?

R. Dans ce cas, les fruits produits par la chose n'appartiennent au propriétaire qu'à la charge de rembourser ces frais (2) (*Art.* 548).

D. Quelle est la différence entre le propriétaire et le possesseur?

---

(1) On entend par fruits naturels ceux qui sont le produit spontané de la terre ; par fruits industriels ceux qu'on en obtient par la culture; par fruits civils les loyers des maisons, les intérêts des sommes exigibles, les arrérages des rentes, les prix des baux à ferme (Art. 583, 584).

(2) Il y a pourtant une exception à cette règle, relativement à

R. Le possesseur est celui entre les mains de qui se trouve la chose, lepropriétaire est celui à qui elle appartient (1).

D. Que faut-il pour que le simple possesseur fasse les fruits siens ?

R. Il faut qu'il possède de bonne foi ; dans le cas contraire, il est tenu de restituer les produits avec la chose au propriétaire qui la revendique (*Art.* 549).

D. Que faut-il pour que le possesseur soit de bonne foi, et quand cesse-t-il de l'être ?

R. Le possesseur est de bonne foi tant qu'il possède en vertu d'un titre translatif de propriété dont il ignore les vices ; dès qu'il les connaît, il cesse d'être de bonne foi (2) (*Art.* 550).

CHAPITRE II.

Du droit d'accession sur ce qui s'unit et s'incorpore à la chose.

D. Sous combien de rapports le Code considère-t-il ce droit ?

R. Par rapport aux choses immobilières et par rapport aux choses mobilières.

---

l'usufruitier qui prend et rend les fonds dans l'état où ils se trouvent, comme nous le verrons sur l'art. 585. Au reste, la décision de l'art. 548 était celle des lois 36 et 37. *D. De hœred. pet.*

(1) La propriété est un droit, la possession est un fait (*M. Port.*).

(2) La bonne foi se suppose toujours, il faut prouver la mauvaise.

Il faut observer que le titre dont parle cet article ne s'entend pas seulement d'un titre d'acquisition personnel au possesseur mais d'un titre quelconque qui puisse l'autoriser à jouir ; par exemple, celui qui trouve une chose dans une succession testamentaire ou légitime, ne doit les fruits de cette chose que du jour de la revendication, sans avoir besoin de prouver que son auteur l'avait acquise

SECTION PREMIÈRE.

Du droit d'accession relativement aux choses immobilières.

D. Quelle est l'étendue du droit de propriété sur le sol ?

R. La propriété du sol entraîne celle du dessus et du dessous (1) (*Art.* 552.)

D. Quelles sont les conséquences tirées par le législateur de ce principe ?

R. De ce principe il s'ensuit :

1.º Que le propriétaire peut faire, soit au-dessus, soit au-dessous, toutes les plantations, constructions ou fouilles qu'il juge convenables, et en tirer tous les produits qu'elles peuvent fournir, sauf les réglements (2) et les lois relatifs à la police et aux mines (3) ;

2.º Que toutes les plantations, constructions ou ouvrages faits sur ou sous un terrain, sont présumés avoir été faits par le propriétaire du terrain, et lui appartenir, sauf la preuve contraire et sans préjudice de la propriété qu'un tiers peut acquérir ou avoir ac-

---

par un titre légal ; car la succession est aussi un titre pour lui (*M. Malleville*).

(1) C'est-à-dire, pour parler d'une manière figurée, que celui qui est propriétaire du sol, est propriétaire de tout l'espace qui existe depuis la surface du sol, en dessus jusqu'au ciel, et en dessous jusqu'aux entrailles de la terre. C'est de là que vient le droit d'empêcher toutes saillies sur son terrain, telles que balcons, branches d'arbres, etc. (*M. Delvincourt*).

(2) Relativement à la hauteur des bâtiments, aux précautions exigées dans certaines constructions, aux chemins à laisser, etc. (*M. Delvincourt*).

(3) *Voyez* la loi de l'Assemblée constituante du 27 mars 1791, et la loi du 21 avril 1810 ; Bulletin, n.º 5401. *Voyez*, comme réglements, l'Ordonnance du roi du 14 janvier 1815 ; Bulletin, n.º 668 ; les Décrets des 11 janvier 1808 et 4 juillet 1813 ; Bulletin, n.ºs 2926 et 9427, etc.

quise d'un souterrain sous le bâtiment d'autrui (1) ou d'une partie du bâtiment (*Art.* 552 , *art.* 553).

D. Si le propriétaire du sol a fait des constructions, plantations et ouvrages avec des matériaux (2) qui ne lui appartenaient pas, le propriétaire des matériaux a-t-il le droit de les faire enlever ?

R. Non (3), mais il peut forcer celui qui les a employés à lui en payer la valeur, et même le faire condamner à des dommages et intérêts, s'il y a lieu (*Art.* 554).

D. Si les plantations ou ouvrages ont été faits par un tiers avec ses matériaux sur un terrain qui ne lui appartenait pas, quels sont les droits du propriétaire du terrain ?

R. Le propriétaire a le droit de conserver les ouvrages, en remboursant la valeur des matériaux et le prix de la main-d'œuvre , sans égard à la plus ou moins grande augmentation de valeur que le fonds a pu recevoir, ou d'obliger celui qui a fait les ouvrages de les enlever à ses frais , sans aucune indemnité, et même de lui payer, s'il y a lieu, des dommages et intérêts (*Art.* 555).

D. Le propriétaire a-t-il le même droit, lorsque les ouvrages ont été faits par un possesseur de bonnefoi ?

(1) Remarquez : 1°. qu'il faut supposer que la possession de ce souterrain a été connue du maître du bâtiment ; car, pour prescrire, il faut posséder publiquement (Art. 2229) ; 2° qu'il faut bien distinguer le droit de propriété d'un souterrain sous le bâtiment d'autrui , du droit de passage qu'on pourrait avoir à titre de servitude, sous le même bâtiment (*M. Delvincourt*).

(2) Le mot matériaux doit s'entendre , *lato sensu*, pour tous les objets employés aux constructions, plantations, etc. (*M. Delvincourt*). Mais aussi on ne doit pas étendre cet article plus loin ; si le propriétaire avait inséré dans son édifice une statue, on pourrait la faire réclamer et enlever (*M. Toullier*). Il en serait de même d'une colonne (*M. Malleville*). Si toutefois elle ne servait pas à soutenir l'édifice.

(3) *Ædificium solo cedit.*

R. Non ; dans ce cas, le propriétaire ne peut pas demander la suppression des ouvrages ; mais il a le choix ou de rembourser la valeur des matériaux et le prix de la main-d'œuvre, ou de payer une somme égale à celle dont le fonds a augmenté de valeur (1) (*Art.* 555).

D. Qu'appelle-t-on *alluvion* ?

R. On nomme *alluvion* les attérissements et accroissements qui se forment successivement et imperceptiblement aux fonds riverains d'un fleuve ou d'une rivière (*Art.* 556).

D. A qui appartiennent les alluvions et les relais que peut former une eau courante en se retirant d'une de ses rives pour se porter sur l'autre ?

R. Ils appartiennent au propriétaire de la rive sur laquelle ils se forment (2), sans que le propriétaire de l'autre rive puisse venir réclamer le terrain qu'il a perdu, à la charge toutefois, s'il s'agit d'un fleuve ou d'une rivière navigable ou flottable, de laisser le

---

(1) Autrefois on distinguait entre les dépenses nécessaires, utiles et voluptuaires ; il fallait toujours rendre les dépenses nécessaire ; et les dépenses utiles, jusqu'à concurrence de l'augmentation de valeur que le fonds en avait reçue. Quant aux dépenses de pur agrément, on permettait au possesseur d'en enlever l'objet, lorsque cela pouvait se faire sans détériorer le fonds (*M. Malleville*). Au reste, l'art. 555 ne peut s'appliquer au fermier qui a fait des plantations, constructions et autres impenses, sans consulter le propriétaire. Le Code ne nous donne point de règles spéciales pour décider les questions qui peuvent s'élever en ce cas, et sur lesquelles les auteurs ne s'accordent point (*M. Toullier*). *Voyez Pothier*, Contrat de louage, n° 131 ; *Domat*, Lois civiles, sect. 6, n° 5, du contrat de louage ; la loi 55. D. *Locari*, etc.

(2) Cette décision est de droit naturel ; on avait cependant voulu attribuer au domaine les alluvions qui se formaient sur les bords de la Garonne ; il s'éleva à ce sujet une discussion importante entre le conseil d'état et le parlement de Bordeaux, qui finit par faire triompher les principes.

marche-pied ou chemin de halage (1) (*Art.* 557, *art.* 556).

D. L'alluvion a-t-elle lieu à l'égard des lacs et étangs ?

R. Non, le propriétaire conserve toujours le terrain que l'eau couvre quand elle est à la hauteur de la décharge de l'étang, soit que le volume de l'eau vienne à diminuer soit que, par des crues extraordinaires, il vienne à couvrir les terres riveraines (2) (*Art.* 558).

D. Si un fleuve ou une rivière navigable ou non, enlève par une force subite une partie considérable et reconnaissable d'un champ riverain, et la porte sur un champ inférieur ou sur la rive opposée, le propriétaire de la partie enlevée peut-il la réclamer ?

R. Oui ; mais il doit le faire dans l'année ; après ce délai, il n'y est plus recevable, à moins que le propriétaire du champ auquel la partie enlevée a été unie, n'ait pas encore pris possession de celle-ci (*Art.* 559) (3).

D. A qui appartiennent les îles, ilots et attérissements qui se forment dans le lit des fleuves, ou des rivières navigables ou flottables ?

---

(1) Ce droit n'a pas lieu pour les relais de la mer. Le chemin de halage doit être de trente pieds du côté où se fait la traîne des bateaux, et de dix pieds de l'autre bord. *Voyez* l'Ordonnance des eaux et forêts, titre 23., art. 7.

(2) C'est qu'ici il y a une limite de la propriété qui est déterminée par la décharge de l'étang ; s'il y a contestation sur la hauteur de cette décharge, c'est aux tribunaux ordinaires et non à l'autorité administrative, d'en connaître. En effet, c'est une question de propriété (Voyez *M. Delvincourt*, tom. II, pag. 10, note 1).

(3) Dans ce cas, il est censé avoir respecté ce terrain, comme ne lui appartenant pas. Le droit romain n'admettait l'incorporation du champ détaché au fonds riverain, que lorsque les arbres avaient poussé des racines sur ce dernier fonds (*Voyez* aux *Institutes*, livre 2, tit. 1, § 1, *De rerum divisione*).

R. Ils appartiennent à l'état (1), s'il n'y a titre ou prescription contraire (*Art.* 560).

D. A qui appartiennent les îles et attérissements qui se forment dans des rivières non navigables et non flottables ?

R. Pour le savoir , il faut supposer une ligne tracée au milieu de la rivière. Si l'île est tout entière d'un côté de la ligne, elle appartient en entier aux propriétaires riverains de ce côté, qui prennent chacun la portion de l'île qui se trouve vis-à-vis leur héritage (2).

Si l'île est coupée par la ligne, alors la portion qui se trouve de chaque côté de la ligne appartient aux propriétaires riverains de ce côté, qui se la partagent, comme ci-dessus.

D. En est-il de même, si une rivière ou un fleuve, en se formant un bras nouveau, coupe et embrasse le champ d'un propriétaire riverain et en fait une île ?

R. Non ; ce propriétaire conserve la propriété de son champ, encore que l'île se soit formée dans une rivière navigable ou flottable (*Art.* 562).

D. Si un fleuve ou une rivière navigable , flottable ou non, se forme un nouveau cours en abandonnant son ancien lit , y a-t-il lieu à l'alluvion ?

R. Non ; les propriétaires des fonds nouvellement occupés prennent, à titre d'indemnité, l'ancien lit abandonné, chacun dans la proportion du terrain qui lui a été enlevé (3) (*Art.* 563).

---

(1) Et cela , parce que ces fleuves et ces rivières appartiennent eux-mêmes au domaine public (*M. Toullier*).

(2) Si depuis le partage l'île augmente en largeur et en longueur, cet accroissement n'est qu'un accessoire qui appartient aux propriétaires de l'île primitive.

(3) Il faut que l'abandon soit prompt et sensible ; on pourrait le considérer comme une alluvion, s'il était lent et successif.

D. Peut-on réclamer les pigeons, lapins, poissons, qui passent dans un autre colombier, garenne ou étang ?

R. Non, ils changent de propriétaires par la transmigration, pourvu qu'ils n'aient pas été attirés par fraude et artifice (1) (*Art.* 564).

SECTION II.

Du droit d'accession relativement aux choses mobilières.

D. Quelles sont les règles établies par la loi sur le droit d'accession relativement aux choses mobilières ?

R. Elle subordonne entièrement ce droit aux principes de l'équité, et les règles qu'elle pose doivent seulement servir d'exemple au juge, dans les cas non prévus, pour se déterminer d'après les circonstances (2) (*Art.* 565).

Cet article est contraire à la loi 7, *D. De acquirendo rerum dominio*, et au § 23 *Instit. eod.*, qui adjugeaient le lit abandonné aux propriétaires riverains ; on ne manqua pas de faire valoir dans la discussion du conseil d'état, cette loi, et l'usage de quelques provinces qui la suivaient ; mais l'équité de l'article prévalut.

Dans le système féodal, l'ancien lit était adjugé au roi ou au seigneur, selon que la rivière était navigable ou simplement flottable. Cependant, il faut dire à la louange des parlements des pays de droit écrit, qu'ils avaient résisté à cette entreprise (*M. Malleville*).

(1) Il y a des pigeons et des lapins privés, comme il y en a de sauvages ; c'est de ces derniers seulement que cet article parle. Si des pigeons de volière ou des lapins domestiques vont se joindre à ceux du voisin, il n'y a pas de doute que le premier propriétaire ne soit en droit de les réclamer, comme son coq et ses poules (*M. Malleville*).

(2) Dans cette matière, c'est toujours d'après l'équité naturelle qu'il convient de se déterminer ; les cas étant extrêmement variés, il serait impossible de les prévoir tous. Aussi les auteurs du Code, après avoir proclamé cette vérité, se sont-ils bornés à établir des principes généraux auxquels les espèces particulières peuvent être facilement rapportées (*M. Faure*, tribun, tom. II, 2e partie, pag. 84). *Voyez*

D. De combien de manières deux ou plusieurs choses mobilières peuvent-elles venir à former un seul tout ?

R. De trois manières : 1º par l'union entre deux choses appartenant à divers propriétaires ; 2º par la confection d'une nouvelle chose avec le secours de l'art et de l'industrie, et une chose appartenant à autrui ; 3º par le mélange fortuit ou volontaire de matières appartenant à divers propriétaires, et qui ne conservent plus une existence distincte.

D. Dans le premier cas, à qui appartient le tout ?

R. Au propriétaire de la chose principale, à la charge de rembourser la valeur des autres objets, encore que les choses soient séparables et puissent reprendre une existence distincte (1) (*Art.* 566).

D. Comment reconnaît-on la partie principale ?

R. C'est celle à laquelle l'autre partie n'a été unie que pour l'usage, l'ornement ou le complément de la première (*Art.* 567).

Si cette règle est difficile à appliquer, il faut réputer partie principale celle qui est la plus considérable en valeur (2) ; si les valeurs sont à peu près

---

M. Malleville, tom. II, pag. 5o et suiv.; *M. Toullier*, tom. III, nᵒˢ 111 et suivants.

(1) Il suffit que deux choses forment un tout, pour que le maître de l'accessoire ne puisse en exiger la séparation. S'il en était autrement, la séparation ne s'effectuant jamais sans dégradation sur l'une ou sur l'autre des deux choses, et quelquefois sur toutes deux, il en résulterait une source de difficultés que la loi veut prévenir (*M. Faure*, tribun).

(2) Par exemple, supposons un gros diamant à la poignée d'une épée. Ici, rigoureusement parlant, l'épée est la chose principale ; mais cependant, s'il y a disproportion considérable dans le prix, le propriétaire du diamant aura le droit de le revendiquer (*M. Delv.*).

égales , celle qui est la plus considérable en volume (*Art.* 569) (1).

D. Si la chose unie était beaucoup plus précieuse que la chose principale, appliquerait-on toujours ce principe ?

R. Dans ce cas , le propriétaire de la chose unie pourrait demander qu'elle fût séparée pour lui être rendue, même quand il pourrait en résulter quelque dégradation de la chose principale (2) , pourvu toutefois que la chose unie l'eût été à l'insu de son propriétaire (*Art.* 568).

D. Lorsqu'une nouvelle chose a été formée par l'art ou l'industrie d'une personne, avec les matériaux d'une autre personne , à qui appartient la nouvelle chose (3) ?

R. Soit que les matériaux puissent ou non reprendre leur première forme, le propriétaire a le droit de réclamer la nouvelle chose , à la charge de rembourser le prix de la main-d'œuvre (4) (*Art.* 570).

D. En est-il de même lorsque la main-d'œuvre

______

(1) *Quid* , si tout était égal ? la chose serait commune et devrait être licitée.

(2) Et cela sans dommages intérêts. Il est évident au reste que le législateur suppose ici que la chose accessoire a été unie à la chose principale par le propriétaire de cette dernière chose. Mais , *quid* , si les deux choses ont été unies par un tiers à l'insu des deux propriétaires ? je pense que chacun d'eux a droit de demander la séparation , sauf leur recours pour les dommages respectifs , contre celui qui a fait l'union , s'il était de mauvaise foi (*M. Delvincourt*).

(3) Ce cas est celui qu'on appelle , en droit romain, *spécification*.

(4) Si donc un artisan a fait une table avec du bois qui m'appartient , un vase d'airain ou d'argent avec mon métal , j'ai le droit de réclamer la table ou le vase , en lui remboursant le prix de la main-d'œuvre (*M. Toullier*).

surpasse de beaucoup la valeur de la matière employée ?

R. Non ; l'industrie est alors réputée la partie principale, et l'ouvrier a le droit de retenir la chose travaillée, en remboursant le prix de la matière au propriétaire (1) (*Art.* 571).

D. A qui appartient la chose confectionnée en partie avec les matériaux d'autrui et en partie avec les matériaux de l'ouvrier ?

R. Si la séparation des matières primitives ne peut se faire sans inconvénient, la chose est commune aux deux propriétaires, en raison, quant à l'un, de la matière qui lui appartenait ; quant à l'autre, en raison, à la fois, et de la matière qui lui appartenait, et du prix de sa main-d'œuvre (2) (*Art.* 572).

D. Dans les cas où le propriétaire dont la matière a été employée à faire une nouvelle chose peut réclamer la propriété de cette chose, n'a-t-il pas également un autre droit ?

R. Si la matière qui lui appartenait a été employée à son insu, il peut, au lieu de réclamer la nouvelle chose, demander la restitution de sa matière en même nature, quantité, poids, mesure et bonté, ou sa valeur (3) (*Art.* 576).

---

(1) Si un sculpteur a fait une statue d'un bloc de marbre ou d'une pièce de bois qui ne lui appartenait pas, il conserve son ouvrage, en remboursant le prix des matières au propriétaire. A plus forte raison celui dont le papier, l'encre, la toile, les couleurs ont été employés par un peintre ou par un écrivain, ne pourrait exiger autre chose que le remboursement du prix de ces matières (*M. Toullier*).

(2) Ainsi, dans le cas où l'espèce nouvelle vaut quatre mille francs, la matière appartenant à autrui mille francs, la matière appartenant à l'ouvrier mille francs, et la main-d'œuvre deux mille francs, l'ouvrier est propétaire des trois-quarts.

(3) Il serait injuste de l'obliger à faire une dépense qu'il n'a pas prévue, celle de la main-d'œuvre : mais s'il a connu l'emploi et qu'il ne s'y soit pas opposé, il est censé y avoir consenti (*M. Delvincourt*).

D. Lorsqu'une chose a été formée par le mélange de plusieurs matières appartenant à différents propriétaires, à qui appartient cette nouvelle chose?

R. S'il y a dans le mélange une matière de beaucoup supérieure aux autres, par la quantité et le prix, le propriétaire de cette matière peut (1) réclamer la propriété du mélange, à la charge de rembourser la valeur des autres matières (*Art.* 574).

D. A qui appartient le mélange, lorsque les matières qui l'ont formé ne peuvent être séparées sans inconvénient, et qu'il n'y a point de matière principale?

R. Le mélange appartient aux propriétaires des matières qui le composent, dans la proportion de la quantité, de la qualité et de la valeur des matières appartenant à chacun d'eux (2) (*Art.* 573).

D. Lorsqu'une chose a été formée par le mélange de plusieurs matières appartenant à divers propriétaires, que les matières peuvent être séparées et qu'il n'y en a point de principale, quelles personnes peuvent demander la division?

R. Les seuls propriétaires à l'insu desquels les matières ont été mélangées (*Art.* 573).

D. Que doit-on faire lorsque la chose reste en commun?

---

(1) *Peut;* par conséquent, c'est une faculté qu'il peut aussi ne pas exercer; et alors ou appliquera la règle qui va être établie pour le cas où aucune des deux matières ne peut être considérée comme chose principale (*M. Delvincourt*).

(2) Il est impossible qu'il en soit autrement. Peu importe que le mélange ait été fait à l'insu de l'un des propriétaires, ou qu'il ait été fait à la connaissance de tous. En vain, celui qui prétendrait l'avoir ignoré demanderait la division des matières, puisqu'elles sont devenues inséparables. La loi lui offre une ressource dans les dommages et intérêts qui lui seront accordés à raison du préjudice qu'il aura souffert (*M. Faure*, tribun).

R. On peut la partager à l'amiable, ou chaque propriétaire a le droit de la faire liciter au profit commun (1) (*Art.* 575).

D. Ceux qui ont employé des matières appartenant à d'autres, et à l'insu de ces derniers, ne sont-ils passibles d'aucune peine?

R. Ils peuvent être condamnés à des dommages et intérêts, s'il y a lieu, et sans préjudice des poursuites par voie extraordinaire, si le cas y échet (2) (*Art.* 577).

TITRE III.

De l'usufruit, de l'usage et de l'habitation.

CHAPITRE PREMIER.

De l'usufruit.

D. Qu'est-ce que l'usufruit?

R. L'usufruit est le droit de jouir des choses dont un autre a la propriété, comme le propriétaire lui-même ; mais à la charge d'en conserver la substance (3);ou,s'il s'agit de choses fongibles,c'est-à-dire dont on ne peut faire usage sans les consommer, comme du pain, du vin, des denrées, à la charge d'en rendre

---

(1) La *licitation* est, en général, la mise aux enchères d'une chose appartenant à divers propriétaires. Dans la licitation proprement dite, les co-propriétaires enchérissent seuls; mais on y admet ordinairement les étrangers. C'est même de rigueur lorsque, au nombre des propriétaires, se trouvent des mineurs (*M. Delvinconrt*).

(2) Telles qu'accusation de vol, d'escroquerie.

(3) Cette définition est littéralement traduite du droit romain : *Usufructus est jus utendi, fruendi alienis rebus, salvá rerum substantiá,* dit le jurisconsulte Paul, princip. *de Usuf. Instit.* et L. 1, D. *eodem.* On avait jusqu'à présent entendu par ces mots : *salvá*

 14

pareille quantité, qualité et valeur ou leur estimation à la fin de l'usufruit (*Art* 578 ; *art.* 587).

D. Par qui l'usufruit peut-il être établi ?

R. Par la loi ou par la volonté de l'homme (*Art.* 579). Par la loi (*Art.* 384, 754), les pères et mères ont l'usufruit des biens de leurs enfants, etc. ; par la volonté de l'homme, par convention ; donation entre-vifs ou testamentaire (1).

D. Sous quelles modalités peut-on établir l'usufruit?

R. On peut établir l'usufruit purement, alors il commence de suite ; ou à certain jour, c'est-à-dire quand on en fixe le commencement ou la fin ; ou sous une condition, soit suspensive, soit résolutoire (2).

D. Sur quels biens peut-on établir l'usufruit ?

R. Sur tous les biens, soit meubles, soit immeubles (3) (*Art.* 581).

---

rerum substantiâ, à la charge de conserver le substance ; M. Ducaurroy les traduit, *tant que dure la substance*; ainsi, il définit l'usufruit *le droit d'user et de jouir des choses d'autrui tant que dure leur substance*. Ce système est adopté dans les cours de droit romain de l'École de droit de Paris. Voyez *M. Ducaurroy, Institutes* traduites, 2e édition, pag. 133, et *Institutes* expliquées, tom. 1er, no 430, pag. 333.

(1) Très souvent, par contrat de mariage, surtout dans les provinces du nord, où le mariage en communauté est le plus en usage.

L'usufruit peut également s'établir par prescription, comme en droit romain (*Voyez* Arrêt du 17 juillet 1816; *Sirey*, tom. 17, part. 1, pag. 152). Remarquez qu'il fallait, avant le Code, une quasi-tradition pour établir l'usufruit, mais qu'elle n'est plus nécessaire ; remarquez aussi que le Code n'a rien changé au droit romain pour l'usufruit constitué par testament.

(2) On établit l'usufruit sous une condition suspensive, lorsqu'il ne doit avoir lieu qu'à dater d'un événement futur et incertain. On l'établit sous une condition résolutoire, lorsqu'on stipule que tel événement arrivant, l'usufruitier perdra son droit, et sera remis au même état que s'il ne l'avait jamais eu.

(3) Les articles 579, 580 et 581, sont entièrement pris des lois romaines. *Voyez* LL. 3 et 4 *D. De usufructu*, LL. 1, 2, 3 et 4 *De usufr. ear. rer.* (Voyez *M. Malleville*, tom. 2, pag. 57, 58 et 59).

SECTION PREMIÈRE.

Des droits de l'usufruitier.

D. Sur quoi s'étend le droit de jouissance de l'usufruitier ?

R. Sur toute espèce de fruits, soit naturels, soit industriels, soit civils, que peut produire l'objet dont il a l'usufruit (1) (*Art.* 582).

D. A qui appartiennent les fruits naturels et industriels, pendant par branches ou par racines, au moment où l'usufruit est ouvert, et au moment où finit l'usufruit ?

R. Ils appartiennent, dans le premier cas, à l'usufruitier ; dans le second, au propriétaire (2) ; dans les deux cas, sans récompense des labours et semences, et sans préjudice de la portion des fruits qui pourrait être acquise au colon partiaire, s'il en existait un au commencement ou à la cessation de l'usufruit (*Art.* 585).

D. Comment l'usufruitier acquiert-il les fruits civils ?

R. Les fruits civils sont réputés s'acquérir jour par jour ; ils appartiennent à l'usufruitier à proportion de la durée de son usufruit (3). Ainsi, l'usufruit

______

(1) *Voyez*, pour la définition de chacune de ces espèces de fruits, la note (1), pag. 197.

(2) Cet article tranche beaucoup de difficultés, que le partage des fruits naturels et industriels faisait naître entre le propriétaire et l'usufruitier, ou les héritiers de celui-ci (Voyez *M. Malleville*, t. 2, pag. 60 et 61, où il donne quelques détails sur l'ancienne jurisprudence à cet égard).

(3) On divise le prix entier des fermages ou des loyers par les trois cent soixante-cinq jours de l'année. Si le prix est de trois cent soixante-cinq francs, c'est un franc qui s'acquiert chaque jour, sans considérer le terme accordé au fermier pour le paiement, soit qu'il paie d'avance ou seulement après sa jouissance (*M. Toullier*). Le loyer du jour de la mort de l'usufruitier, n'est pas acquis à ses héritiers, à moins qu'on ne le suppose mort précisément le dernier instant de la journée (*Pothier*, du Douaire, pag. 248).

d'une rente viagère donne à l'usufruitier , pendant la durée de son usufruit , le droit d'en percevoir les arrérages , sans être tenu à aucune restitution (1) (*Art.* 586 , *art.* 588).

D. Si l'usufruit comprend des choses qui , sans se consommer de suite, comme les choses fongibles, se détériorent peu à peu par l'usage , comme du linge , des meubles meublants , quels sont les droits de l'usufruitier ?

R. L'usufruitier a le droit de s'en servir pour l'usage auquel elles sont destinées, et n'est obligé de les rendre , à la fin de l'usufruit , que dans l'état où elles se trouvent , non détériorées par son dol ou par sa faute (2) (*Art.* 589).

D. Quels sont les droits de l'usufruitier relativement aux bois de haute futaie (3) ?

R. Il profite , en se conformant aux époques et à l'usage des anciens propriétaires, des parties de ces

____

(1) Sans cette disposition expresse, on aurait pu croire le contraire; car , en appliquant rigoureusement les principes, comme chaque portion des arrérages d'une rente viagère est considérée comme un remboursement du capital, l'usufruitier pour chaque paiement qu'il aurait se serait trouvé reçu dans le même cas que s'il avait eu l'usufruit de ce même capital , c'est-à-dire qu'il n'aurait pu en jouir qu'à la charge de restituer à la fin de l'usufruit ; mais le législateur a considéré que l'usufruit ne porte pas dans ce cas sur les arrérages, mais sur le droit à la rente et qu'il suffit à l'usufruitier de rendre ce droit.

(2) Si l'usufruitier prétend que ces choses se sont entièrement consommées par le service, et qu'il n'en présente aucun vestige , s'il ne peut le prouver, il doit rembourser la valeur qu'elles avaient au commencement de l'usufruit ; il est censé les avoir vendues dès ce moment (*M. Delvincourt*).

(3) Le *taillis* est un bois qui n'a d'autre destination que d'être coupé ; il ne peut l'être avant dix ans. A quarante ans , il devient *futaie;* à soixante ans, *haute futaie* : la futaie sert aussi pour l'agrément (*Ordonnance de* 1669). Les *baliveaux* sont des arbres, soit de taillis, soit de futaie , qui doivent être réservés sur les coupes ; ils doivent être de la plus belle espèce et de la meilleure qualité. On ne peut couper les baliveaux sur taillis avant quarante ans , et les baliveaux

bois qui ont été mises en coupe réglées, soit que ces coupes se fassent périodiquement sur une certaine étendue de terrain, soit qu'elles se fassent d'une certaine quantité d'arbres pris indistinctement sur toute la surface du terrain. Dans tous les autres cas, l'usufruitier ne peut toucher aux arbres de haute futaie (*Art.* 591, 592).

D. Quels sont les droits de l'usufruitier relativement aux bois taillis ?

R. L'usufruitier a le droit de les exploiter; mais il est tenu d'observer l'ordre et la quotité des coupes, conformément à l'aménagement (1) ou à l'usage constant des propriétaires (*Art.* 590).

D. L'usufruitier peut-il réclamer une indemnité pour les coupes ordinaires, soit de bois taillis, soit de baliveaux, soit de futaie, qu'il n'aurait pas faites pendant sa jouissance ?

R. Le Code refuse ce droit, tant à l'usufruitier qu'à ses héritiers (2) (*Art.* 590).

D. Quels sont les droits de l'usufruitier sur les pépinières et les arbres fruitiers ?

R. Les arbres qu'on peut tirer d'une pépinière sans la dégrader, et les arbres fruitiers qui meurent, ou qui sont brisés ou arrachés par accident, appar-

---

sur futaie avant cent vingt ans (Arrêt du conseil d'état, du 19 juillet 1723). Cette mesure a pour objet de conserver des bois de construction et principalement du bois de marine.

(1) Aménagement, c'est-à-dire l'ordre à observer par le père de famille pour son ménage (*M. Toullier*). L'usufruitier ne peut anticiper la coupe des bois ; s'il en fait une anticipée, et qu'il meure avant l'époque fixée pour la coupe, ses héritiers sont tenus de rendre le montant de la coupe faite par anticipation, même les dommages et intérêts résultant du préjudice que l'anticipation de la coupe peut avoir causé aux souches (*M. Toullier*). Voyez *Pothier*, de la Communauté, n° 211.

(2) Je pense qu'il en serait autrement s'il en avait été empêché par une force majeure à lui étrangère (*M. Delvincourt*).

tiennent à l'usufruitier, à la charge de les remplacer par d'autres, en se conformant aux usages des
lieux pour le remplacement (1) (*Art.* 594, 590).

D. L'usufruitier n'a-t-il pas quelques autres droits
sur les bois en général ?

R. Il peut employer, pour faire les réparations
dont il est tenu, les arbres arrachés ou brisés par
accident (2) ; il peut même, s'il est nécessaire, en
faire abattre pour cet objet, à la charge d'en faire
constater la nécessité avec le propriétaire, il peut
prendre dans les bois des échalas pour les vignes ;
il peut aussi prendre sur les arbres des produits an-
nuels ou périodiques (3), le tout suivant l'usage du
pays ou la coutume des propriétaires (*Art.* 592,
593).

D. Quels sont les droits de l'usufruitier sur les
mines et carrières ?

R. L'usufruitier n'a aucun droit aux mines et
carrières non encore ouvertes, ni aux tourbières non
encore exploitées au commencement de l'usufruit. Il
en est de même du trésor qui pourrait être découvert
pendant la durée de l'usufruit.

Si les mines et carrières étaient en exploitation à
l'ouverture de l'usufruit, l'usufruitier en jouit de la
même manière que le propriétaire ; toutefois, s'il
s'agit d'une exploitation qui ne puisse être faite sans

___

(1) Cette disposition, relativement au remplacement des plants de
la pépinière, fut critiquée au conseil d'état, par la raison que cette
pépinière étant elle-même un fruit, l'usufruitier ne devait pas être
tenu de remplacer les plants qu'il en tirait. On convint de s'en rapporter à l'usage des lieux (*M. Malleville*).

(2) Donc, hors le cas de réparation, les futaies arrachées ou bri-
sées appartiennent au propriétaire. Il en est de même des arbres
renversés clandestinement et des arbres morts, ne serait-ce que pour
éviter la fraude. En termes de forêts, les premiers de ces arbres se
nomment *chablis*, et les seconds, *arbres de délit*.

(3) Les têtes des saules, l'ébranchage des peupliers et des ormes,
les glands, les faînes, etc.

une concession, il n'en jouira qu'après en avoir obtenu la permission du gouvernement (1) (*Art.* 598).

D. Quels sont les droits de l'usufruitier relativement aux alluvions et aux droits de servitude ?

R. L'usufruitier jouit de l'augmentation survenue par alluvion à l'objet dont il a l'usufruit, des droits de servitude, de passage, et généralement de tous les droits dont le propriétaire peut jouir, et comme le propriétaire en jouirait lui-même (2) (*Art.* 596, 597).

D. L'usufruitier peut-il, à la cessation de l'usufruit, réclamer une indemnité pour les améliorations qu'il peut avoir faites ?

R. Non ; il ne peut pas, encore que la valeur de la chose en soit augmentée ; mais il a le droit, ainsi que ses héritiers, de faire enlever les glaces, tableaux et autres ornements qu'il aurait fait placer, à la charge de rétablir les lieux dans leur premier état (3) (*Art.* 599).

---

(1) *Voyez* au reste, sur cet article, *M. Delvincourt*, tom. 1er, note de la page 148 ; *M. Malleville*, tom. 2, pag. 70 ; le Nouveau répertoire, *verbo* Usufruit, § 4, pag. 260 ; *M. Locré*, Esprit du Code civil, tom. 7, pag. 268, et la loi du 21 avril 1810, Bulletin des lois, n° 541.

(2) Pourrait-il intenter la complainte et autres actions possessoires ? Oui, s'il est troublé dans sa jouissance, et dans le cas où elles pourraient être intentées par le propriétaire : mais il ne pourrait les former que dans son intérêt, et pour le maintien de son droit seulement ; ensorte que le jugement rendu pour ou contre lui, serait à l'égard du propriétaire *res inter alios judicata*. C'est pour cela que l'article 614 l'oblige de dénoncer les usurpations au propriétaire (*M. Delvincourt*).

(3) Cela ne s'applique qu'aux améliorations intrinsèques ; si l'usufruitier avait fait faire des constructions, il pourrait les démolir (*Voyez* l'article 555). S'il y a des améliorations et des détériorations, on doit faire compensation jusqu'à due concurrence.

(216)

D. Quel est le devoir du propriétaire envers l'u-
sufruitier ?

R. Le propriétaire ne doit, ni par son fait, ni
de quelque manière que ce soit, nuire aux droits de
l'usufruitier, par rapport à l'héritage soumis à l'usufruit (1) (*Art.* 599).

D. Le droit d'usufruit est-il transmissible ?

R. L'usufruitier peut donner à ferme à un
autre, vendre son droit ou le céder (2) à titre gratuit. Dans le premier cas, il doit se conformer,
pour les époques où ses baux doivent être renou-
vellés et pour leur durée, aux règles établies pour le
mari à l'égard des biens de la femme, au titre *du
Contrat de Mariage et des Droits respectifs des
Époux* (3) (*Art.* 595 ; *voyez art.* 1429 et 1430).

---

(1) Quand on dit que le propriétaire ne doit, de quelque manière
que ce soit, nuire aux droits de l'usufruitier, il faut entendre cette
prohibition seulement par rapport à l'héritage soumis à l'usufruit ;
car s'il était en même temps propriétaire d'un héritage voisin, il
pourrait y faire tout ce qu'il jugerait à propos, quand même l'usufruit en recevrait quelqu'atteinte (*M. Delvincourt*).

(2) Il y avait ici une dispute de mots entre les jurisconsultes romains ; on voulait bien que l'usufruitier pût céder et transporter,
vendre et affermer à une tierce personne la faculté de jouir de la
chose sujette à usufruit, mais on soutenait qu'il ne pouvait pas céder
son droit d'usufruit même. Et certainement l'usufruitier ne pouvait
pas transmettre son droit à un autre, dans ce sens que celui-ci devînt
usufruitier, et que la durée de l'usufruit dépendît désormais de sa
vie ; mais rien n'empêche que l'usufruitier ne cède son droit à un
autre, pour que celui-ci en jouisse pendant le temps, et de la manière dont l'autre en pouvait jouir (*M. Malleville*).

(3) Ces règles sont les mêmes que celles relatives aux baux des
biens de mineurs.

SECTION II.

Des obligations de l'usufruitier.

D. En combien de classes peut-on ranger les obligations de l'usufruitier ?

R. En trois classes : Obligations avant l'entrée en jouissance ; obligations pendant la jouissance ; obligations à la fin de la jouissance.

D. Quelles sont les obligations de l'usufruitier avant d'entrer en jouissance ?

R. Il doit faire dresser en présence du propriétaire, ou lui dûment appelé, un inventaire des meubles et un état des immeubles sujets à l'usufruit (1) (*Art.* 600).

Il doit donner caution de jouir en bon père de

---

(1) La prisée n'est point exigée dans cet inventaire ; elle serait même dangereuse pour les choses qui s'usent ; car l'usufruitier se mettrait sous l'empire de l'art. 587.

Les frais de cet inventaire et de cet état sont pour le compte de l'usufruitier, à qui la loi impose l'obligation de le faire dresser. L'inventaire et l'état peuvent être faits sous seing privé, par un écrit double, si le propriétaire et l'usufruitier sont tous les deux majeurs (*M. Toullier*).

Si l'usufruit est légué par testament, le testateur peut-il dispenser l'usufruitier de faire inventaire? Il ne paraît pas y avoir de doute. Mais si, dans ce cas, l'héritier offre de faire dresser l'inventaire à ses propres frais, cette demande ne peut être refusée. L'on doit, en effet, présumer que l'intention du testateur, en accordant cette dispense, a été seulement d'en épargner les frais à l'usufruitier. *Voyez* sur cette question, la discussion du conseil d'état, tom. 3, pag. 110 et suiv. ; *M. Merlin*, Nouveau répertoire, v° Usufruit, sect. 2, pag. 251 ; *M. Locré*, Esprit du Code civil, tom. 7, p. 280 ; *M. Malleville*, tom. 2, pag. 75 ; *M. Toullier*, tom. 3, n° 420, pag. 278 ; *M. Delvincourt*, tom. 1er, pag. 149, note 7 ; un arrêt de Bruxelles du 18 décembre 1811 ; *M. Sirey*, 1812, 2e partie, pag. 145 ; et un autre du 10 juin 1812 ; *M. Sirey*, 1813, 2e partie, pag. 46.

famille , ou une hypothèque dont les tribunaux pourront fixer le montant (1) (*Art.* 601).

D. N'y a-t-il point d'exception pour la caution ?

R. La loi en dispense les pères et mères ayant l'usufruit légal du bien de leurs enfants (2) ; le vendeur ou le donateur sous la réserve d'usufruit, et l'usufruitier qui en est dispensé par l'acte constitutif de l'usufruit (3) (*Art.* 601).

D. Qu'arrive-t-il lorsque l'usufruitier ne trouve pas de caution ?

R. Les immeubles sont donnés à ferme ou mis en séquestre ; les sommes comprises dans l'usufruit sont placées ; les denrées sont vendues, et le prix en provenant est pareillement placé. Le propriétaire peut même exiger que les meubles qui dépérissent par l'usage soient vendus et le prix placé de même. Les intérêts de ces sommes et le prix des fermes appartiennent dans ce cas à l'usufruitier (4) (*Art.* 602, *art.* 603).

D. L'usufruitier n'a-t-il pas un droit d'exception relativement aux meubles ?

R. L'usufruitier peut demander et les tribunaux ordonner, suivant les circonstances, qu'une partie des meubles nécessaires pour son usage lui soit laissée ,

---

(1) On n'exige pas une caution égale au prix des immeubles, mais aux dégradations qu'ils pourraient éprouver. Il en est autrement des meubles (*M. Merlin*). *Voyez* article 2018 et suiv.

(2) On s'en rapporte à la bienveillance paternelle ; cependant il en serait autrement pour l'usufruit accordé à tout autre titre aux pères et mères sur les biens de leurs enfants.

(3) Dans le silence du titre constitutif, l'acquéreur d'un usufruit à titre onéreux, est dispensé de donner caution (*M. Delvincourt*). J'embrasserais plus volontiers l'opinion contraire.

(4) Le placement peut se faire en rentes sur l'état, en prêt à des tiers avec hypothèques. Au risque de qui est-il ? Il faut se décider d'après les circonstances et le principe *res perit domino*, en se rappelant ce que représentent les choses placées.

sous sa simple caution juratoire , et à la charge de les représenter à l'extinction de l'usufruit (1) (*Art.* 603).

D. Le retard de donner caution est-il préjudiciable à l'usufruitier ?

R. Non, les fruits auxquels l'usufruitier peut avoir droit lui sont toujours dus , du moment où l'usufruit a été ouvert (2) (*Art.* 604).

D. Quelles sont les obligations de l'usufruitier pendant sa jouissance ?

R. Il est tenu de toutes les charges annuelles de l'héritage , telles que les contributions et autres qui, dans l'usage, sont censées charges des fruits (3) (*Art.* 608).

Si un testateur a fait un legs d'une rente viagère

____

(1) La caution juratoire est la simple promesse du débiteur accompagnée de son serment (*M. Delvincourt*). Dans les campagnes, un mari laisse à sa femme l'usufruit du peu de meubles qui composent leur ménage , peut-être leur patrimoine : une faible rente ne remplacerait pas les avantages de l'usufruit (*M. Cambacérès*).

(2) Quand même l'usufruitier aurait tardé d'en demander la délivrance , dans le cas d'usufruit constitué par testament ; c'est une exception à l'art. 1014 (*M. Toullier*). Observez que cet article décide une question très controversée dans l'ancien droit, et qu'il a pris l'opinion la plus équitable (*M. Malleville*).

(3) Non-seulement celles qui existaient au moment de l'ouverture de l'usufruit , mais encore toutes celles du même genre qui pourraient être imposées pendant sa durée. Observez qu'une décision ministérielle , du 1er vendémiaire an x , rapportée dans *Sirey*, 1814, 1re partie , pag. 96 , a statué que les contributions d'une année sont dues par les récoltes précédentes. Mais néanmoins il a été jugé par la Cour de Caen ; le 12 juin 1812, qu'elles étaient à la charge de celui qui avait joui pendant l'année pour laquelle elles étaient dues. On s'est pourvu contre cet arrêt , et le pourvoi a été rejeté le 18 août 1813 (*M. Sirey*, ibidem). Cela peut se concilier, en disant que ces contributions sont dues par les récoltes précédentes , dans le sens que ces récoltes sont affectées au paiement ; car les contributions étant payables par mois , il est évident qu'elles peuvent être exigées en grande partie, avant que la récolte de l'année ne soit faite. Il a donc bien fallu y affecter les récoltes de l'année précédente. Mais

ou pension alimentaire, ce legs doit être acquitté dans son intégrité par le légataire universel de l'usufruit, et par le légataire à titre universel de l'ususufruit, dans la proportion de sa jouissance, sans aucune répétition de leur part (1) (*Art.* 610).

L'usufruitier est tenu des frais des procès qui concernent la jouissance, et des condamnations auxquelles ces procès peuvent donner lieu (*Art.* 613).

Si un tiers commet quelqu'usurpation sur le fonds, ou attente autrement aux droits du propriétaire, l'usufruitier est tenu de le dénoncer à celui-ci (2), ou il est responsable de tout le dommage qui peut en résulter pour le propriétaire, comme il le serait de dégradations commises par lui-même.

L'usufruitier est tenu aux réparations d'entretien et aux grosses réparations occasionées par le défaut de réparations d'entretien, depuis l'ouverture de l'usufruit. Autrement, les grosses réparations demeurent à la charge du propriétaire.(3).

---

l'état une fois désintéressé, si le débat s'élève entre deux possesseurs successifs, il est certain que la contribution d'une année doit être payée par celui qui a possédé pendant cette même année (*M. Delvincourt*).

(1) Le légataire universel est celui à qui le testateur lègue l'universalité de ses biens ; le légataire à titre universel est celui à qui le testateur lègue une quote part de ses biens, ou de ses immeubles seulement, ou de ses meubles. Tout autre légataire est à titre particulier (*Art.* 1003, 1010).

(2) Dans quel délai doit-il le dénoncer ? Dans le délai réglé *en cas d'assignation*, par les articles 72 et 1033 du Code de procédure ; ordinairement huit jours, plus un jour par trois myriamètres de distance. *Voyez*, au reste, le Titre des ajournements au Code de procédure.

(3) Ici s'élèvent deux questions. Première question : l'usufruitier peut-il contraindre le propriétaire à faire les grosses réparations manquantes au commencement de l'usufruit ? On peut voir, pour la négative, *M. Toullier*, tom. 3, n° 443 ; pag. 296 et suiv. ; *Domat*, de l'Usufruit, sect. 5, n° 5, pag. 114 ; *Pothier*, Traité du douaire,

(221)

D. Qu'entend-on par grosses réparations ?

R. Celles des gros murs et des voûtes, le rétablissement des poutres et des couvertures entières, celui des digues, des murs de soutenement et de clôture aussi en entier. Toutes les autres réparations sont d'entretien (1) (*Art.* 606).

D. Si un ouvrage tombe de vestusté ou est détruit par cas forfuit, l'usufruitier est-il tenu de le rebâtir ?

R. Non ; mais le propriétaire n'en est pas tenu non plus (2) (*Art.* 607).

D. Quelles sont les obligations respectives du propriétaire et de l'usufruitier, relativement aux charges imposées extraordinairement sur la propriété pendant la durée de l'usufruit ?

---

n° 239 ; mais il y fait une exception. Seconde question : l'usufruitier peut-il contraindre le propriétaire à faire les grosses réparations qui peuvent survenir pendant la durée de l'usufruit ? On peut voir, pour la négative, *M. Toullier*, tom. 3, n° 143, pag. 301 ; pour l'affirmative, *Pothier*, du Douaire, n° 246 ; et *M. Delvincourt*, tom. 1, pag. 150, note 8. *Voyez* de plus la loi 65, § 1. D. *De Usuf.* et *Cicéron in Topicis*, n° 3. *M. Toullier* discute parfaitement bien cette question.

(1) Si l'on entendait rigoureusement les mots *entières*, *en entier*, cet article ne s'appliquerait jamais. Jamais une couverture, un mur n'ont besoin de si grandes *réparations*, qu'il n'en reste pas un morceau.

Le dénombrement que cet article fait des grosses réparations peut donner lieu à la question de savoir s'il faut comprendre dans les grosses réparations, les cloisons et pans de bois, tant celles qui règnent de fond en comble, que celles qui séparent les appartements et portent les planchers. Je crois que oui, car le Code met les murs de soutenement au nombre des grosses réparations. Or, qu'importe que ces murs soient en pierre, en terre ou en bois (*M. Toullier*).

(2) Cet article paraît contredire les articles 606 et 605. Pour éviter cette contradiction, il faut se fixer sur le sens de ces mots : *entièrement détruit, entièrement tombé.* Il faut, dans ces articles 605 et 606, restreindre la signification des mots *entières* ou *entier*, comme l'indique la note précédente ; à l'article 607, il faut ajouter le mot *entièrement* dans sa plus grande étendue.

(222)

R. Le propriétaire est obligé de les payer, et l'usufruitier de lui tenir compte des intérêts ; ou si l'usufruitier veut les avancer, il a la répétition du capital à la fin de l'usufruit (1) (*Art.* 609).

D. Quelles sont les obligations du légataire d'un usufruit relativement au paiement des dettes de la succession ?

R. Il faut distinguer : 1er cas. Si l'usufruitier est légataire à titre particulier, il n'est pas tenu des dettes auxquelles le fonds est hypothéqué ; et s'il est forcé de les payer, il a son recours contre le propriétaire.

2e cas. Si l'usufruitier est légataire à titre universel, on estime la valeur du fonds sujet à usufruit ; on fixe ensuite la contribution aux dettes à raison de cette valeur. Si l'usufruitier veut avancer la somme pour laquelle le fonds doit contribuer, le capital lui en est restitué à la fin de l'usufruit, sans aucun intérêt. Si l'usufruitier ne veut pas faire cette avance, le propriétaire a le choix, ou de payer cette somme, et dans ce cas l'usufruitier lui tient compte des intérêts pendant la durée de l'usufruit, ou de faire vendre, jusqu'à due concurrence, une portion des biens soumis à l'usufruit.

3e cas. Si l'usufruitier est légataire universel, on agit comme dans le second cas, sauf qu'il n'y a pas lieu à l'estimation du fonds (*Art.* 611, art. 612).

D. Si un troupeau donné en usufruit vient à périr en partie ou entièrement, que doit faire l'usufruitier ?

R. Si le troupeau ne périt pas entièrement, l'usufruitier est tenu de remplacer jusqu'à concurrence

____

(1) Cette contribution commune est dans les règles de l'équité ; car chacun profite, dans l'ordre de ses intérêts, d'une dépense qui a pour objet la conservation de la propriété (*M. Locré,* Esprit du Code civil).

du croît (1), les têtes des animaux qui ont péri. Si le troupeau périt entièrement par accident ou par maladie, et sans la faute de l'usufruitier, il n'est tenu envers le propriétaire que de lui rendre compte des cuirs ou de leur valeur (2) (*Art.* 616).

D. En est-il de même lorsque l'usufruit n'était établi que sur un animal?

R. Si l'animal vient à périr sans la faute de l'usufruitier, il n'est tenu ni d'en rendre un autre, ni d'en payer l'estimation (*Art.* 615).

SECTION III.

Comment l'usufruit prend fin.

D. De combien de manières l'usufruit peut-il finir en général?

R. Par extinction, lorsqu'il ne finit qu'au moment fixé ; par cessation, lorsqu'il finit avant l'époque à laquelle il devait finir naturellement.

D. Quelles sont les manières dont l'usufruit s'éteint?

R. L'usufruit s'éteint par la résolution du droit de celui qui l'a constitué (3);

---

(1) L'usufruitier est tenu de remplacer avec le croît présent et à venir, mais non avec le croît prétérit.

S'il n'y a pas de croît, l'usufruitier n'est pas obligé au remplacement (*M. Toullier*). *Voyez* le Nouveau répertoire, v° Usufruit, § 2, n° 6.

Il faut observer que lorsque l'usufruit est établi non sur un troupeau, mais sur certaines bêtes désignées, quoiqu'il y en ait plusieurs, l'usufruitier n'est pas tenu de les remplacer.

(2) Il en est autrement dans le cas d'une épizootie, où la crainte de la contagion fait défendre d'écorcher les animaux qui ont succombé.

(3) C'est-à-dire lorsqu'il est reconnu que celui qui a constitué l'usufruit n'était pas réellement propriétaire, ou qu'il n'avait qu'une propriété résoluble. Autrement le changement de propriété n'en opère aucun dans le droit de l'usufruitier (*M. Toullier*).

Par la mort naturelle ou civile de l'usufruitier ;

Par l'expiration du temps pour lequel il a été accordé, ou par l'événement de la condition résolutoire (1) ;

Par la consolidation ou la réunion sur la même tête des deux qualités d'usufruitier et de propriétaire (2) ;

Par le non usage du droit pendant trente ans (3) ;

Par la perte totale de la chose sur laquelle l'usufruit est établi ;

Par une jouissance de trente ans, s'il n'a pas été accordé à des particuliers (4) ;

Par la mort de l'enfant pour l'usufruit légal des père et mère (5) ;

Par la renonciation de l'usufruitier ;

Pour l'usufruit établi sur un bâtiment seulement, lorsque ce bâtiment est détruit par un incendie ou autre accident, ou qu'il s'écroule de vétusté (6) (*Art.* 617, 619, 624).

---

(1) Si j'avais donné l'usufruit d'une terre tant que mon fils sera en démence, où jusqu'à ce que mon fils ait recouvré sa raison, l'usufruit s'éteint par le retour de mon fils dans son bon sens. Il ne revit point si, après avoir recouvré sa raison, l'enfant la perd de nouveau (*M. Toullier*).

(2) Dans le personne de l'usufruitier et non pas du propriétaire ; car autrement il y aurait consolidation, toutes les fois que l'usufruit finirait.

(3) Il ne faut pas conclure de là qu'on ne puisse opposer, pour l'usufruit, que la prescription trentenaire.

(4) Comme aucune loi n'a d'effet rétroactif, cette disposition n'a point d'application aux usufruits établis avant la promulgation du Code.

(5) C'est un cas singulier et le seul usufruit qui s'éteigne par la mort du propriétaire.

(6) Dans ce cas, l'usufruitier ne jouit ni du sol, ni des matériaux ; si l'usufruit est établi sur un domaine dont les bâtiments faisaient partie, l'usufruitier, au contraire, jouit des matériaux et du sol (*Art.* 624).

D. La renonciation de l'usufruitier est-elle toujours valable ?

R. Ses créanciers peuvent la faire annuller, si elle est gratuite et faite à leur préjudice (*Art.* 622).

D. Comment peut cesser l'usufruit ?

R. Par l'abus que l'usufruitier fait de sa jouissance, soit en commettant des dégradations sur le fonds, soit en le laissant dépérir faute d'entretien. Les juges peuvent alors, suivant la gravité des circonstances, prononcer l'extinction absolue de l'usufruit, ou n'ordonner la rentrée du propriétaire en jouissance que sous la charge de payer annuellement à l'usufruitier ou à ses ayant-cause, une somme déterminée, jusqu'à l'instant où l'usufruit aurait dû cesser (1) (*Art.* 618).

D. Les créanciers de l'usufruitier ne peuvent-ils pas intervenir dans ces contestations ?

R. Ils peuvent offrir la réparation des dégradations commises et des garanties pour l'avenir ; mais s'ils ne sont pas intervenus avant le jugement, ils ne peuvent s'opposer à son exécution (*Art.* 618).

D. L'usufruit accordé jusqu'à ce qu'un tiers ait atteint un âge fixé, finit-il à la mort de ce tiers ?

R. Non ; il continue jusqu'à l'époque où ce tiers aurait eu l'âge fixé (*Art* 620). Toutefois cette disposition ne s'applique pas à l'usufruit légal des pères et mères (*M. Delvincourt*).

---

(1) Quelles sont les dégradations et les malversations qui peuvent donner lieu à prononcer l'extinction absolue ou la modification de l'usufruit ? Cette question est laissée à la prudence des juges (*M. Toullier*). *Voyez*, sur cet article, la discussion du conseil d'état, *M. Toullier*, tom. 3, n° 465 et suiv, ; le Nouveau Répertoire, v° Usufruit, § 5 , article 4; *M. Malleville*, tom. 2, pag. 89; *M. Locré*, Esprit du Code civil, tom. 7, pag. 315 et suivantes.

D. Que devient l'usufruit, si une partie de la chose qui y soumise est détruite?

R. L'usufruit se conserve sur ce qui reste (*Art.* 623).

D. La vente de la chose sujette à usufruit apporte-t-elle quelque changement dans le droit de l'usufruitier?

R. Non, il continue de jouir de son usufruit, s'il n'y a pas formellement renoncé (1) (*Art.* 621).

———

CHAPITRE II.

De l'usage et de l'habitation (2).

D. Qu'entend-on par droit d'usage et par droit d'habitation?

R. Le droit d'usage est le droit d'exiger des fruits d'un fonds autant qu'il en faut pour son usage et pour ceux de sa famille, et le droit d'habitation est le droit de demeurer dans une maison avec sa famille (3), quand même, dans l'un et l'autre cas, on n'aurait pas été marié à l'époque de la concession du droit (*Art.* 630, 632).

---

(1) Il faut observer, en terminant cette section, que les Romains, qui faisaient comme nous cesser l'usufruit par la perte de la chose, appliquaient toujours, et souvent avec plus de subtilité que de justice, le rigoureux principe : *Res periisse videtur, si forma mutata est. Voyez* au Digeste, le titre *Quibus modis usufructus amittitur.*

(2) La différence de ces droits avec l'usufruit, est que la jouissance n'y est pas totale.

M. Toullier a jugé tout ce qui concerne l'usage et l'habitation assez clairement exposé dans le Code pour n'avoir pas besoin d'explications. Les autres auteurs ne nous fournissent de même que fort peu d'observations.

(3) Le mot famille désigne ici la femme, les enfants, les parents, auxquels on est obligé, d'après la loi, de donner des aliments.

D. Les droits d'usage et d'habitation ne peuvent-ils pas avoir plus ou moins d'étendue ?

R. Oui ; ils se règlent par le titre qui les a établis, et la loi ne les fixe qu'à défaut du titre constitutif (*Art.* 628, 629).

D. Qu'est-ce que ces droits ont de commun avec l'usufruit ?

R. Ils s'établissent et se perdent de la même manière que l'usufruit ; et comme dans l'usufruit, on ne peut en jouir sans avoir préalablement donné caution, et dressé des états et inventaires (*Art.* 625, 626). L'usager, et celui qui a un droit d'habitation, doivent jouir en bons pères de famille (*Art.* 627).

D. Les droits d'usage et d'habitation peuvent-ils être cédés ?

R. Non, ces droits ne peuvent être cédés ni loués à un autre (*Art.* 631, 634).

D. Quelles sont les obligations attachées à ces droits ?

R. Si l'usager ou celui qui a le droit d'habitation absorbe tous les fruits du fonds, ou s'il occupe la totalité de la maison, il est assujetti aux frais de culture, aux réparations d'entretien et au paiement des contributions, comme l'usufruitier. S'il ne prend qu'une partie des fruits, ou n'occupe qu'une partie de la maison, il contribue au prorata de ce dont il jouit (*Art.* 635).

D. Ces règles s'appliquent-elles à l'usage des bois et forêts ?

R. Non ; cet usage est réglé par des lois particulières (*Art.* 636).

TITRE IV.

Des servitudes ou services fonciers (1).

D. Qu'est-ce qu'une servitude ?

R. Une servitude est une charge imposée sur un héritage (2) pour l'usage et l'utilité d'un héritage appartenant à un autre propriétaire (3) (*Art.* 537).

D. La servitude établit-elle quelque prééminence d'un fonds sur un autre ?

R. Non, la loi a déclaré le contraire, pour ne pas voir renaître le système des fiefs.

D. D'où dérivent les servitudes ?

R. Elles dérivent :

1° De la situation naturelle des lieux ;

2° Des obligations imposées par la loi ;

3° Des conventions entre les propriétaires (4) (*Art.* 639).

---

(1) L'origine des servitudes est aussi ancienne que celle de la propriété, dont elles sont des démembrements ; le droit romain ne connut, sous le nom de *servitudes*, que cette sorte d'assujettissement des héritages qui naît de la disposition des lieux, du besoin social et de la liberté des conventions. Dans les législations modernes, la féodalité introduisit une foule de droits bizarres, résultant de la prééminence hiérarchique de quelques fonds sur d'autres. Les lois consacrèrent ces abus, un bienfait de la révolution fut de les détruire ; et lors de la confection du Code civil, la sagesse du législateur consista tout entière à se reporter au point de départ. *Voy. M. Pardessus*, Traité des Servitudes, Introduction, pag. 1 à 4.

(2) On appelle tout immeuble réel susceptible de propriété, *héritage*, parce qu'il peut entrer dans une hérédité (*M. Toullier*).

(3) Ainsi on ne peut réclamer l'usage d'une servitude inutile.

Barthole définissait la servitude, un droit inhérent à un héritage et qui diminue le droit ou la liberté d'un autre héritage.

(4) Une servitude peut encore être établie par testament.

CHAPITRE PREMIER.

Des servitudes naturelles ou qui dérivent de la situation des lieux (1).

D. Quelles sont les servitudes naturelles ?

R. Ce sont les servitudes relatives aux eaux et aux droits de clôture et de bornage.

D. N'y a-t-il pas un principe généralement relatif à la chute des eaux ?

R. Les fonds inférieurs sont assujettis, envers ceux qui sont plus élevés, à recevoir les eaux qui en découlent naturellement, sans que la main de l'homme y ait contribué (2) (*Art.* 640).

D. Quels sont, à cet égard, les devoirs respectifs des propriétaires ?

R. Le propriétaire du fonds supérieur ne peut rien faire qui aggrave la servitude du fonds inférieur (3). Le propriétaire du fonds inférieur ne peut point élever de digue qui empêche cet écoulement (4) (*Art.* 640).

---

(1) Ce qui caractérise essentiellement ces servitudes, c'est qu'elles existent par la seule position des héritages.

(2) Le but de la loi est moins de créer cette obligation, que de la faire exécuter sans obstacle de la part de celui dont il est nécessaire que le fonds soit assujetti, sans abus de la part de celui qui en invoque les effets (*M. Pardessus*, Traité des Servitudes).

(3) Il ne faut pas croire que pour cela le propriétaire de l'héritage qui transmet ses eaux à l'héritage inférieur ne puisse se rien permettre sur le fonds, et qu'il soit condamné à l'abandonner à une stérilité perpétuelle, ou à n'en jamais varier l'exploitation.

(4) Cette défense ne s'applique point aux digues contre l'inondation d'un fleuve, d'un torrent. Observez aussi qu'on ne peut empêcher le propriétaire supérieur de garder ses eaux, si ce n'est pour cause d'utilité publique, comme si les moulins approvisionnant une ville venaient à manquer d'eau (*M. Toullier*).

D. Quels sont les droits du propriétaire du fonds sur la source qui en sort?

R. Il peut en user à sa volonté, à moins que le propriétaire du fonds inférieur n'ait acquis sur ces eaux quelque droit par titre ou par prescription (1) (*Art.* 641).

D. Dans ce cas, comment s'établit la prescription?

R. Par une jouissance non interrompue pendant l'espace de trente années, à compter du moment où le propriétaire du fonds inférieur a fait et terminé des ouvrages apparents, destinés à faciliter la chute et le cours de l'eau dans sa propriété (2) (*Art.* 642).

D. Le propriétaire d'une source qui fournit l'eau qui leur est nécessaire aux habitants d'une commune, d'un village ou d'un hameau, peut-il en détourner le cours?

R. Non; mais si les habitants n'en ont pas ac-

---

(1) Il n'y a que les servitudes continues qui s'acquièrent par prescription, et on ne peut jamais l'invoquer pour les eaux de pluies (*Dunod*, Traité des prescriptions).

(2) Il s'est élevé sur cet article une question extrêmement controversée : les ouvrages doivent-ils être sur le fonds supérieur, ou indifféremment sur l'un ou l'autre fonds. MM. *Pardessus* et *Delvincourt*, pensent qu'ils peuvent être indifféremment sur le fonds supérieur ou sur le fonds inférieur : ils s'appuient sur les termes indéfinis de l'art. 642 et sur les observations du tribunat, lors de la communication officieuse que lui fit le gouvernement. L'opinion contraire est soutenue par *Cæpolla*, *Dumoulin*, *Dubreuil* et un grand nombre d'auteurs cités par *Dubreuil*. *Contrà non volentem agere non currit præscriptio*; or, le propriétaire du fonds supérieur peut fort bien, dans la première opinion, ne pas avoir connaissance des ouvrages. Un arrêt de cassation du 25 août 1812, *Sirey*, 1812, 1re partie, pag. 350, a décidé que les ouvrages devaient être faits sur le fonds supérieur. Voyez au reste *M. Delvincourt*, tom. 1er, pag. 155, note 13; M. *Toullier*, tom. 3, nº 635, M. *Pardessus*, pag. 144, M. *Locré*, Esprit du Code civil, tom. 7, pag. 377; M. *Dubreuil* dans son analyse de la législation sur les eaux, pag. 92; et *Cæpolla*, chap. 4, nº 52 et suiv., *de Servitutibus præd. rustic.*

quis ou prescrit l'usage, le propriétaire peut réclamer une indemnité, laquelle est réglée par experts (*Art.* 643) (1).

D. Quels sont les droits des propriétaires sur les eaux qui bordent et qui traversent leurs propriétés ?

R. On peut se servir de l'eau courante qui borde une propriété pour son irrigation (2), et de celle qui traverse la propriété, pour quelqu'usage que ce soit pendant l'intervalle qu'elle y parcourt, mais à la charge de la rendre à la sortie, à son cours ordinaire (3) (*Art.* 644).

D. N'y a-t-il point d'exception à ce droit ?

R. Il ne s'étend pas aux eaux déclarées dépendances du domaine public par l'article 538, c'est-à-dire, aux eaux navigables ou flottables (*Art.* 644).

D. Quelle doit être la règle de conduite des tribunaux dans les contestations entre propriétaires sur l'usage des eaux ?

R. Ils doivent concilier l'intérêt de l'agriculture avec le respect dû à la propriété, et observer, dans tous les cas, les réglements particuliers et locaux sur le cours et l'usage des eaux (4) (*Art.* 645).

---

(1) Dans ce cas, la prescription ou le titre servent non à conserver l'usage, mais à s'affranchir de l'indemnité ; quant à la question de savoir s'il y a nécessité, elle doit être jugée par l'autorité administrative.

(2) On ne peut jamais détourner les eaux des canaux sans une autorisation toujours révocable du gouvernement ou des compagnies. *Voyez* sur l'art. 644 un décret du 10 mars 1810, *Sirey*, 1817, 2ᵉ partie, pag. 22 ; un décret du 22 février 1813, *Bulletin*, nᵒ 8882 ; un arrêt de cassation du 9 novembre 1818 ; et un arrêt de rejet du 17 février 1809, *Sirey*, tom. 7, 1ʳᵉ partie, pag. 316.

(3) Quand même le volume de l'eau serait diminué (*M. Delv.*)

(4) Cette disposition a été introduite dans la loi en faveur des avantages qu'on retire dans différentes provinces des diverses manières de jouir des eaux : la Limagne, etc. Il faut observer que les tribunaux ne jugent les contestations qui peuvent s'élever sur les eaux, qu'autant

D. A qui appartient le droit de bornage (1)?

R. Tout propriétaire peut obliger son voisin au bornage, à frais communs, de leurs propriétés contiguës (*Art.* 646).

D. Tout propriétaire a-t-il le droit de clore sa propriété?

R. Oui ; mais celui qui veut se clore perd son droit au parcours et à la vaine pâture, en proportion du terrain qu'il y soustrait (2) (*Art.* 647 et 648).

CHAPITRE II.

Des servitudes légales ou établies par la loi.

D. Quel est le but des servitudes légales?

R. l'utilité publique, l'utilité communale, ou l'utilité des particuliers (*Art.* 649).

---

qu'elles existent seulement entre des particuliers. Dès qu'il s'agit de l'intérêt public ou du domaine public, c'est l'autorité administrative qui juge. *Voyez* un décret du 22 janvier 1808, *Sirey*, 1816, 2e partie, pag. 309, et un autre décret du 11 août 1808, *Sirey*, 1816, 2e partie, pag. 391.

(1) On entend par *bornes* tout ce qui marque la séparation : des arbres, des fossés, des haies ; plus communément des pierres plantées debout et enfoncées en terre.

(2) Le droit de *vaine pâture* est celui de mener ses bestiaux paître dans certains endroits d'une commune, tels que les chemins, les les terres en friche et autres lieux désignés par les réglements locaux. Le droit de parcours est celui qu'ont deux communes d'envoyer respectivement les bestiaux sur leurs territoires.

Au reste, il faut établir une distinction que les articles ne portent pas. Si le droit de parcours et de vaine pâture est fondé sur un titre, le propriétaire ne peut clore l'héritage qui s'y trouve assujetti. *Voyez* une loi du 6 octobre 1791 sur les usages ruraux, et deux arrêts de la Cour de cassation, l'un du 14 fructidor an 9, et l'autre du 13 décembre 1808, *Sirey*, 1809, pag. 78 ; *M. Toullier*, tom. 3, pag. 111 et 112 ; *M. Merlin* est cependant d'un avis contraire. *Voyez* le Nouveau Répertoire, *verbo* Vaine pâture, pag. 306.

D. A quoi se rapportent les servitudes établies pour l'utilité publique ou communale ?

R. Au marche-pied le long des rivières navigables ou flotiables, à la construction ou réparation des chemins et autres ouvrages publics ou communaux (*Art.* 650).

D. Comment sont établies ces espèces de servitude?

R. Par des lois ou des réglements particuliers (1) (*Art.* 650).

D. Comment se règlent les différentes obligations auxquelles la loi assujettit les propriétaires à l'égard les uns des autres, indépendamment de toute convention ?

R. Une partie de ces obligations est réglée par les lois sur la police rurale, l'autre partie par le Code civil (*Art.* 652).

D. Quelles sont celles que règle le Code civil ?

R. Ce sont celles relatives au mur et au fossé mitoyens, au cas où il y a lieu à contre-mur, aux vues sur la propriété du voisin, à l'égout des toits, et au droit de passage (*Art.* 652).

------

(1) *Voyez* l'Ordonnance des eaux et forêts de 1669, titre 28, et le décret du 22 janvier 1818 (Bulletin n° 2954), qui déclare applicable à toutes les rivières navigables de France l'art. 7 de ce titre; un arrêt du conseil, du 3 mai 1720, rapporté dans l'ancien *Denisart*, au mot Chemin, n°s 15 et 16.

La loi du 6 octobre 1791, titre 1er, section 6, la loi du 29 floréal an x (Bulletin, n° 1606), relativement aux contraventions en matière de grande voierie, la loi du 14 floréal an xi, concernant le curage des petites rivières, la loi du 9 ventose an xiii (Bulletin n° 587) relative aux plantations des grandes routes et des chemins vicinaux ; depuis, on a fait remise aux particuliers de cette obligation. Un décret du 7 mars 1808 (Bulletin, n° 3177), et autre décret de décembre 1811 (Bulletin, n° 7644), enfin les art. 445 et 448 du Code pénal.

SECTION PREMIERE.

Du mur et du fossé mitoyens (1)

D. Qu'entend-on par murs mitoyens (2)?

R. On entend par murs mitoyens les murs construits en commun, ou devenus tels par la vente que le propriétaire a consentie ou a été forcé de faire (*M. Pardessus*).

D. Quels sont les murs que la loi présume mitoyens ?

R. Ce sont ceux qui, dans les villes et les campagnes, servent de séparation entre bâtiments jusqu'à l'héberge (3), ou ceux placés entre cours et jardins, et même entre enclos dans les champs (*Art.* 653).

---

(1) Cette matière étant très usuelle, mérite d'être étudiée avec attention.

(2) Ces deux mots *commun* et *mitoyen* ne sont pas synonymes : une chose est commune, lorsque dans sa totalité comme dans chacune de ses parties, elle appartient à deux ou plusieurs personnes, sans qu'on puisse indiquer quelle est la partie qui appartient à l'un plutôt qu'à l'autre. Un mur mitoyen, au contraire, est celui qui est placé sur les extrémités de deux héritages contigus, qui a été construit à frais communs, et qui est assis moitié sur le terrain de l'un des propriétaires voisins, et moitié sur le terrain de l'autre : en sorte que la véritable ligne de séparation entre les deux héritages se trouve à la moitié du mur. Ainsi, à proprement parler, le mur n'est pas commun, il est mitoyen. La moitié qui appartient à chacun des deux voisins est connue et déterminée; c'est celle qui joint son héritage. Néanmoins, comme les deux parties sont inséparables et ne forment ensemble qu'un même corps, le mur est censé une chose commune entre les deux voisins (*M. Toullier*). *Voyez*, pour plus de développement, tom. 3, pag. 126, n° 183; *Pothier*, Appendice au Contrat de société, n° 199.

(3) *Héberge* est un vieux mot qui signifie logement, et d'où est venu *héberger*. « Jusqu'à l'héberge, veut dire ici jusqu'au point où deux bâtiments, de hauteur inégale, peuvent profiter du mur commun » (*M. Berlier*).

D. Quels sont les murs présumés non mitoyens?

R. Ce sont : 1° le mur dont la sommité est droite et à plomb de son parement (1) d'un côté, et présente de l'autre un plan incliné ;

2° Celui qui n'a que d'un côté, ou un chaperon ou des filets (2) et corbeaux de pierre qui auraient été mis en bâtissant le mur (3) (*Art.* 654).

D. Dans ce cas, à qui le mur est-il censé appartenir ?

R. Au propriétaire du côté duquel sont l'égoût ou les corbeaux et filets de pierre (*Art.* 654).

D. Quelles sont les charges de la mitoyenneté ?

R. Tous ceux qui ont droit à un mur mitoyen doivent contribuer, proportionnellement à leur droit, à la réparation et reconstruction de ce mur (*Art.* 655).

D. Peuvent-ils s'en dispenser en abandonnant leur droit de mitoyenneté ?

R. Oui; pourvu que le mur mitoyen ne soutienne pas

---

(1) Pour servir d'égoût aux eaux de pluie, qui alors ne tombent que d'un côté ; on ne peut présumer que si le mur eût été mitoyen, le propriétaire de ce côté eût consenti à les recevoir en totalité (*M. Delvincourt*).

(2) Le *chaperon* est le sommet du mur s'élevant en pointe ou en crête au milieu de l'épaisseur du mur, et présentant un plan incliné des deux côtés pour faciliter l'écoulement des eaux; le *filet* est la partie du chaperon qui déborde le mur, afin que l'eau tombant au-delà du parement ne le dégrade pas. Le filet se nomme aussi *larmier* ; les *corbeaux* sont des pierres saillantes destinées à supporter des poutres; il ne faut pas les confondre avec les *harpes* ou *pierres d'attente* laissées saillantes du côté du voisin, par celui qui bâtit le premier, pour que la maison bâtie ensuite se lie avec la première sans entailles et incrustements.

(3) On connaît qu'ils ont été mis en bâtissant le mur, lorsque l'épaisseur du mur et la saillie sont de la même pierre. On pourrait autrement placer furtivement des corbeaux, des filets, et établir une présomption de non-mitoyenneté.

un bâtiment appartenant au démissionaire (1) (*Art.* 656).

D. Quels droits donne la mitoyenneté d'un mur ?

R. Elle donne le droit de bâtir contre le mur mitoyen, et de faire placer des poutres ou solives dans toute l'épaisseur du mur, à cinquante-quatre millimètres (deux pouces) près, sans préjudice du droit qu'a le voisin de réduire à l'ébauchoir (2) la poutre jusqu'à la moitié du mur, dans le cas où il voudrait lui-même asseoir des poutres dans le même lieu, ou y adosser une cheminée (3) (*Art.* 657).

Elle donne le droit de faire exhausser (4) le mur mitoyen, à la charge de payer seul la dépense de l'exhaussement, les réparations d'entretien au-dessus de la hauteur de la clôture commune, et en outre, l'indemnité de la charge en raison de l'exhaussement et suivant la valeur (5) (*Art.* 658).

---

(1) Il ne pourrait pas non plus se décharger ainsi des réparations nécessitées par son fait ou celui de ses gens (*M. Toullier*).

(2) L'ébauchoir est une espèce de ciseau de charpentier. *A l'ébauchoir*, veut dire ici sans les changer de place.

(3) L'un des voisins ne peut pratiquer dans le corps d'un mur mitoyen aucun enfoncement, ni y appliquer ou appuyer aucun ouvrage sans le consentement de l'autre, ou sans avoir, à son refus, fait régler, par experts, les moyens nécessaires pour que le nouvel ouvrage ne soit pas nuisible aux droits de l'autre. (*Art.* 662).

(4) Il peut aussi lui faire donner plus de profondeur s'il en a besoin ; comme pour des caves (*M. Delvincourt*).

(5) Il doit payer une indemnité, parce qu'un mur exhaussé dure moins, et qu'il a besoin d'être réparé et refait plus souvent. Ajoutons que si le voisin qui fait faire des ouvrages pour son utilité particulière est obligé de rendre l'autre voisin indemne de tous dommages, par exemple, de rétablir dans leur premier état les treillages, les berceaux qui seraient détruits par lui, il n'est point obligé à rétablir les embellissements qu'il pouvait y avoir sur le mur, comme les peintures, les sculptures, ni à fournir pour cela une indemnité au voisin (*Voyez M. Toullier*, tom. 3, nᵒˢ 208 et 209, pag. 143).

D. Que doit faire celui qui veut l'exhaussement, si le mur n'est pas en état de le supporter?

R. Il doit faire reconstruire le mur en entier à ses frais, et prendre de son côté l'excédant de l'épaisseur (*Art.* 659).

D. Comment peut-on acquérir la mitoyenneté d'un mur?

R. Tout propriétaire joignant un mur, a la faculté de le rendre mitoyen en tout ou en partie, en remboursant au maître du mur la moitié de la valeur de ce mur, ou la moitié de la valeur de la portion qu'il veut rendre mitoyenne, et moitié de la valeur du sol lequel le mur est bâti (1) (*Art.* 661).

D. Le voisin peut-il acquérir de même la mitoyenneté de l'exhaussement d'un mur, lorsqu'il n'a pas contribué à cet exhaussement?

R. Oui, le voisin peut acquérir la mitoyenneté de l'exhaussement, en payant la moitié de la dépense qu'il a coûté, et la valeur de la moitié du sol fourni pour l'excédant d'épaisseur, s'il y en a (2) (*Art.* 660).

D. Peut-on contraindre son voisin à contribuer aux constructions et réparations de la clôture faisant séparation de maisons, cours et jardins?

---

(1) L'obligation imposée à tout voisin de vendre la mitoyenneté du mur contigu à un autre héritage, est contraire au droit de propriété, en ce qu'elle force un propriétaire à aliéner; mais l'utilité générale, la décoration des villes, l'utilité même des particuliers l'ont emporté. Ce droit étant établi en faveur de l'un des voisins, aussi bien qu'en faveur de l'autre, on ne peut le taxer d'injustice; il y a égalité de droits de part et d'autre (*M. Toullier*). Dans la Coutume de Paris et dans un grand nombre d'autres, on pouvait acquérir la mitoyenneté de la même manière (Voyez *M. Berlier*, Exposé des motifs, tom. 4, pages 100 et 101).

(2) Le voisin peut acquérir la mitoyenneté de l'exhaussement sur toute la longueur du mur, ou seulement sur une partie (*M. Pardessus*).

R. Oui, mais seulement dans les villes et faubourgs (1) (*Art.* 663).

D. Comment fixera-t-on la hauteur de la clôture?

R. Cette hauteur sera fixée suivant les réglements particuliers ou les usages constants et reconnus ; à défaut d'usages et de réglements, tout mur de séparation entre voisins, qu'on fait construire ou rétablir, doit avoir au moins trente-deux décimètres (dix pieds) de hauteur, compris le chaperon, dans les villes de cinquante mille ames et au-dessus ; et vingt six décimètres (huit pieds) dans les autres (*Art.* 663).

D. Lorsque les différents étages d'une maison appartiennent à divers propriétaires, si les titres de propriété ne règlent pas la part que chacun doit supporter dans les réparations et reconstructions, comment doivent-elles se faire?

R. Les gros murs et le toit (2) sont à la charge de tous les propriétaires, chacun en proportion de la valeur de l'étage qui lui appartient (3).

---

(1) On entend par faubourg la continuité des maisons qui sont hors des portes d'une ville.

Aussitôt que cette continuité cesse, les faubourgs n'existent plus (M. *Toullier*). Au reste, toutes les fois qu'il y a contestation sur la question de savoir s'il y a *ville*, s'il y a *faubourg*, c'est l'autorité administrative qui est appelée à décider, et non point les tribunaux.

(2) Il faut excepter le toit de l'escalier, qui doit être fait à frais communs (M. *Toullier*). M. *Delvincourt* est du même avis.

(3) Il devient donc nécessaire de faire une ventilation, c'est-à-dire une estimation particulière de chaque étage, pour fixer ensuite la contribution de chacun par une règle de proportion.

Il faut remarquer que dans cette estimation, on ne doit avoir aucun égard aux ornements et embellissements que le propriétaire de chaque étage a pu faire à ses frais particuliers, tels que les lambris, parquets, plafonds, peintures, etc. Chaque appartement doit être estimé comme s'il était nu, et en raison de sa grandeur seulement et de sa commodité, non par conséquent en raison de la

(239)

Le propriétaire de chaque étage fait et répare le plancher sur lequel il marche (1).

Le propriétaire du premier étage fait l'escalier qui y conduit ; le propriétaire du second étage fait, à partir du premier, l'escalier qui mène chez lui, et ainsi de suite (2) (*Art.* 664).

D. Lorsqu'on reconstruit un mur mitoyen ou une maison, que deviennent les servitudes actives et passives ?

R. Si la reconstruction du mur ou de la maison se fait avant que la prescription soit acquise, elles continuent à l'égard du mur ou de la nouvelle maison, sans toutefois pouvoir être aggravées (*Art.* 665).

D. Quels sont les fossés que la loi présume mitoyens ?

R. Tous ceux qui sont entre deux héritages, s'il n'y a titre ou marque du contraire (*Art.* 666).

D. Quels sont les fossés que la loi présume au contraire non mitoyens ?

R. Tout fossé est présumé non mitoyen , lorsque la levée ou le rejet de la terre se trouve d'un côté seulement du fossé (*Art.* 667).

D. A qui appartient alors le fossé ?

R. Au propriétaire du côté duquel le rejet se trouve (*Art.* 668).

---

valeur locative , qui est toujours augmentée par les ornements et embellissements (*M. Toullier*).

(1) Le rez-de-chaussée, quand il y en a un , compte pour un étage.

(2) Ces règles ne paraissent pas conformes à l'exacte équité, puisque l'escalier du premier étage sert également au propriétaire du second ; mais on a voulu éviter les calculs souvent arbitraires d'une contribution relative.

- Le Code n'a point fixé la manière de contribuer aux réparations des allées, portes, puits, aqueducs, fosses d'aisance et autres choses communes , à l'égard desquelles il faut suivre les usages locaux , puisqu'aucune nouvelle disposition ne les a abrogés (*M. Toullier*).

D. Comment le fossé mitoyen doit-il être entretenu ?

R Il doit être entretenu à frais communs (1) (*Art.* 669).

D. Quelles sont les haies que la loi présume mitoyennes ?

R. Ce sont toutes celles qui séparent des héritages, à moins qu'il n'y ait qu'un seul des héritages en état de clôture (2), ou qu'il n'y ait titre ou possession suffisante du contraire (3) (*Art.* 670).

D. A quelle distance du voisin peut-on planter des arbres ?

R. Cette distance se fixe par les réglemens particuliers ou les usages constants et reconnus (4). A défaut de réglemens et d'usages, la distance pour les arbres de haute tige doit être de deux mètres, et d'un demi-mètre pour les autres arbres et les haies vives (5) (*Art.* 671).

D. Si des arbres ou des haies sont plantés à une moindre distance , quels sont les droits du voisin ?

---

(1) On partage les engrais résultant du curage. Il arrive souvent qu'au lieu de faire à mi-frais, on partage l'ouvrage longitudinalement.

Peut-on forcer le propriétaire d'un fossé à céder la mitoyenneté, comme celle d'un mur ? Non, parce que l'utilité publique qui l'exige dans le second cas, n'existe point dans le premier.

On peut, pour le fossé comme pour le mur mitoyen, se débarrasser de l'entretien par l'abandon de son droit (*M. Pardessus*).

(2) Si l'un des héritages, par exemple, est fermé de toutes parts, et l'autre ouvert de tous côtés.

(3) Si un propriétaire a coupé périodiquement la haie.

(4) Ces réglemens et usages varient d'après la nature des arbres.

(5) Les arbres à hautes tiges sont les ormes, les tilleuls, les chênes. les châtaigniers, noyers, etc. *Voyez* au reste le Répertoire de Jurisprudence de *M. Merlin*, et celui de *Denisart*, au mot *Arbres*, les usages locaux, et la loi 13, *D. Finium regundorum*. Les arbres non à haute tige sont les espaliers ; etc.

R. Il peut forcer le propriétaire à les faire arracher (*Art.* 672).

D. Si les branches ou les racines des arbres avancent sur l'héritage du voisin, quels sont les droits qu'il peut exercer ?

R. Il peut contraindre le propriétaire à couper les branches, et couper lui-même les racines (1) (*Art.* 672.)

D. Quel est le sort des arbres qui se trouvent dans la haie mitoyenne ?

R. Ils sont mitoyens comme elle, et chacun des deux propriétaires a droit de réquérir qu'il soient abattus (2) (*Art.* 673).

SECTION IX.

De la distance et des ouvrages intermédiaires requis pour certaines constructions.

D. N'y a-t-il pas certaines constructions qui pourraient nuire beaucoup au mur mitoyen, si on les faisait trop près de ce mur ?

______

(1) Seulement dans le temps de la taille, surtout pour les arbres fruitiers. Si les racines de l'arbre, avant qu'on les eût coupées, avaient causé quelque dégradation, par exemple, aux fondements d'un bâtiment, le propriétaire de l'arbre serait tenu de les réparer (*M. Toullier*).

(2) Il en est de même de ceux qui sont sur la ligne séparative des deux héritages.

« Le concours des deux volontés n'est donc point nécessaire, et par conséquent, si ces arbres étaient morts ou abattus par une cause quelconque, un seul des propriétaires ne pourrait les faire remplacer sans le consentement de l'autre.

Il ne doit pas en être ainsi des arbres que des titres respectifs auraient déclaré servir de bornes aux deux héritages. L'art. 466 du Code pénal garantit l'existence de ces sortes de bornes, et place au nombre des délits l'abattage qui en serait fait sans le consentement des deux propriétaires » (*M. Pardessus*, Traité des servitudes, n° 189, 276).

R. Oui; aussi la loi prescrit des règles à suivre pour ces sortes de cas, et comme ces constructions pourraient être extrêmement nuisibles, la loi veut qu'on suive toujours ces règles, que le mur soit mitoyen ou non (*Art.* 674).

D. Quels sont les cas prévus par la loi ?

R. C'est lorsqu'on veut construire près d'un mur un puits ou une fosse d'aisance, une cheminée, un âtre, une forge, un four, un fourneau ; lorsqu'on veut y adosser une étable, et lorsqu'on veut établir contre ce mur un magasin de sels ou un amas de matières corrosives (1) (*Art.* 674).

D. Quelles sont les règles à suivre dans tous ces cas ?

R. On est obligé, pour éviter de nuire au voisin, à laisser la distance prescrite par les mêmes réglements et usages particuliers sur ces objets, ou à faire les ouvrages prescrits par les mêmes réglements et usages (2) (*Art.* 674).

SECTION III.

Des vues sur la propriété du voisin.

D. A quoi servent les ouvertures qu'on peut pratiquer dans un mur, outre celles d'entrée et de sortie ?

---

(1) On doit considérer comme compris dans la généralité des expressions du Code, les cas qu'il n'a point déterminés, mais que l'identité ou l'analogie avec ceux qu'il prévoit peuvent servir à décider. Ainsi on doit prendre les mêmes précautions pour les canaux destinés à la conduite des eaux et leurs réservoirs que pour les puits, pour les tuyaux d'une fournaise que pour la fournaise elle-même (Voyez *M. Pardessus*, nº 199, pag. 295 et suiv.).

(2) Plusieurs Cours avaient demandé, lors de la confection du Code, qu'il déterminât la distance à observer et les ouvrages à faire dans les cas prévus. Mais les mêmes matériaux n'existant pas partout, il a fallu renoncer, par nécessité, au bénéfice de l'uniformité dans une matière qui ne la comportait pas (Voyez *M. Berlier*, Exposé des motifs, tom. 4, pag. 102, *M. Treilhard*, tom. 3, pag. 151, *M. Locré*, Esprit du Code civil, tom. 7, pag. 452 et suiv.).

R. Elles servent à pouvoir regarder au dehors, et alors on les nomme proprement *Vues* ; ou à éclairer le dedans de l'édifice, et alors on les appelle *Jours* (1) (*M. Locré*).

D. L'un des voisins peut-il de sa propre autorité pratiquer quelque ouverture dans le mur mitoyen ?

R. Non ; aucun des voisins ne peut pratiquer dans le mur mitoyen aucune fenêtre ou ouverture, en quelque manière que ce soit, même à verre dormant, sans le consentement de l'autre voisin (*Art.* 675).

D. Le propriétaire d'un mur non mitoyen, peut-il toujours y pratiquer des jours ?

R. Oui ; mais si le mur joint immédiatement l'héritage d'autrui, ces jours ou fenêtres doivent être : 1° à fer maillé et verre dormant (2), et les mailles du treillis de fer ne peuvent avoir qu'un décimètre (environ trois pouces huit lignes) d'ouverture au plus (*art.* 676) ; 2° ils ne peuvent être établis qu'à vingt-six décimètres (huit pieds) au-dessus du plancher ou du sol de la chambre qu'on veut éclairer, si c'est au rez-de-chaussée, et à dix-neuf décimètres, (six pieds) au-dessus du plancher, pour les étages supérieurs (3) (*Art.* 677).

---

(1) Le Code désigne les unes et les autres par la dénomination générale de *vues* ; mais quoiqu'il n'exprime pas la distinction que nous faisons, elle est néanmoins le fondement de plusieurs de ses dispositions (Voyez *M. Locré*, tom. 7, page 454).

(2) A verre dormant, c'est-à-dire un chassis qui ne puisse ouvrir. Ces précautions sont exigées afin qu'on ne puisse rien jeter sur le fonds du voisin (*M. Delvincourt*).

(3) Si le lieu qu'on veut éclairer est un escalier, il faut en faire suivre la direction au jour que l'on veut pratiquer (*M. Delvincourt*). La règle n'est point suivie pour les soupiraux destinés à donner des jours à des caves ; il semble qu'un voisin, qui n'en éprouverait aucun tort, ne pourrait s'en plaindre (*M. Pardessus*). Il faut observer que ces mesures doivent s'entendre jusqu'au-dessus

D. Le propriétaire d'un mur non mitoyen, mais qui joint immédiatement l'héritage d'autrui, peut-il pratiquer des vues droites ou obliques sur cet héritage ?

R. Non, on ne peut avoir de vues droites (1) ou fenêtres d'aspect, balcons ou autres saillies semblables sur l'héritage clos ou non clos de son voisin, s'il n'y a dix-neuf décimètres (six pieds) de distance entre le mur où on les pratique et ledit héritage (*Art.* 678). On ne peut avoir des vues obliques ou par côté sur le même héritage, s'il n'y a six décimètres (deux pieds) de distance (2) (*Art.* 679).

D. Comment se mesure cette distance ?

---

des appuis ou enseuillements des fenêtres que l'on peut faire, et non de la grandeur même des fenêtres, qui n'est limitée ni en hauteur ni en largeur (*M. Toullier; M. Pardessus* est du même avis, nº 210, pag. 312).

(1) La vue droite, ou fenêtre d'aspect, est celle qui regarde en face l'héritage voisin, ou autrement qui est pratiquée dans un mur parallèle à la ligne de séparation des deux héritages. La vue oblique ou de côté est celle qui est pratiquée dans un mur qui fait, ou dont le prolongement fait angle avec la ligne de séparation (*M. Delvincourt*).

(2) Remarquez que si, entre les deux héritages, il existait une rue ou un chemin, quoique large de moins de dix-neuf décimètres, la prohibition cesserait, parce qu'il est permis d'ouvrir des vues sur une rue ou sur un chemin public (*M. Toullier; M. Delvincourt* est du même avis, tom. 1er, pag. 163, note 6). *M. Pardessus* a long-temps soutenu le contraire. Le droit d'avoir des vues sur la voie publique, disait-il, n'est pas plus favorable que celui d'en avoir sur soi-même. Or, si la loi exige que le *propriétaire* de l'espace intermédiaire n'ait de vue droite qu'autant que cet espace est de dix-neuf décimètres, par quel motif plus puissant cette distance devrait-elle être moindre quand cet espace est public. Mais *M. Toullier* lui a répondu avec raison que la sûreté publique et l'agrément des villes exigent qu'on ouvre sur les rues et sur les chemins, des fenêtres qui avertissent les passants qu'ils sont sous les yeux du public, plutôt que de les border de murs élevés qui déroberaient la vue de ce qui s'y passe. *M. Pardessus* s'est rendu à ces motifs et a rétracté sa pre-

R. Elle se mesure depuis le parement extérieur du mur où l'ouverture se fait , ou s'il y a balcon ou autres semblables saillies , depuis leur ligne extérieure jusqu'à la ligne de séparation des deux propriétés (1) (*Art.* 680).

SECTION IV.

De l'égoût des toits.

D. Un propriétaire peut-il faire verser ses eaux pluviales sur le fonds de son voisin ?

R Non ; tout propriétaire doit établir son toit de manière que les eaux pluviales s'écoulent sur son terrain ou sur la voie publique (2).

SECTION V.

Du droit de passage.

D. Qu'est-ce qu'on entend par servitude de droit de passage ?

---

mière opinion, dans sa 5e édition, nᵒ 204, pag. 306, en note. *Voy.* pour la même opinion, le Répertoire de *M. Merlin*, *verbo* Vue, page 519.

(1) Il ne faut pas croire que tout propriétaire qui n'a pas, entre l'extrémité de son mur et la ligne séparative des deux héritages, un espace de six décimètres, ne puisse avoir de vue oblique, à quelque distance que l'ouverture soit de la propriété du voisin. L'intention du législateur n'a pu être telle; ce serait interdire à la majeure partie des maisons les vues de côté et sans aucune utilité. Il faut dans ce cas compter les six décimètres, à partir de l'arête du jambage de la croisée jusqu'à la ligne séparative des deux héritages (*M. Pardessus*, nᵒ 207, page 309).

(2) Il ne peut même pas établir des gouttières avancées pour recevoir ses eaux et les détourner sur soi-même, s'il n'a point acquis le droit de saillie, *jus projiciendi et protegendi*, parce qu'alors une portion du terrain du voisin serait couverte; il doit placer ses gouttières sur son mur (*M. Toullier*, nᵒ 537 à 546 , pages 395 et suivantes).

R. On entend le droit accordé par la loi au propriétaire dont le fonds est enclavé et qui n'a aucune issue sur la voie publique de réclamer un passage sur les fonds de ses voisins pour l'exploitation de son héritage (*Art.* 682).

D. Sur quoi est fondée cette servitude?

R. Sur l'intérêt général qui ne permet pas qu'il y ait des fonds mis hors du domaine des hommes, et frappés d'inertie ou condamnés à l'inculture, parce qu'il faudra, pour y arriver, traverser l'héritage d'autrui (*M. Berlier,* Exposé des Motifs).

D. Où doit être pris le passage ?

R. Il doit régulièrement être pris du côté où le trajet est le plus court du fonds enclavé à la voie publique (*Art.* 683). Néanmoins, il doit être tracé dans l'endroit le moins dommageable à celui sur le fonds de qui il est accordé (*Art.* 684).

D. Celui qui obtient le droit de passage acquiert-il la propriété du terrain qui sert à l'exercice de ce droit?

R. Non, le propriétaire du terrain en conserve la propriété, il continue d'en jouir et d'en disposer de telle manière qu'il lui plaît, pourvu que ce qu'il fait n'empêche pas le passage (*M. Locré*).

D. Le propriétaire sur le fonds duquel le passage est pris, ne peut-il pas réclamer une indemnité?

R. Il peut réclamer une indemnité proportionnée au dommage qu'il éprouve ; mais cette action est prescriptible (1) (*Art.* 685).

---

(1) Si le passage accordé sur le fonds d'autrui cesse d'être nécessaire, on n'a plus le droit de l'exercer ; en effet, la cause cessant, l'effet doit cesser avec elle. Le propriétaire usant du passage ne pourrait invoquer la prescription, parce que ce n'est point une servitude de commodité dont il a usé, mais une servitude de nécessité (*M. Toullier*).

CHAPITRE III.

Des servitudes établies par le fait de l'homme.

SECTION PREMIÈRE.

Des diverses espèces de servitudes qui peuvent être établies sur les biens.

D. Quelles sont les servitudes qu'il est permis d'établir par convention sur les propriétés, ou en leur faveur?

R. Il est permis aux propriétaires d'établir en faveur de leurs propriétés, ou sur elles, telles servitudes que bon leur semblera, pourvu néanmoins que les services établis ne soient imposés, ni à la personne, ni en faveur de la personne, mais seulement à un fonds et pour l'usage ou l'utilité d'un fonds appartenant à une autre personne. Il faut encore que ces services n'aient d'ailleurs rien de contraire à l'ordre public (1) (*Art.* 686).

D. D'où vient cette première restriction que les servitudes ne peuvent être imposées ni à la personne, ni en faveur de la personne ?

____

(1) Le nombre, les espèces et les effets des servitudes peuvent varier à l'infini; ils ne sont point bornés à la seule nécessité ou à l'utilité évidente d'un fonds; le simple agrément, l'avantage éloigné peuvent les faire établir. Lorsque le Code refuse à un voisin le droit de vue dans certains cas, et dans d'autres ne le permet que sous certaines conditions, l'autre voisin peut consentir à ces vues, ou dispenser des conditions imposées par la loi. Mais il faut bien remarquer qu'il n'en est pas de même lorsque la loi a prescrit des distances ou des constructions d'ouvrages; son but n'a pas été seulement d'empêcher de nuire au voisin. Quand la loi prescrit une distance entre un fourneau et le mur voisin ou mitoyen, quand elle prescrit un contre-mur pour des fosses d'aisance, elle a aussi pour but de prévenir les incendies ou l'infection des eaux. *Voyez M. Pardessus*, n° 230 à 236, pag. 346 et suiv.; *M. Toullier*, tom. 3, n° 581 à 596, pag. 425, *M. Locré*, Esprit du Code civil, tom. 7, pag. 502 et suivantes; *M. Delvincourt*, tom. 1ᵉʳ, pag. 163.

(248)

R. D'abord, c'est une conséquence immédiate de la définition donnée par l'art. 637 du Code, et qui caractérise spécialement la servitude réelle ou service foncier (*M. Albisson*). Ensuite, c'est une précaution prise par le législateur contre le rétablissement des servitudes féodales.

D. Comment se règle l'usage et l'étendue des servitudes établies par convention, ou servitudes conventionnelles ?

R. Par le titre qui les constitue, et à défaut de titre (1), par les règles que nous allons exposer (*Art.* 686).

D. Comment le Code divise-t-il les servitudes ?

R. Il donne trois divisions des servitudes; la première, en servitudes urbaines et rurales (2); la deuxième, en continues et discontinues; la troisième, en apparentes et non apparentes.

D. Comment le Code définit-il les servitudes urbaines ?

R. Toutes celles qui sont dues à des bâtiments, que ces bâtiments soient situés à la ville ou à la campagne (*Art.* 687).

____

(1) Il faut ajouter avec *M. Locré, ou d'explication dans le titre.*

(2) Le Code, après avoir mis en avant cette division, ne s'en sert plus, et elle est entièrement inutile en droit français. En droit romain, elle était d'une extrême importance, tant qu'on admit la distinction entre les domaines *quiritaire* et *bonitaire.* Les servitudes tiraient leur nom de *rustiques* ou d'*urbaines*, de l'héritage dominant, mais on n'était point d'accord sur ce qu'il fallait appeler héritages urbains ou rustiques. Nératius voulait qu'on appelât héritages urbains ceux qui étaient à la ville, et ruraux ceux qui étaient à la campagne. Les autres jurisconsultes pensèrent qu'on devait régler le nom des héritages sur leur destination. Ils nommèrent héritages urbains ceux qui étaient principalement destinés à l'habitation, et rustiques ceux qui étaient destinés à être exploités. Ainsi il y avait des héritages urbains à la campagne et des héritages rustiques à la ville. *Voyez M. Toullier*, tom. 3, n° 596, pag. 439.

D. Comment définit-il les servitudes rurales ?

R. Toutes les servitudes autres que les servitudes urbaines (*Art.* 687).

D. Quelles sont les servitudes continues ?

R. Ce sont celles dont l'usage est ou peut être continuel sans avoir besoin du fait actuel de l'homme; tels sont les conduites d'eau, les égoûts, les vues et autres de cette espèce (*Art.* 688).

D. Quelles sont les servitudes discontinues ?

R. Ce sont celles qui ont besoin du fait actuel de l'homme pour être exercées : tels sont les droits de passage, puisage, pacage, et autres semblables (*Art.* 688).

D. Quelles sont les servitudes apparentes ?

R. Ce sont celles qui s'annoncent par des ouvrages extérieurs, tels qu'une porte, une fenêtre, un aqueduc (*Art.* 589).

D. Quelles sont les servitudes non apparentes ?

R. Ce sont celles qui n'ont pas de signe extérieur de leur existence, comme par exemple, la prohibition de bâtir sur un fonds, ou de ne bâtir qu'à une hauteur déterminée (1) (*Art.* 689).

D. N'y a-t-il point d'autre division des servitudes?

R. Il y en a plusieurs autres ; la principale est en affirmatives et négatives.

D. Quelles sont les servitudes affirmatives ?

R. Ce sont celles qui imposent seulement au propriétaire du fonds servant l'obligation de laisser faire, comme la servitude de vue, de passage, etc., (*M. Delvincourt.*).

D. Quelles sont les servitudes négatives ?

R. Ce sont les servitudes en vertu desquelles le

---

(1) Les divisions des servitudes en continues et discontinues ; apparentes et non apparentes, sont extrêmement importantes, particulièrement pour la manière de prescrire les servitudes.

propriétaire du fonds servant peut être empêché de faire sur son fonds ce qu'il aurait naturellement droit d'y faire, s'il n'y avait pas de servitudes : telle est la prohibition de bâtir ou de bâtir au-delà de telle hauteur. Toutes les servitudes négatives sont continues et non apparentes. (*M. Delvincourt.*).

SECTION II.

Comment s'établissent les servitudes.

D. De combien de manières peut s'établir une servitude (1) ?

R. Il faut distinguer si la servitude est en même temps continue et apparente, ou si elle n'a qu'un de ces caractères.

D. De combien de manières peut s'établir une servitude continue et apparente ?

R. De trois manières : 1° par titre (2) ; 2° par la possession de trente ans ; 3° par la destination du père de famille (*Art.* 690, 692).

D. Qu'entendez-vous par ces mots : destination du père de famille ?

R. On dit qu'il y a destination du père de famille, lorsqu'il est prouvé que deux fonds actuellement divisés ont appartenu au même propriétaire, et que

---

(1) Il faut observer que toutes les terres sont présumées libres, si l'on ne prouve pas qu'elles sont grévées de quelques servitudes. *Voyez* la loi du 6 octobre 1791, sur les usages ruraux, art. 1er ; *Alciat, de præsumpt. reg.* 21 , *cap.* 3.

(2) Les servitudes peuvent être établies par toute espèce de titres propres à transférer la propriété, soit par acte testamentaire, soit par acte entre-vifs, tel qu'une vente, une donation , un échange ; par les actes de partage d'une succession ou d'autres biens indivis, dans lesquels on stipule des droits de vue, de passage , etc., au profit de l'un des héritages , de l'une des maisons partagées (*M. Toullier*).

c'est par lui que les choses ont été mises (1) dans l'état duquel résulte la servitude (*Art.* 693).

Il y a également destination du père de famille, lorsque le propriétaire de deux héritages entre lesquels il existe un signe apparent de servitude, dispose de l'un des héritages, sans que le contrat contienne aucune convention relative à la servitude ; elle continue d'exister activement ou passivement en faveur du fonds ou sur le fonds aliéné (2) (*Art.* 694) (*M . Pigeau*).

D. Comment peuvent s'établir les servitudes qui ne réunissent pas les deux qualités de continue et d'apparente ?

R. Toutes ces servitudes ne peuvent s'établir que par titre, la possession même immémoriale (3) ne suffirait pas (*Art.* 691).

D. D'où vient qu'on ne peut acquérir ces servi-

---

(1) Il faut ajouter avec *M. Delvincourt, ou laissées*, parce que le propriétaire *est censé avoir mis les choses dans l'état dont il s'agit, lorsque les ayant trouvées dans cet état, il les y a laissées.*

(2) On sent bien que cet état des lieux, qui de simple destination du père de famille, se convertit ainsi en servitude, ne doit pas être une distribution passagère, l'objet d'une commodité momentanée. Il n'est guère possible de supposer que, sans une convention expresse, on ait voulu conserver ce qui ne servait qu'à une utilité purement personnelle ou de simple agrément. Les parties sont présumées n'avoir voulu conserver que des services évidemment nécessaires (*M. Pardessus*). *Dumoulin* et *Poulain-Duparc* sont du même avis. *Voyez* aussi *M. Toullier*, tom. 3, n° 615, pag. 461.

(3) La possession immémoriale est celle dont aucun homme vivant n'a vu le commencement, dont il a appris l'existence de ses anciens. Ainsi cette possession n'a point de temps déterminé par la loi, il suffit que les vieillards qui en ont connaissance l'aient toujours vue eux-mêmes, qu'ils aient ouï dire communément qu'elle existait avant eux, et qu'ils n'aient connu personne qui ait vu le commencement de cette possession, ou qui ait ouï dire à d'autres qu'ils l'ont vue (Voyez *M. Toullier*, tom. 3, n°s 627 et 628, pag. 471).

tudes par la possession , comme les servitudes apparentes et continues ?

R. C'est que, pour les servitudes qui ne réunissent pas cette double qualité , rien n'assure, rien ne peut même faire légalement présumer que le propriétaire voisin ait eu une connaissance suffisante d'actes de possession , souvent fort équivoques et dont la preuve est dès lors inadmissible (*M. Berlier*, Exposé des Motifs). C'est sur les mêmes raisons qu'est fondée la restriction de la loi qui borne l'effet de la destination du père de famille aux servitudes apparentes (*M. Albisson*, tribun).

D. Peut-on attaquer les servitudes de cette nature acquises par la possession dans les pays où elles pouvaient s'acquérir de cette manière ?

R. Non ; mais il faut pour cela qu'elles fussent déjà acquises, c'est-à-dire que la possession eût duré tout le temps fixé pour acquérir (1), au moment de la promulgation du titre des servitudes, le 20 pluviose an 12 (2) (*Art.* 691).

D. Comment le titre constitutif de la servitude peut-il être remplacé, à l'égard de celles qui ne peuvent s'acquérir par la prescription ?

R. Il ne peut être remplacé que par un titre récognitif de la servitude, émané du propriétaire du fonds asservi (3) (*Art.* 695).

---

(1) Ce temps variait dans les diverses coutumes ; dans les unes , il était de dix, vingt, trente ans ; dans les autres, il fallait une possession immémoriale. Observez que l'on n'a pu prescrire avant le Code une servitude qui alors n'en était pas une , que permettait un réglement local ; par exemple , des vues sur des héritages non clos.

(2) *Voyez* un arrêt de cassation du 31 décembre 1810, *Sirey*, tom. 2, 1ʳᵉ partie, pag. 81.

(3) Il est évident qu'un jugement qui aurait acquis force de chose jugée, pourrait remplacer le titre de la servitude. Les jugements qui

SECTION III.

Des droits du propriétaire du fonds auquel la servitude est due.

D. Quels sont les droits de celui au fonds de qui une servitude est due?

R. Il a droit de réclamer tout ce qui est nécessaire pour en user ; ainsi la servitude de puiser de l'eau à la fontaine d'autrui emporte nécessairement le droit de passage (1) (*Art.* 696). Il a le droit de construire tous les ouvrages nécessaires pour user de la servitude et pour la conserver (*Art.* 697), mais non pas pour la rendre plus commode.

D. Aux frais de qui sont ces ouvrages ?

R. Aux frais de celui qui les fait construire et non à ceux du propriétaire du fonds servant, à moins que le titre d'établissement de la servitude ne porte le contraire (2) (*Art.* 698).

D. Lorsque le propriétaire du fonds assujetti est chargé par le titre de faire les ouvrages nécessaires

---

règlent les conditions d'une licitation ou d'un partage peuvent également établir des servitudes (*M. Toullier*).

(1) Il en était de même à Rome, sauf une seule exception introduite par le jurisconsulte Servius, malgré les efforts du jurisconsulte Gallus, l'ami de Cicéron : dans la servitude *oneris ferendi*, c'était le propriétaire du mur qui était tenu de le réparer. Il en serait autrement en droit français, d'après le principe que la servitude ne consiste qu'à souffrir ou à ne pas faire.

(2) Les limitations du droit ne se présument pas, mais il ne s'étend qu'aux besoins du fonds dans l'état où il était au moment de la concession. Ainsi le propriétaire d'un fonds de terre en faveur duquel serait établi un droit de passage, ne pourrait, en y faisant bâtir, grever le fonds servant, du passage nécessaire pour le service d'une maison : parce que le passage journalier de tous les habitants d'une maison, est plus onéreux que le passage pour le service d'un fonds de terre (*M. Toullier*).

pour l'usage et la conservation de la servitude , n'a-t-il aucun moyen de s'en décharger ?

R. Il peut toujours s'affranchir de cette charge , en abandonnant le fonds assujetti au propriétaire du fonds auquel la servitude est due (1) (*Art*. 699).

D. Si l'héritage pour lequel la servitude a été établie vient à être divisé , que devient cette servitude ?

R. Elle reste due pour chaque portion , sans que néanmoins la condition du fonds soit aggravée. Ainsi, par exemple , s'il s'agit d'un droit de passage , tous les co-propriétaires seront obligés de l'exercer par le même endroit (2) (*Art*. 700).

D. Si l'assignation primitive de l'endroit où doit s'exercer la servitude , était devenu plus onéreuse au propriétaire du fonds assujetti , si elle l'empêchait d'y faire des réparations ou constructions avantageuses , ne pourrait-il pas réclamer ?

---

(1) Il s'est élevé sur cet article une question qui divise les auteurs, et qui n'a point encore été décidée. Peut-on s'affranchir de l'obligation de faire des ouvrages nécessaires pour l'usage et la conservation de la servitude , en abandonnant la partie seulement du fonds qui doit la servitude , ou faut-il abandonner ce fonds en totalité ? *Domat* et *MM. Toullier, Malleville* , etc., pensent qu'il suffit d'abandonner la partie du fonds qui doit la servitude ; *M. Delvincourt* est d'avis contraire (Voyez *M. Toullier*, tom. 3 , n° 663 et 664, 561 ; *M. Malleville* sur l'art. 698 , pag. 148 ; *M. Delvincourt*, tom. 1er, pag. 166. notes 5 et 6).

(2) Lorsqu'un droit de passage a été stipulé et consenti , sans qu'on ait fixé l'heure et le temps , il faut distinguer si le lieu sur lequel le passage s'effectue est clos ou non clos. S'il n'est pas clos , le passage peut être exercé à toute heure , même de la nuit : mais si le lieu est clos , il doit en être autrement ; l'on fera régler par justice quelles seront les heures où le passage pourra être exercé. A Paris , c'était depuis Pâques à la Saint-Remi , de quatre heures du matin à dix heures du soir , et de la Saint-Remi à Pâques, de six heures du matin à six heures du soir.

R. Il pourrait offrir au propriétaire de l'autre fonds un endroit aussi commode pour l'exercice de ses droits et celui-ci ne pourrait le refuser. Mais hors ces cas, il ne peut changer l'état des lieux, ni transporter l'exercice de la servitude dans un endroit différent de celui où elle a été primitivement assignée. Il ne peut jamais rien faire qui tende à diminuer l'exercice de la servitude ou à la rendre plus incommode (*Art.* 701).

D. Quelles sont les obligations de celui qui a un droit de servitude ?

R. C'est de n'user de son droit de servitude que suivant son titre, sans faire ni dans le fonds qui la doit, ni dans le fonds auquel elle est due, aucun changement qui aggrave la condition du premier (*Art.* 702).

SECTION IV.

Comment les servitudes s'éteignent.

D. Comment s'éteignent les servitudes ?

R. Elles s'éteignent de trois manières :

1° Par la confusion, lorsque le fonds auquel la servitude est due et celui qui la doit sont réunis dans la même main (*Art.* 705), d'une manière parfaite et irrévocable (*M. Delvincourt*) ;

2° Par l'impossibilité de les exercer, lorsque les choses se trouvent en tel état qu'on ne peut plus user de la servitude (*Art.* 703) ;

3° Enfin par le non-usage pendant trente ans (1) (*Art.* 706).

---

(1) Les auteurs désignent plusieurs autres modes d'extinction de la servitude, par exemple :

La renonciation à la servitude de la part de celui à qui elle est due ; la remise expresse, ou tacite et présumée de son droit.

D. Les servitudes éteintes par l'impossibilité de les exercer ne peuvent-elles pas revivre ?

R. Elles revivent si les choses sont rétablies de manière que l'on puisse en user, à moins qu'il ne se soit déjà écoulé un temps suffisant pour faire présumer l'extinction de la servitude, ainsi qu'il est dit à l'art. 707 (*Art.* 704).

D. De quelle époque les trente ans nécessaires pour prescrire commencent-ils à courir ?

R. Lorsqu'il s'agit de servitudes discontinues, ils commencent à courir du jour où l'on a cessé d'en jouir ; et lorsqu'il s'agit de servitudes continues, du jour où il a été fait un acte contraire à la servitude (1) (*Art.* 707).

D. Peut-on prescrire le mode de la servitude ?

R. On peut le prescrire comme la servitude même et de la même manière (2) (*Art.* 708).

Le rachat volontaire ou forcé de la servitude.

La résolution du droit de celui qui l'avait constituée.

L'événement de la condition résolutoire, et l'expiration du temps pour lequel elle était accordée (*M. Toullier*).

A l'égard de la résolution du droit de celui qui a constitué la servitude, l'extinction de la servitude est fondée sur la maxime : *Soluto jure dantis solvitur jus accipientis.* La discussion de cette maxime ne pouvant entrer dans le cadre de cet ouvrage, nous renvoyons à l'excellent examen qu'en fait *M. Toullier*, tom. 3, n° 682, pag. 514 et suiv., et aux Questions de droit de *M. Merlin*, *verbo* Résolution, pag. 60 (1re édition).

(1) Est-il nécessaire que ces actes, contraires à la servitude, aient été faits par le propriétaire du fonds servant ? Cette question épineuse divise les auteurs. *M. Pardessus*, qui tient pour l'affirmative, cite une foule d'anciens auteurs à l'appui de son opinion. Il cite la loi 6, *D. De serv. præd. urb.* que *M. Toullier* prouve n'être rien moins que concluante. *MM. Toullier, Delvincourt* et *Malleville* tiennent pour la négative. *Voyez* au reste *M. Toullier*, tom. 3, n° 692, pag. 529, *M. Delvincourt*, tom. 1er, pag. 167, notre 6, *M. Pardessus*, n° 308, 457, *M. Malleville* sur l'art. 707, pag. 156.

(2) Ainsi, par exemple, si un propriétaire qui a un droit de *vue* n'exige pendant 30 ans qu'un droit de *jour*, le mode de la servitude sera prescrit; elle sera modifiée.

D. Lorsque l'héritage en faveur duquel la servitude est établie, appartient à plusieurs par indivis, peut-on prescrire la servitude contre quelques-uns d'eux seulement?

R. Non ; la jouissance de l'un d'entre eux seulement empêche la prescription à l'égard de tous les autres (*Art.* 709), et de même, si parmi les copropriétaires, il s'en trouve un contre lequel la prescription n'ait pu courir, par exemple, un mineur, il aura conservé le droit de tous les autres (1) (*Art.* 710). Ces deux principes reposent également sur l'indivisibilité des servitudes.

---

(1) Il en est encore de même lorsqu'un des propriétaire *pro indiviso* a interrompu la prescription par un acte quelconque.

Il faut remarquer que les servitudes ne s'éteignent point par la prescription, tant qu'il subsiste des vestiges des ouvrages établis pour en user (M. *Toullier*).

D'après cela, M. *Toullier* pense qu'une porte pratiquée pour exercer un droit de passage, conserve ce droit. Il s'appuie de l'autorité de *Poullain-Duparc* ; M. *Pardessus* pense le contraire, page 525 de sa quatrième édition.

FIN

TABLE DES MATIÈRES.

TITRE V.

Du Mariage.

TITRE VI.

TITRE VII.

De la Paternité et de la Filiation.

FIN DE LA TABLE.

IMPRIMERIE D'HIPPOLYTE TILLIARD,
RUE DE LA HARPE, N° 78.

www.ingramcontent.com/pod-product-compliance
Lightning Source LLC
LaVergne TN
LVHW021643060726
842527LV00003B/771